네빌고다드의 삶과 가르침

네빌 고다드가 존경하는 스승 압둘라를 언급하고 그의 가르침을 공유하는 강연을 모두 모은 《네빌 고다드의 삶과 가르침》에 오신 것을 환영합니다. 이 책에서는 네빌의 깨달음의 여정에 함께했던 압둘라의 깊은 영향력을 담은 지혜의 보물창고를 발견할 수 있습니다.

20세기의 저명한 강연자이자 작가였던 네빌 고다드는 1929년부터 1936년까지 압둘라로부터 가르침을 받았습니다. 뉴욕에 거주하던 에티오피아 랍비, 압둘라는 네빌에게 카발라의 신비를 알려주고 히브리어를 가르치며 심오한 영적 이해의 길로 안내해 주었습니다.

이 포괄적인 모음집에서는 네빌이 압둘라의 가르침과 그 가르침이 의식, 발현, 상상력의 힘에 대한 자신의 깨달음에 미친 변혁적인 영향을 인정하는 순간을 탐구합니다. 각 강의는 압둘라가 전수한 영원한 지혜와 이러한 귀중한 통찰을 전 세계와 공유하고자 했던 네빌의 헌신을 보여주는 증거가 될 것입니다.

네빌 고다드와 그가 존경하는 스승 압둘라의 가르침을 통한 자기 발견과 깨달음의 여정을 시작할 준비를 하십시오. 이 책이 여러분의 마음과 정신의 무한한 잠재력을 여는 길잡이가 되기를 바랍니다.

Neville Goddard

상상력을 통한 자아긍정의 성공 법칙

네빌고다드의
삶과 가르침

네빌 고다드 지음

블랙커피

들어가기에 앞서

네빌 고다드의 전기

네빌 랜슬롯 고다드는 바베이도스에서 태어난 미국의 작가이자 강연자로, 9남 1녀 중 넷째입니다. 17세이던 1922년에 네빌은 엔터테인먼트 분야에서 경력을 쌓고자 미국으로 이민을 떠났습니다.

10년간 무용수로 일하던 그는 영국에서 투어를 하던 중 형이상학을 접하게 되었습니다. 그는 에티오피아 출신의 유대인 신비주의자 압둘라를 스승으로 맞이한 후, 그를 통해 형이상학과 상상력의 힘을 전수하며 인생의 큰 전환점을 맞이하게 됩니다.

1933년, 네빌은 힘든 형편에도 불구하고 예상치 못한 바베이도스 여행을 통해 상상의 창조적 힘을 경험했습니다. 이 사건은 그가 '가정 법칙'을 가르치게 하고 성경에 대한 형이상학적 해석을 심도 있게 탐구하기 시작한 계기가 되었습니다.

네빌은 단순한 역사적 텍스트가 아니라 "지금까지 쓰인 가장 위대한 과학적 텍스트"로 여겼던 성경에 대한 강의를 바탕으로 이러한 원리를 가르치는 데 남은 생애를 바쳤습니다. 그는 1950년대 후반에 거주하던 로스앤젤레스에서 텍스트 읽기에 몰두하거나, 미국 전역에서 강연을 하며 시간을 보냈습니다.

그의 철학은 현실을 창조하는 상상력의 힘에 중점을 두었으며, 자신만의 신념을 충실히 고수하는 것이 중요하다고 주장했습니다. 수년에 걸쳐 네빌은 하나님의 '약속'에 관한 가르침까지 다루며 신의 은총과 영적 성취를 강조했습니다. 그는 1972년 10월 1일 로스앤젤레스에서 세상을 떠났지만, 그의 영향력은 그의 저서와 강연, 웨인 다이어 박사를 비롯한 동시대 자기 계발 분야의 거장들에게 영향을 미치며 계속 이어지고 있습니다.

뉴욕에서 네빌을 사사한 《잠재의식의 힘》의 저명한 저자 조셉 머피 박사는 이미 이렇게 예견하였습니다. "네빌은 의심할 여지 없이 세계에서 가장 위대한 신비주의자 중 한 명으로 인정받을 것입니다." 그의 예견은 네빌이 동시대 사람들에게 끼친 깊은 영향을 증명해줍니다.

그의 유산은 "상상력이 현실을 창조한다"를 본질적으로 이해하는 데에 남아있으며, 이는 시대를 초월한 교훈으로 전 세계의 사람들에게 계속해서 정신적인 영감을 줍니다. 이 아이디어는 시간과 공간의 경계를 초월하고, 네빌의 가르침이 개인적, 영적 성취를 추구하는 데 관련성이 있음을 지속적으로 강조합니다.

차례

들어가기에 앞서 • 4

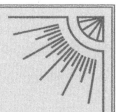

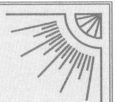

제1장

나의 스승
압둘라와의 만남

"당신은 이미 바베이도스에 있습니다"

우리가 어떻게 만났는지 자세히 말씀드리겠습니다.

1933년, 당시 미국에는 끔찍한 대공황이 닥쳤습니다. 수백만 명이 실직하고 아무 곳에서나 잠을 자며, 커피와 빵을 구하기 위해 긴 줄을 서야 했습니다. 저는 무용수였습니다만, 모두가 먹고살 형편이 안 되었기 때문에 돈을 내고 무용수를 보러오지 않았습니다. 브로드웨이에서 진행하는 공연조차 없었습니다. 다들 오십 여장의 전단을 나눠주며 그저 보러 오라고만 했습니다.

저는 직업도 없고 돈도 없이 75번가의 지하실에서 살고 있었습니다. 압둘라는 72번가에 살았는데, 모르겐토가 소유한 아주 멋진 집이었습니다. 모르겐토의 아들인 헨리 모르겐토 주니어는 당시 우리나라 재무부에서 내각 위원(프랭클린 D. 루즈벨트 대통령의 재무부 장관)으로 일하고 있었습니다. 그의 아버지가 이 집을 소유하였지만, 그는 그곳에 살지 않았고 1층을 압둘라에게 임대하였습니다.

저는 10월 말에 압둘라에게 이렇게 말했습니다. "압둘라, 내가 바베이도스에서 거의 12년 동안 떠나있었던 거 알죠…. 1922년에 이곳에 온 후로 거의 12년이 지났지만 돌아가고 싶다는 생각은 한 번도 해본 적이 없어요. 하지만 지금은 바베이도스에 가고 싶은, 간절하고도 잊히지 않는 욕망이 생겼습니다. 그 무엇도 저를 막을 수 없다고 생각했는데, 바베이도스에 갈 돈이 없습니다."

그는 저에게 "당신은 바베이도스에 있습니다."라고 말했습니다.

"제가 바베이도스에 있다고요?" 저는 당황하여 물었습니다.

"네, 당신은 지금 바베이도스에 있습니다. 그래서 바베이도스가 보이고, 바베이도스에서 미국을 보고, 열대의 땅 냄새를 맡고, 바베이도스의 작은 집들만 보일 뿐이죠. 오늘 밤에 바베이도스에서 잠만 자면 됩니다."

저는 그가 미쳤다고 생각했습니다. 왜냐하면 72번가에는 여전한 50층과 60층짜리 건물이 즐비했거든요. 그러나 작은 바베이도스에는 3층짜리 건물이 거의 가장 높습니다. 길도 좁고 인도도 없습니다. 그리고 저는 바베이도스에서 가장 넓은 72번가보다 더 넓은 인도를 걷고 있었습니다.

그런데도 그날 밤 저는 바베이도스에서 잤습니다. 저는 제가 바베이도스에 있는 어머니의 집에 있다고 가정했고, 바베이도스를 기준으로 미국을 보았습니다. 그날 밤 미국은 저로부터 북쪽으로 약 2,000마일 떨어진 곳에 있었습니다. 하지만 일어나 보면 다 헛된 망상에 불과했습니다. 일주일 정도 지나도 아무 일도 일어나지 않자 그에게 말해야겠다고 생각했습니다.

저는 말했습니다. "압둘라, 아무 일도 없었어요."

그는 저와 이야기를 나누지 않았습니다. 그는 저에게 등을 돌리고 작은 서재로 들어가 문을 쾅 닫고 말았습니다. 그와 처음 이야기를 나눈 순간부터 약 세 번 정도 압둘라와 대화를 시도했습니다. 그는 이를 주제로 절대 이야기하지 않았습니다. 그는 "이미 바베이도스에 있는데 어떻게 내가 그와 함께 바베이도스에 가는 방법을 논의할 수 있겠어?"라고 생각했던 것 같습니다. 제가 제 가정에 충실하다면 "어떻게"에 대해 논의할 수 없습니다. 나는 이미 거기에 있으니까요.

12월 넷째 날 아침, 여전히 직업도 없고, 갈 곳도 없었습니다. 크리스마스까지 갈 수 있는 마지막 배는 6일에 떠날 예정이었습니다.

하루는 제 문 아래에 동생 빅터가 보낸 작은 편지가 있었습니다. 그가 쓴 편지에는 이렇게 적혀있었습니다.

"우리는 가족인데도 크리스마스에 함께 식탁에 둘러앉은 적이 없네. 맏형 세실이 떠난 이후로."

세실은 데메라라는 나라로 떠난 지 오래입니다. 그래서 크리스마스에 가족이 함께한 적이 한 번도 없었습니다. 그 편지의 내용은 그가 저에게 돌아오라고 한 이유를 충분히 정당화시켰습니다. "네가 직업이 없는 걸 알아, 오지 않을 변명의 여지가 없어. 그래서 50달러짜리 초안을 동봉해. 셔츠, 신발, 양말 등이 필요할지도 모르니까. 퍼니스 위디 라인에 티켓을 맡겨달라고 얘기해 두었어. 퍼니스 라인에 표가 있을 거야."

저는 너무 신이 났습니다. 서둘러 퍼니스 라인으로 가서 제 편지를 전달했습니다. 그들은 "네, 바베이도스에 있는 가족에게서 메시지를 받았습니다. 티켓을 전달 드리겠습니다. 하지만 일등석 티켓은 남아있지 않습니다. 삼등석으로 가는 대신 일등석의 시설을 이용하도록 도와드릴 수 있습니다. 세인트 토마스 섬에 도착할 때까지는 삼등석에서 이용하셔야 합니다. 세인트 토마스 섬에 도착 후 누군가 하선하면 일등석으로 안내해드리겠습니다."

저는 "그렇게 하죠."라고 했습니다.

바로 압둘라에게 달려가서 "압둘라, 바베이도스행 티켓을 끊었는데 삼등석으로 가야 해요."라고 말했죠. 저는 정말 행복했어요. 그는 "바베이도스에 간다고 누가 말했나요? 그리고 누가 바베이도스를 삼등석으로 간다고 말했나요? 당신은 바베이도스에 갔고 일등석에 탔어요."

그 후론 더 말하지 않았습니다.

그는 제가 바베이도스에 간다는 사실조차 기뻐하지 않아 보였습니다. 저는 12월 6일 아침 삼등석 티켓을 들고 내려갔습니다. 승객을 체크인하는 데스크에 가서 티켓을 내밀었더니 "좋은 소식이 있습니다. 누군가 취소해서 일등석으로 가실 수 있습니다."라고 말하더군요.

그래서 바베이도스까지 일등석으로 갔어요. 열흘 내려갔다가 열

　　　　　　　　네빌 고다드의 삶과 가르침

흘 돌아와서 바베이도스에서 천국 같은 석 달을 보냈습니다.

그러니까 제가 한 일은 무례에 가까운 그의 무심함에 최선을 다해 대응하는 것이었습니다. 하지만 그는 무례한 태도를 고수하며 제가 이미 하는 중인 것에 대해 어떻게 해야 하는지는 논의할 수 없다고 가르쳐주었습니다. 그는 바로 저에게 "당신은 바베이도스에 있습니다."라고 말했습니다. 지금 여러분에게 누군가 찾아와서 "아, 결혼하고 싶어요."라고 말합니다. 이 원칙을 적용해봅시다. 그러면 여러분은 그 여자 또는 그 남자에게 "당신은 이제 행복한 결혼 생활을 하고 있습니다."라고 말합니다. 상대방은 미쳤다는 듯이 쳐다볼 것입니다. 하지만 그것이 바로 여러분이 해야 할 말입니다. "당신은 이제 행복하게 결혼했어요." 그녀가 지금 행복하게 결혼한 숙녀가 되었다면, 이 상상 속에서 나는 즉시 반지의 감각을 느끼기 시작할 것입니다.

그래서 상상 속에서, 저는 반지를 끼고 잠자리에 들어야 하고, 실제로 그 상태에서 할 수 있는 모든 일을 해야 합니다.

압둘라가 말했습니다. "당신은 바베이도스에 있습니다." 실제로 저는 뉴욕에 있지만 상상 속에서는 바베이도스에 있는 거죠. 그래서 저는 최선을 다해 바베이도스에서 잠을 잤어요. 하루가 몇 주가 되고, 몇 주가 한 달이 되고, 저는 그와 대화를 시작하고 작은 희망을 갖기 위해 최선을 다했습니다. 아니, 사실 희망은 없습니다! 제가 시키는 대로 했다고 해도 그는 저에게 아무런 격려도 해주지 않았습니다. 사실, 우리는 서로의 이야깃거리나 서로의 작은 격려를 원하는 그런 인간인데도 불구하고 말입니다.

제가 바베이도스에 갔다고 말한 후로 압둘라는 한 번도 그 얘기를 꺼내지 않았습니다.

그래도 저는 그분에게서 많은 것을 배웠습니다. 저는 술을 마시지 않기 때문에, 그에게 잘 숙성된 브랜디 두 병을 가져다주었습니다. 브랜디 두 병과 럼주는 제가 사는 섬의 특산품입니다. 저는 그에게 아버지의 럼주와 브랜디를 드렸습니다.

일주일 후, 그는 저에게 이렇게 말했죠. "혹시 당신의 다짐이 얼마나 오래갈 것으로 생각하나요?"

저는 압둘라가 럼주를 1년 동안 마실 줄 알았는데, 아니었습니다.

제가 압둘라와 함께 자주 식사했던 터라 그는 저의 많은 식습관 대해 정말 끔찍하게 환멸을 느꼈습니다. 당시 저는 엄격한 채식주의자였어요. 저는 그것을 극복하려고 점차 노력했습니다. 물론 압둘라는 앉아서 호밀주를 두세 잔 크게 마시고, 식사와 함께 곁들인 포터를 많이 마시며, 에일을 마시고 마지막에 처칠처럼 아이스크림을 엄청나게 크게 한 그릇 먹곤 했습니다.

제가 말했습니다. "압둘라, 어떻게 그럴 수 있어요?"

"오," 그는 "당신은 그렇게 할 수 없을 거예요. 당신에겐 독입니다. 당신에겐 불만이 가득하기 때문입니다."라고 말했습니다. "하지만 신이 모든 것을 만들지 않았습니까? 모든 것은 신입니다. 당신은 신이 무언가를 만들었지만, 다른 나머지는 만들지 않았다고

네빌 고다드의 삶과 가르침

생각하나요? 아니요, 신은 모든 것을 만드셨어요." 그리고는 저를 집으로 돌려보냈습니다. "성경 중 사도행전을 읽어보세요."

그는 앉아서 엄청난 양의 식사를 다 먹은 후 에일로 씻어내곤 했습니다. 여기에 진정한 정신의 소유자가 있었습니다.

하지만 겉모습만 보고 판단한다면 "그는 성인이 될 수 없다"라고 말할 것입니다. 그러나 그는 저에게 진정한 기독교를 가르쳐 주었습니다. 그는 북아프리카에서 유대인 부모 밑에서 태어나 엄격한 정통 유대인 가정에서 자랐습니다. 하지만 그는 히브리어를 완벽하게 구사했기 때문에 제가 만난 그 누구보다 기독교에 대해 많이 알고 있었어요. 그는 다른 언어도 구사했죠. 그리고 랍비들이 그와 함께 공부하러 오곤 했어요. 그는 저는 5년이 넘는 기간 동안 매일같이 카발라에 대해 토론하며 히브리어로 된 이 작은 글자에 담긴 위대한 신비, 카발라에 관해 제가 흡수할 수 있는 모든 것을 가르쳤습니다.

민권법안이 제정되기 전에는 뉴욕에서 흑인은 매표소에 가서 오케스트라의 좌석을 살 수 없었습니다. 발코니에 자리를 잡아야 했죠. 압둘라가 제가 좌석을 사도록 두었을까요? 아닙니다. 압둘라는 흑인이었음에도 매표소로 바로 내려가서 바로 이야기했습니다, "중앙에 두 자리를 원합니다. 너무 뒤에 가고 싶진 않습니다. 여섯 번째 줄 이상은 안 돼요. 바로 중앙으로 부탁합니다."

"네, 알겠습니다."

제가 처음 본 오페라는 압둘라가 데려다주었습니다. 〈파르지팔〉

이었습니다.

다섯 시간이 걸렸고, 한 번도 본 적이 없는 작품이었습니다. 절대로 끝날 리 없을 것만 같았습니다. 파르시팔을 통해 오페라에 입문하게 되었습니다. 뉴욕에 있는 성금요일도 마찬가지입니다. 성금요일에 파르지팔을 보러 가면 거기 앉아서 이렇게 생각합니다.

"주님, 언제 끝이라는 것이 다가올까요?" 신은 그것을 들이키며, 그 모든 사소하고 특별한 점을 이해하고, 너무나도 사랑합니다. 하지만 나는 압둘라 옆에 앉아서 기다리고 바라지만 아무 일도 일어나지 않습니다.

당신은
당신을 정죄하려 합니까?

옷을 입는 힘

"하나님께서 아들을 세상에 보내신 것은 세상을 정죄하려 하심이 아니라 그를 통해 세상이 구원을 얻게 하려 하심이다."

- 요한복음 3:17

이어서,

"저를 믿는 자는 심판을 받지 아니하는 것이요, 저를 믿지 아니하는 자는 하나님의 독생자의 이름을 믿지 아니하므로 벌써 심판을 받은 것이니라."

여기서 우리는 모든 것은 그를 믿는 것에서 시작된다는 것을 알 수 있습니다. 모든 것은 '그'를 믿는 것에서 시작됩니다. 그렇다면 내가 믿어야 하는 이 존재는 누구입니까?

전 세계에는 10억 명의 기독교인이 있습니다. 만약 당신이 "그분을 믿습니까?"라는 질문을 하고 '그분'이 예수 그리스도를 의미한다고 말하면, 그들은 '예'라고 대답할 것입니다. 10억 명의 기독교인들은 전부 그렇다고 대답할 것입니다. 그러나 나는 그들이 그분을 정말로 믿지 않는다고 확신합니다. '그'는 그리스도가 아닙니다.

이제 이 존재가 누구인지 봅시다. 요한복음에는 이 분이 말씀하시는 것으로 되어 있는데, 이 분이 말씀하시는 분이고, 여러분은 이 분이 여러분에게 연설한다면 여러분 자신의 바깥에 있는 사람이 이야기한다고 생각할 수 있습니다. 예수님이 말씀하시기를,

> "당신은 아래에서 왔지만 나는 위에서 왔고, 당신은 이 세상에 속하지만 나는 이 세상에 속하지 않았다고 하셨습니다. 내가 너희에게 이르노니 너희가 나를 믿지 아니하면 너희 죄 가운데서 죽으리라."
>
> – 요한복음 8:23~24

이 구절을 읽을 때의 깊이를 느끼려면 여러분 안에서 어떠한 일이 일어나야 합니다. "너는 아래로부터 온 존재"라고 말하는 이성적 마음과 "나는 나다"라고 정의되는 존재, 즉 개념적 마음 너머에 있는 것과 여기에 있는 것 사이의 대화입니다. 이는 감각으로 통제되는 이성적 마음, 그러니까 개념적 마음을 완전히 넘어서는 무언가입니다. 따라서 이 대화는 인간 내부에서 일어납니다.

"내가 너희에게 이르노니 너희는 너희 죄로 말미암아 죽으리라, 내가 곧 그분임을 믿지 아니하면 너희 죄로 죽으리라"라고 한다면, 여러분은 그 존재를 믿습니까? 성경의 그리스도가 당신이라는

네빌 고다드의 삶과 가르침

위대한 인간의 상상력이자, 당신 자신의 위대한 나다움이라는 것을 정말로 믿습니까? 그렇지 않다면 당신은 이미 자기 정죄를 받는 것입니다. 아무도 당신을 정죄하지 않습니다. 그는 말했습니다.

"누가 너를 정죄하느냐?"

"아무도 없습니다, 주님."

"나 또한 당신을 정죄하지 않습니다."

아무도 당신을 정죄하지 않는다면, 저 또한 역시 당신을 정죄할 수 없습니다. 왜냐하면 사람은 자기 정죄 또는 자유만 목격할 뿐이기 때문입니다. 이 문장의 마지막에 "내가 그 사람이다"라는 말을 읽으면 "내가 그 사람임을 믿지 않는 한"이라는 출애굽기 3장 4절을 떠올리게 하는 암호 같은 공식이 나옵니다,

"네가 그들에게 갈 때, 그들에게 내가 너를 보냈다고 말해라."

다음 신명기 32장으로 넘어갑니다.

"보라, 나 곧 나는 여호와이니 내 곁에 신이 없나니 내가 죽이고 살리며 상처를 입히고 고치며 이 모든 일을 행하나니 내 손에서 능히 구원할 자가 없느니라."

신명기 32장 39절에 나오는 구절을 읽어봅시다.

"아무도 내 손에서 건져낼 수 없으며 나는 모든 것을 행한다."

이사야 43장과 45장으로 넘어갑니다.
"나는 주 너희 하나님, 이스라엘의 거룩한 자"

그리고
"내 옆에는 신이 없다."

'나 외에'는 다른 신은 없습니다.

그래서 당신이 심판자여야 합니다. 저 또한 당신을 심판할 수 없습니다. 당신은 지금 그를 믿습니까? 아니면 2,000년 전에 살았던, 당시 바리새인과 유대인을 향해 '내가 그분임을 믿지 않으면 너희는 죄로 죽을 것이다'라고 말한 외부의 정신적 존재의 모습을 믿고 있습니까? 그런 식으로는 이 신비스러움을 볼 수 없습니다. 당신은 이를 자신의 존재 사이의 영혼 깊은 곳에서 볼 수 있습니다. 이는 겉의 자아와 속의 자아 사이의 대화입니다. 그리고 이 내면의 자아, 즉 자신의 위대한 나다움을 진정으로 믿을 때, 불가능한 것은 아무것도 없으며, 이성적인 마음을 놀라게 하는 것들이 드러납니다.

예를 들어, 제가 경험한 일을 말씀드리겠습니다. 과거에 여러분은 옷을 입고 있을 뿐이라고 말씀드린 적이 있습니다. 소위 흰 옷이든 검은 옷이든 노란 옷이든 빨간 옷이든 모두 옷입니다. 그것들은 단지 옷일 뿐이지 내가 흰색, 분홍색, 노란색, 빨간색은 아닙니다. 나는 영혼입니다. 과거에 제가 이 분야에서 가장 친밀했던 사람은 압둘라였다고 말씀드렸습니다. 그와 저는 7년 동안 함께 이를 연구했습니다. 제가 압둘라를 만났을 때 그는 아흔 살 정도의 노인이었습니다. 그는 에티오피아에서 히브리교를 믿는 흑인으로 태어났습니다. 그게 그의 배경이었습니다. 저는 태어날 때부터 기독교 신앙을 가진 옷을 입고 태어났습니다. 그리고 우리는 떼려야 뗄 수 없는 사이였습니다. 그가 저에게 가르쳐준 성경은 어머니의 무릎에서, 목사님에게서, 또는 이전에 제게 성경을 가르친 누구에게도 들어본 적이 없는 것이었습니다. 성경은 압둘라의 지도 아래에서 저에게 살아 있는 책이 되었습니다. 여기 한 남자가 있습니다. 그를 보십시오. 똑똑하고 훌륭한 흑인 신사입니다. 그는 단 한 순간도 틀린 주장을 한 적이 없었고, 저에게 "이 옷은 90년 전에 에티오피아에서 주운 것"이라고만 말하곤 했습니다. 그는 항상 자신이 입었던 옷이라고, 그저 옷일 뿐이라고 설명했습니다.

언젠가 위대한 신비주의 시인 윌리엄 블레이크는 이렇게 말했습니다.

"한때 그는 죽지 않는 불멸의 인간을 비하했다."

블레이크는 에필로그의 형태로 그가 부르는 이 세상의 통치자, 사탄을 언급합니다. 사탄은 이 세상의 통치자, 이 세상의 의심입니다. 그리고 그는 어떤 옷을 입은 건지 전혀 알 수 없는 사탄을 언급한 사람에게 이러한 말을 합니다. "당신은 정말이지 바보군요. 당신은 그 남자가 입은 옷에 대해 전혀 모릅니다." 블레이크는 그 남자를 그가 걸친 무언가로 봅니다. 그리고 입은 사람과 그가 입고 있는 것을 두고 한순간도 차별하지 않습니다.

그런데 오늘 아침, 평소처럼 마음속을 헤매다가 압둘라를 발견했습니다. 압둘라는 이제 이 세상에서 사라졌습니다. 압둘라는 제 키와 비슷했습니다. 저는 키가 180.3센티미터입니다. 여기 제 앞에 서 있는 압둘라는 50세가 넘지 않은 백인 체격에 195.6센티미터 정도의 남자였습니다. 그리고 여기 압둘라가 제 앞에 있습니다. 정체성의 상실이나 정체성의 변화는 없으면서 장엄한 인물입니다. 그와 저는 오늘 밤의 주제에 대해 논의하고 있었습니다. 그리고 그는 나에게 테이프가 달린 작은 악기를 보여준 다음 말했습니다. "이제 아시다시피, 네빌, 메아리일 뿐입니다. 그게 할 수 있는 전부입니다. 그게 세상입니다. 세상은 메커니즘이고, 단지 기계에 불과합니다. 이 광활한 세계, 하나님의 영원한 세계의 영원한 구조, 이 모든 옷은 기계적인 것입니다. 이제, 여러분은 여기에 말을 걸지 않고 듣기만 할 것이며, 들을 것이고, 여러분이 듣는 것은 거기서 재생될 것입니다. 내 안에서 듣고 듣는 것이 실제로 들리면 거기서 재생될 것입니다." 저는 곧바로 이런저런 파티를 생각했고, 제가 생각하면서 들었던 바로 그것들을 그는 그 테이프에서 재생해주었습니다. 어떤 친구의 목소리가 들린다고 속으로 상상하면서 성대에서 나오는 단어도 하나도 없이 기계적인 메아리가 재생되는 것이었습니다.

여기 195.6센티미터의 장엄한 압둘라가 우뚝 솟은 위엄을 뽐내고 있었고, 여기서 그는 이 땅에서는 입지 않은 옷을 입고 있었습니다. 저는 그의 원시적인 모습을 봤다고 말했죠. 그분은 동양적인 모습으로 제게 나타날 수 있어요. 그는 모든 인종의 어떤 형태로든 마음대로 나타날 수 있습니다. 영적인 세계로 올라가게 되면 모든 것이 그의 상상력에 따라 달라지기 때문입니다.

> "믿음은 들음에서 나며, 들음은 그리스도의 전파를 통해옵니다."
>
> — 로마서 10:14,17

그리스도를 전파하는 것 외에는, 전할 수 있는 말은 없습니다. 당신은 문제가 해결되었다고 가정하며 친구와 정신적 대화를 계속합니다. 그리고 내일 아마 당신에게 실험실이 있다고 가정한다면, 사고로 여겨질 수도 있는 일이 발생하고 그 사고의 결과는 해결책이 될 수도 있습니다. 이런 일은 전 세계에서 일어나고 있습니다. 가황은 사고의 결과라고 합니다. 화로에서 무언가를 엎질렀고 그 순간 그곳에 있던 사람이 가황을 발견한 것입니다. 우리가 소위 위대한 발명품이라고 부르는 것들은 대부분 실험실에서 일어난 우연한 사고의 결과일 뿐입니다. 그러나 의도적이든 아니든 누군가는 그 문제의 해결책을 믿었습니다. 그는 문제의 해결책을 믿고 있었습니다. 그는 다른 사람이나 외적인 어떤 것을 찾으려고 하지 않았습니다. 내적으로 그것을 찾을 수 있다고 믿었고 그것을 찾아냈습니다.

이제 여러분도 실제로 시험해 보십시오. 여러분은 그리스도를 시험하고, 그를 시험하고 보라는 부름을 받았습니다(고린도후서 13:5). 여러분은 이 간단한 방법으로 이를 시험해 볼 수 있습니다. 제가 말씀드리고 싶은 건, 영원토록 여러분은 자신의 정체성을 잃지 않을 거라는 것입니다. 비록 신이 우리가 되었고 그것이 정체성의 도장이라 하더라도, 우리가 신으로 깨어나게 될지언정 우리는 정체성을 잃지 않을 것입니다. 그러나 당신이 들어가는 이 세상에서는 당신이 신이고 모든 것이 당신의 상상력에 의해 지배받습니다. 어떤 성별이든 당신은 마음대로 스스로 옷을 입힐 수 있습니다. 그는 여성의 모습이든, 동양인의 모습이든, 어젯밤처럼 백인의 모습이든, 흑인의 모습이든, 그가 나에게서 드러내고 싶은 것에 따른 어떤 형태로든 간에 정체성을 잃지 않고 자신을 나타낼 수 있습니다. 그러나 그분은 제가 여러분에게 말했던 것처럼, 여러분이 정체성을 잃지 않았다는 것을, 당신이 흑인, 백인, 노랑, 분홍색 또는 다른 어떤 색깔도 아닌 신이라는 것을 확인하기 위해 그 모습으로 오셨습니다. 하나님은 사람이 되셨고 하나님은 사람입니다.

신은 정말 사람입니다. 사람들은 그가 큰 빛이며 힘과 권력이라고 생각합니다. 그분은 그 모든 것이고, 무한한 힘의 전능자지만, 인간입니다. 전능하신 하나님 앞에 서는 것, 그리고 그것을 인지하는 것, 그것이 바로 전능함이고, 그것이 인간입니다. 그리고 하나님의 존재 앞에 서는 것은 무한한 사랑이며 그것이 인간입니다. 이제 신비주의자 블레이크의 신성한 이미지를 읽어봅시다.

"밤에 사는 불쌍한 영혼에게는 신이 나타나고 신은 빛이지만, 낮의 영역에 사는 사람들에게는 인간의 모습이 나타난다."

그는 계속해서 우리를 위해 이 이미지를 분해합니다.

"자비는 사람의 마음을 품고, 사람의 얼굴을 불쌍히 여기며, 사람의 모양은 신성한 것을 사랑하고, 사람의 옷은 평화를 주는 것이다."

그 무한한 사랑 앞에 바로 서서, 그것이 인간의 모습임을 알고, 인간의 모습인 그분이 당신의 얼굴을 똑바로 보시고 당신을 안아주신다면, 당신은 하나님의 몸과 융합됩니다. 정체성을 잃지 않은 채 하나님의 몸과 하나가 되는 것입니다. 따라서 우리는 정체성을 잃지 않으며 정체성을 간직한 채 한 차원 높은 위엄으로만 높아질 뿐입니다. 어떤 성별, 어떤 인종의 모습으로, 심지어 원한다면 형태 없이도 마음대로 자신에게 옷을 입히는 힘을 갖게 될 것입니다. 하지만 당신의 얼굴은 여전히 동정심으로 가득합니다. 무한한 연민, 그러한 마음, 무한한 자비, 그 형태 자체는 신성한 사랑입니다.

그러므로 당신은 자기를 판단하되 아무도 당신을 판단하지 못하게 하십시오. 사형수는 누구입니까?

I AM

그들은 "너는 누구냐?"라고 물었다. 그는 "내가 처음부터 너희에게 말한 것
조차도. 너희가 인자를 들어 올리면 내가 그분이라는 것을 알게 될 것이다."

- 요한복음 8:25, 28

이것은 실화입니다. 언젠가 여러분도 그런 경험을 하게 될 날이
올 것이고, 여러분은 살아있는 황금빛의 노을을 바라보고 있는 자
신을 발견하게 될 것입니다. 이를 바라보면서, 영혼의 깊은 곳에서
부터 '나는 그분이다'라는 사실을 알게 될 것입니다. 바로 그 앞의
순간에 당신은 신과 융합되고 당신의 존재는 들어 올려질 것입니
다. 그러면 이 말씀도 알게 될 것입니다.

"모세가 광야에서 뱀을 든 것처럼 인자도 들려야 한다."

요한복음 3:14

뱀이 항상 '이스라엘이 이집트에서 떠나는 것'을 의미하는 것과 같은 방식으로, 사람이 이 시대를 떠나서 영원히 그 뒤에 남겨지게 되더라도, 여전히 현재라는 시간의 틀에는 남겨질 것입니다. 하나님이 된 영혼은 떠납니다. 왜냐하면 하나님과 하나가 되었기 때문입니다. 그리하여 이집트의 어둠 속에서 이스라엘이 이집트에서 떠난다는 상징과 같은 방식으로, 개인은 이 시대에서 저 시대로 부름을 받아 완전히 자유로워집니다. 그리고 이렇게 말합니다,

"그날에는 내가 그분이라는 것을 알게 될 것이다."

그리고 당신은 이를 보고 내가 그분이라는 것을 알게 됩니다.

그러니 언제든 자신을 정죄하지 마십시오. 당신이 자신을 정죄하지 않으면 이 세상의 어떤 사람도 당신을 정죄할 수 없습니다. 여러분이 내적으로 원하고 성취하고자 하는 것을 지금 당장 그들과 공유하고 싶지 않다면 하지 마십시오. 그러나 흔들리지도 마십시오. 항상 성취된 욕망을 전제로 이러한 내면의 대화를 계속하고 결과에 흔들리지 말고 단호하게 행동하시길 바랍니다. 그 어떤 힘도 그 욕망이 실현되는 것을 막을 수 없습니다. 무언가를 시도해보면 막을 수 없다는 것을 자기 자신의 경험을 통해 알게 될 것입니다. 이는 하나님께서 모든 것이 가능하기 때문입니다. 하나님께서는 그리스도 예수 안에서 세상을 화해하고 있기 때문입니다. 그래서 우리는 그리스도 예수 안에 있습니다. 그리스도 예수는 행동하는 하나님이고, 생각은 행동하는 상상력입니다. 성경을 주의 깊게 읽다가 어떤 단어가 나오면, 시간을 들여서 그 단어를 사전에서 찾

아보십시오. 상상력을 뜻한다는 것을 알 수 있습니다. 상상력이라는 단어를 활동적으로 행동에 옮긴다면, 상상을 하는 것입니다. 이는 결국 행동하는 하나님입니다.

여러분도 저처럼 기독교 신앙으로 자랐다면, 여러분도 겉으로 보이는 사람을 그리스도 예수라고 생각하지 않습니까? 이제는 전 세계 거의 모든 사람에게 이렇게 말할 수 있습니다. 그들이 이 말을 들으면 깜짝 놀랄 것입니다. 성경, 신약성경에서 직접 나온 말이지만, 이런 식으로 들어본 적이 없다면 정말 깜짝 놀랄 것입니다.

"이제부터는 아무도 인간의 관점에서 생각하지 않겠습니다. 한때는 인간의 관점에서 그리스도를 생각했지만 더 이상 그렇게 생각하지 않습니다."

이 말을 한 사람은 바울입니다. 고린도 교인들에게 보낸 두 번째 편지, 5장 16절에서 이 구절을 읽을 수 있습니다.

"나는 전에는 인간의 관점에서 그리스도를 바라보았으나 이제는 더 이상 그렇게 생각하지 않습니다."

그는 빛을 보았고, 그리고 죽었습니다. 그는 고린도 교인들에게 보낸 첫 번째 편지인, 이 위대한 편지에서 이렇게 말했습니다.

"나는 날마다 죽노라."

- 고린도전서 15:31

그는 죽음의 미학을 발견했습니다. 그래서 그는 일생에 한 번 죽지 않고 매일 죽었습니다. 그는 "나는 매일 죽는다"라고 말했습니다. 그래서 오늘 나에게 문제가 있고, 그 문제가 있는 한, 나는 그 문제 때문에 살아 있고, 그 문제는 나를 계속 살아 있게 합니다. 왜냐하면 삶은 그 문제에 있지 않고 내 안에 있기 때문입니다. 그리고 나는 그 문제를 점유함으로써 그것에 생기를 불어넣고 살아 움직이게 합니다. 이제 나는 지금 문제가 되는 그 상태에서 나를 분리하고 그 문제의 해결책에 나를 부합하게 해야 합니다. 그렇게 함으로써, 나는 하나를 위해 죽고 다른 하나를 위해 살아갑니다. 그리하여 그는 "나는 매일 죽는다"라고 말했습니다. 그는 매일 문제에 직면하고, 이제 한 상태를 포기하고 다른 상태로 들어가서 죽는 방법을 알고 있습니다. 그리고 그는 자신이 들어간 상태를 살아 있는 상태로 만듭니다.

삶은 자기 자신 안에 있기 때문입니다.

여기 과학자들의 일간지에 두 가지 사고가 있습니다. 어떤 사람들은 지구밖에는 생명체가 없다고 믿고, 다른 사람들은 달이나 화성, 또는 다른 곳에 생명체가 있다고 믿습니다. 두 학파는 똑같이 의견이 분분합니다. 어떤 사람들은 우리가 생물학적 생명체를 이해하는 것처럼 지구밖에는 생명체가 없다고 믿고, 어떤 사람들은 생명체가 있다고 믿으며 증명하거나 반증하는 데 500억 달러가 들더라도 그것을 찾아 떠나자고 말합니다.

제 게시를 통해 생명은 상상의 활동이라는 것을 말씀드리겠습니다. 모든 것은 죽었고, 이 옷을 입은 사람이 자기 안에 생명을 가지고 있지 않았다면 여기에는 아무것도 살지 않았을 것입니다. 모든 것이 죽었을 것입니다. 마치 옷은 죽어 있어도 옷을 입고 걷기 시작하면 살아 움직이는 것으로 보이는 것처럼 말입니다. 즉, 이 물리적인 옷도 마찬가지로 죽어 있지만, 당신이 옷을 입고 걷기 시작하면 그 자체로 살아 있는 것처럼 보입니다. 그 자체로는 살아 있지 않습니다. 그 옷을 입은 사람인 여러분이 살아 있기 때문에 그 옷이 살아 있는 것입니다. 그리고 그들은 지금부터 끝날 때까지 상상하는 활동 외에는 생명을 찾지 못할 것입니다. 그들이 무엇을 하든 간에 그들은 찾아내지 못할 것입니다.

"아버지께서 자신 안에 생명을 가지신 것처럼 아들도 자신 안에 생명을 가지도록 허락하셨습니다."

- 요한복음 5:26

그러나 아무것도 살아있지 않습니다. 모두 죽었고, 광활한 세상 전체가 죽었습니다. 그리고 이는 실제 자신을 드러내고 자신이 드러내는 것, 그 자체에 생명을 부여하는 하나님의 위대한 실험의 요람입니다. 모든 것이 여기에 있습니다.

제임스 진의 《인간과 별》이라는 책을 읽은 누군가가 비슷한 질문을 했습니다. 천체 물리학자인 당신은 왜 저 작은 지구, 이 작은 점이 보이지 않는다고 생각하나요? 태양에 있는 당신은 지구가 너무 작아서 보이지 않는다고 생각하나요? 태양은 지구에서 보면 너무 광대해서 볼 수 있지만, 태양에서 지구는 볼 수 없었습니까? 그곳에서 지구는 너무 작고 작은 얼룩 같습니다. 인간이기 때문에, 이 멋진 신의 우주에서 지구라는 것이 그렇게 독특하다고 믿는 것이 그렇게 오만한가요?

제임스 진이 그에게 이렇게 말했습니다. "인간이 자신을 번식시키려는 시도를 현미경으로 본 적이 있습니까? 인간이 자신의 형상을 재현하려는 시도에는 우주가 폭발할 때처럼 많은 잠재적 자손 중에서 하나만 나올 수 있습니다. 그 현미경 아래 존재하는 수십억 개의 모두가 사라지고 하나의 존재만 나옵니다. 이것은 하나님의 위대한 창조적 폭발이며, 단 하나만 나옵니다. 이 생물학적 실험에 필요한 모든 것을 갖춘 유일한 것, 신성한 목적을 위한 이 위대한 창조적 어둠이 바로 지구입니다."

그는 오늘날 많은 추종자를 거느리고 있으며, 최근 이 문제를 제기하고 있는 하버드의 한 친구는 우리가 생명을 이해하는 것처럼 지구 밖에서 생명이라고 부를 수 있는 어떤 것도 발견할 수 없다고 부인합니다. 하지만 제가 그에게 말하건대, 그가 제 말을 듣기만 한다면, 그는 자기의 상상력 밖에서는 찾을 수 없을 것입니다. 그리고 언젠가는 내가 그랬던 것처럼, 그가 이 땅을 걸을 날이 올 것이고, 그 순간 그의 안에서, 모든 것이 멈출 것입니다. 어떤 사람도 움직이지 않고, 내가 멈추었을 때 그들이 날아가던 중이었으나 어떤 새도 날지 않고, 내가 멈추었을 때 나뭇잎은 떨어지고 있었으나 그 어떤 나뭇잎도 끝까지 떨어지지 않고, 바라보면 다 죽어 있습니다. 진짜 죽었다는 뜻입니다. 움직임이 멈춘 게 아니라 죽은 것입니다. 숨을 쉬지 않으니까 말입니다. 다들 살아 움직이는 몸이었고, 그 움직임은 제 상상 속에서 제 안에만 있었습니다. 그리고 그 활동을 제 안에서 풀어냈더니 모든 것이 다시 한번 움직이기 시작했습니다.

> "내가 너희를 풀어줄 권세와 십자가에 못 박을 권세가 있다는 것을 너희는 알지 못하느냐?" 그러자 예수님은 "위로부터 너희에게 주지 아니하면 너희가 나를 다스릴 권세가 없으니 나를 너희 손에 넘겨준 자가 더 큰 죄를 지었느니라"라고 대답했습니다.
>
> - 요한복음 19:10

자, '위'란 무엇일까요? 예수님은 이렇게 말씀하셨습니다,

"당신은 아래에서 왔고 나는 위에서 왔습니다. 당신은 이 세상에 속하지만 나는 이 세상에 속하지 않습니다."

그래서 내면의 그 웅장한 존재감에 생동감이 생기고, 그리하여 저는 드라마를 연기하였습니다. 그렇습니다, 내가 안에 있지 않으면 아무도 나를 잡아갈 수 없고 체포할 수 없습니다. 내가 그것을

허용했고, 내 깊은 곳에 있는 무언가가 그것을 허용했고, 그것이 일어났습니다. 이 사실을 알고 그를 믿는다면 당신은 자유입니다.

"진리를 알면 진리가 너를 자유롭게 할 것이다."

- 요한복음 8:32

그렇다면 이제 사형수는 누구일까요? 하나님께서 인자를 세상에 보내신 것은 세상을 정죄하려 하심이 아니라 그를 통해 세상이 구원을 얻게 하려 하심입니다. "저를 믿는 자는 심판을 받지 아니하는 것이요, 저를 믿지 아니하는 자는 하나님의 외아들의 이름을 믿지 아니하므로 벌써 심판을 받은 것이니라." 그 이름은 예수님이 아닙니다. 이름은 "본성"을 의미합니다. 이 하나님의 자녀의 본성, 그는 그것을 믿지 않습니다. 예수님은 아버지이기 때문입니다. 세상은 이를 알지 못합니다. 세상을 이를 믿을 수 없습니다. 그들은 예수, 예수는 여호와, 위대한 나, 즉 예수에 관해 이야기합니다. 프랑스어로 철자를 쓰면 이해할 수 있습니다, Je Suis. Je Suis의 철자에서 'i'를 빼면 '예수(Jesus)'가 되는데, Je Suis는 프랑스어로 '나는'이라는 뜻입니다. 라틴어로 철자를 쓰면 I AM이 됩니다. 그게 바로 신입니다.

"가서 내가 너를 보냈다고 말하라."

- 출애굽기 3:14

누가 말씀하시나요? 우주의 주님이십니다! 그래서 그가 말씀하십니다.

"네 아버지는 어디 있느냐?"

그분은 너희가 나를 진정으로 안다면 그렇게 묻지 않을 것이라고 말씀하셨습니다. 왜냐하면 우리는 진정한 의미에서 나를 알 수 없고, 하나님과 나는 분리될 수 없기 때문입니다. 이것이 그가 그들에게 말하는 것입니다.

"나를 보면 그분이 보입니다. 아버지."

- 요한복음 12:45, 14:8

나와 아버지는 하나이니 아버지를 보여 달라고 하지 말라, 그는 그렇게 말했습니다. 영혼의 깊은 곳에서는 하나이시니 그분은 곧 아버지이십니다. 그리하여 그것은 아버지의 이름도, 자녀의 이름도 아닙니다. 이름은 하나님의 자녀의 본성이며, 그것은 내면의 생명력이며, 인간 스스로 하는 위대한 상상력의 활동입니다.

전에는 성경의 역사성을 당연시했기 때문에 저녁 토론의 일상적인 부분이 될 대화에는 들어갈 수 없었지만, 이제는 그런 과거를 전혀 받아들일 수 없습니다. 이는 신비스러움입니다. 전혀 세속적인 역사가 아니라 신성한 역사입니다. 모든 것이 인간의 영혼에서 펼쳐지고 있으며 모든 사람은 그리스도 예수가 주장한 모든 것을 연기할 운명입니다. 그가 초자연적으로 태어났던 것처럼 태어나는 것, 그리고 자신의 '아버지됨'을 발견하는 사람, 아버지 하나님과 하나가 되는 것. 그가 말한 것과 같은 방식으로 들어 올려지는 사람, 당신이 나를 들어 올리면 내가 그분이라는 것을 알게 되는 것. 그리고 그분에 대해 기록된 모든 것은 실제로 자신의 영혼에서 일어나고 있으며, 이 모든 것은 매우 개인적인 것이 될 것입니다. 아시다시피 이는 세상의 모든 존재에게 해당합니다. 그것이 펼쳐지기 시작하면, 끝이 보이고, 당신은 이 시대에서 해방되는 사람들을 위해 이미 준비된 다른 시대로 떠나는 것입니다. 그러나 모든 사람은 이 시대에서 해방될 것입니다.

그러므로 그리스도 예수의 이야기를 듣고 응답해야 하는 것보다 더 중요한 것은 없습니다. 요한복음에서는 청취의 필요성을 강조하며 반드시 들어야 한다고 강조합니다. 그러니 가서 예수 그리스도를 세속적인 역사로 전하지 마세요. 가서 최선을 다해 그 이야기를 들을 모든 사람에게 그 이야기의 신비로움을 펼쳐 보이십시오. 그리하여 당신은 자연적인 탄생인 모태가 아닌 초자연적으로 태어날 것입니다. 당신은 이 탄생에 아버지나 어머니가 없다는 것을 알게 될 것입니다. 그러므로 당신은 스스로 태어납니다. 그리고 당신은 아버지이기도 합니다. 그리고 자손이 태어나면서 아버지가 되었다는 확실한 증거가 나타납니다. 이제 당신은 그가 누구인지 정확히 알았을 것이고 그는 당신을 아버지라고 부릅니다. 인류의 모든 세대와 그들의 모든 업적, 경험, 모든 것이 하나의 젊음으로 융합되고, 그 젊음은 영원입니다.

영혼 깊은 곳에서부터의 질문

"당신의 아버지는 어디 계십니까?"

그러면 당신은 "당신이 나를 안다면 내가 누군지 알기 때문에 묻지 않을 것입니다. 당신이 정말로 나를 안다면."이라고 대답할 것입니다. 그렇다면 당신은 누구입니까? 제가 처음부터 이야기했던 것조차도 그분은 이렇게 대답하십니다. 지금은 나를 모른다고 말했지만, 처음부터 내가 어떤 존재인지 말해 줄 것입니다. 그리고 모두가 정체성을 잃지 않고 하나의 몸으로 융합된 채 이 영원에서 만날 것입니다. 그리고 그 몸은 여러분이 상상할 수 있는 가장 빛나는 몸이며, 그것은 바로 아버지 하나님이고, 여러분은 그분입니다. 하나님의 거룩한 산에서 길을 잃어버린 사람은 하나도 없습니다. 하나님께서는 단 한 사람도 정죄하지 않으십니다. 그분은 보복의 신이 아니라 무한한 사랑의 신이십니다. 그래서 그 누구도 길을 잃어버리지 않을 것이며, 모두가 아름다움, 완벽함, 위엄, 그리고 당신이 생각할 수 있는 세상의 모든 속성을 몇 번째 수준으로든 끌어올릴 것이며, 그것이 바로 당신입니다.

더 나은 직업과 더 많은 돈, 더 나은 집, 더 많은 안전 등 여러분이 원하는 세상의 모든 것에 대해 시험해 보십시오. 누구에게도 이것이 가능한지 묻지 마십시오. 가능하다는 전제하에 자신과의 대화를 내면적으로 계속하고, 자기 세계에서 일어나는 것을 그저 지켜보면 됩니다. 하지만 그 일이 어떻게 일어났는지 잊지 마십시오. 이 대화를 다른 사람과 나누면서, 상대방은 "어차피 일어났을 일이야"라고 말할 수도 있습니다. 그 뒤에 세상의 위대한 고발자, 세상의 위대한 의심자가 올 테지만, 그런 사람은 아무것도 모르기 때문에 그렇게 이야기할 것입니다. 세상의 의심자는 당신이 입은 옷이 아니라는 사실을 전혀 모르기 때문입니다. 세상의 의심자는 당신이 죽음의 문을 통해 이 세상을 떠나는 것이 이 세상으로부터의 당신의 마지막 떠남이라고 생각합니다. 그러나 그는 당신이 누구인지 모릅니다.

여러분이 이 세상에 왔을 때 여러분이 고른 옷의 본질이 무엇인지는 중요하지 않았습니다. 왜냐하면 여러분이 어디에서 그것을 집어 들었든, 인종이나 국적과 관계없이, 여러분은 땅을 걷는 동안 그리스도 예수와 진정한 그리스도 예수에 대해 듣고 이를 시험하기 위해 교육 목적으로 그것을 집어 들었을 뿐입니다. 여러분이 이 땅을 걷는 동안 예고도 없이 갑작스럽게 여러분 안에 일련의 신비로운 체험이 펼쳐지고 여러분은 이 땅을 떠나게 됩니다. 그리고 여러분은 이 세상을 영원히 떠나지만, 같은 교육적 목직을 위해 이 세상에 엮인 사람들을 위해 이 세상을 남겨두고 떠납니다.

누군가 우리의 행운을 알고 있고 친구로서 축하해주러 왔다고 상상해 봅시다. 만약 그들이 정말 당신의 친구이고 당신의 행운에 대해 들었다면 뭐라고 말할까요? 어떻게 표현할까요? 이제 그들이 표현하고 당신이 듣는다고 생각하고 주의 깊게 들어보십시오. 그들은 당신을 그 존재로서 만났기에 당신이 내면에서 들은 말을 표현할 수밖에 없습니다. 그들이 표현할 때, 이미 그 일은 일어났습니다. 그들은 그것을 완전히 의식하고 있습니다. 친구로서 그들은 단순히 당신을 축하할 수 있음에 기뻐합니다.

예를 들어 한 남자가 있습니다. 그는 이제 원리를 들었기에 완벽한 기술을 가지고 있습니다. 우선 그는 우리에게 세 가지 확실한 기술을 주었습니다. 첫 번째는 느낌입니다. 그가 손에 쥔 정책을 느꼈을 때, 비록 그가 사는 지역에서 아무도 정책을 얻을 수 없었지만, 그는 정책을 얻었습니다. 갑자기 보험료가 전혀 오르지 않은 상태로 보험이 나왔습니다. 그 뒤에 시각적 개념이 떠올랐습니다. 그는 녹색은 없고 연보라색의 썩은 대리석만 있는 곳에서 녹색을 보기 위해 시각적 개념을 사용했습니다. 그가 녹색을 보았을 때, 완전히 낯설었던 것이 갑자기 작은 울타리를 치우고 자신이 정신적으로 보았던 곳에 녹색을 놓을 수 있는 수단이 되었습니다. 그

네빌 고다직의 삶과 가르침

리하여 그는 촉각적 감각과 시각적 감각이 깨어났습니다. 그리고 그의 프로듀서는 "좋다"라는 최상급 표현으로만 기쁨을 표현할 수 있었던 한 남자를 "좋다"라는 제한된 상태에서, "대단하다!", "아주 대단하다!" 또는 "그냥 대단하다!"로, 그리고 "굉장하다!"로, 그리고 마침내 "완전히 감각적이다!"로 끌어올릴 수 있었습니다. 그렇게 그는 무언가를 인정할 때 "좋다"라는 표현을 넘어서지 못하는 한 남자를 데리고, 그 남자가 더 관대하게 자신을 표현할 수 있는 능력을 키웠습니다. 모두 정취로 말입니다.

그래서 그는 다시 한번 블레이크의 상상력에 대한 정의를 확인했습니다. 그것은 영적 감각입니다. 그는 남자의 목소리를 매우 분명하게 들었습니다. 듣고 싶었던 남자와 그리고 그 남자가 말하기를 원했던 것에 대해 매우 분명하게 들었습니다. 그는 그 말을 듣고 그 남자는 다음 호흡에서 정말 그 말을 반복했습니다. 그가 우리에게 들려준 이 모든 것은 흥미로운 이야기였습니다.

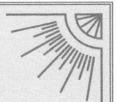

상상력은 창조의 시작

위대한 인간의 상상력, 예수 그리스도

예수 그리스도는 인간의 상상력이기 때문에 기독교는 세속 역사에서 끊임없이 구속되어야 했습니다. 바울은 고린도 교인들에게 보낸 첫 번째 서신에서 이렇게 말합니다.

"우리가 세상의 영을 받지 아니하고 오직 하나님으로부터 온 영을 받았으니 이는 우리로 하여금 하나님께서 우리에게 주신 은사들을 이해하게 하려 하심이라."

오늘 밤 예수 그리스도가 누구인지 진실로 이해하기 위하여 이러한 은사 중 하나를 보여 드리겠습니다. 그분은 여러분의 위대한 인간의 상상력입니다. 그분이 바로 그리스도입니다. 연사님처럼 전통 방식으로 자랐다면 처음 들었을 때 충격으로 다가올 것입니다. 저는 기독교 가정에서 자랐고, 수억 명의 기독교인처럼 자연스럽게 남자를 알지 못하는 여자에게서 태어난 어린 소년의 아버지가 하나님이고, 그는 하나님의 아들이라는 이야기를 세속적인 역사로 배웠습니다. 하지만 저는 제가 기억할 수 있는 때부터 찾고 또 찾았습니다.

저는 어머니가 가르쳐 주신 대로 이야기를 믿었습니다. 그리고 그 충격은 누구에게도 말할 수 없었고, 때로는 광야의 이스라엘처럼 돌아서서 다시 노예로 돌아가는 게 낫지 않았을까 하는 생각도 들었지만, 그렇게 할 수 없었습니다. 그들은 약속의 땅을 향해 계속 전진해야 했습니다. 우리가 배워온 대로 이야기를 배워온 당신이 이에 환멸을 느낄 때, 그분이 역사 속의 어떤 존재가 아니라는 사실, 그분이 숨 쉬는 것보다 가까이 있다는 사실을 기억하십시오. 사실 '가까이' 있을 수도 없는 그분이 바로 당신 자신이고, 당신 자신이 위대한 인간의 상상력입니다. 이것을 발견하는 것은 꽤 충격으로 다가옵니다.

인생은 허기에 지나지 않습니다. 이 광활한 세상 전체가 굶주림이고, 저는 그 굶주림을 채우기 위해 세상을 바라볼 수 있는 무수한 의식 상태가 있다고 생각합니다. 우리는 제가 바베이도스에 갔던 것과 같은 방식으로 할 수 있습니다. 저는 앞선 이야기처럼 물리적으로는 뉴욕에서 자고, 정신적으로는 바베이도스에서 잔 경험이 있습니다. 제 동생은 저에게 티켓을 보내며, 한 번도 제대로 크리스마스에 모여본 적이 없는 가족의 이야기를 들려줌으로써 제가 알았다고 쉽게 말할 수 있도록 설득했습니다. 여기서 제가 요청한 것은 없습니다. 그는 그저 편지를 쓰고 조금의 지폐를 동봉하며 티켓을 받으러 가라고 했던 것뿐입니다.

그래서 저는 3개월 동안 그곳에 있다가 돌아왔습니다. 솔직히 세상의 창조적 힘이 제 상상력임을 발견한 건 엄청난 충격이었습니다. 과거의 대외적인 그리스도를 믿는 것이 훨씬 쉬웠습니다. 기도할 수 있는 신을 믿는 것이 훨씬 쉬웠습니다. 제가 기도할 수 있는 신이 만약 제게 대답하지 않는다면 저는 "음, 그분은 내가 기도하는 바가 이루어지길 원하지 않으시는 거야."라고 말했죠. 실패를 정당화할 수 있었습니다. 하지만 그땐 탈출구가 없었습니다. 왼쪽이나 오른쪽으로 돌아서서 누구를 칭찬하거나 비난할 수 없었습니다. 저는 생명 현상의 원인을 찾았고, 그 원인은 바로 나 자신의 위대한 인간의 상상력이었음을 알았습니다. 이는 성경에서는 "신"이라고 부르고 "예수 그리스도"라고 부릅니다.

저는 성경을 다르게 읽었습니다. 저는 압둘라와 함께 그림을 보러 간 적이 있습니다. 제가 그와 함께 어떤 그림을 보러 데려간 날을 기억합니다. 그는 물었습니다. "네빌, 말해봐요, 거기서 뭐 좀 알아냈어요?" 그래서 저는 그를 위해 해석하기 시작했습니다. 몬테크리스토 백작의 그림이었습니다. 그가 말했습니다. "이 그림을 해석해줘요." 제가 그림을 해석했을 때 그는 너무 흥분하고 감격해했습니다. 이 세상 모든 것이 우리에게 같은 교훈을 준다는 것을 말입니다. 이 세상에는 하나님 외에는 아무것도 없다는 것입니다.

그래서 저는 어느 날 요한복음 14장을 가지고 그에게 해석했습니다. 왜냐하면 그는 나를 일어나게 할 것이기 때문입니다. 우리 중 십여 명이 집회에 왔습니다. 그는 히브리어를 가르쳤습니다. 저는 거기서 히브리어를 배울 수 있었습니다.

"너희는 마음에 근심하지 말라. 너희는 하나님을 믿으라. 또한 나를 믿으라. 나의 아버지의 집에는 많은 저택이 있다. 만약 그렇지 않다면, 내가 너희를 위해 준비하러 간다고 말했겠는가? 내가 가서 너희를 위해 거처를 준비하면, 내가 다시 와서 너희를 내게로 영접할 것이며, 나 있는 곳에 너희도 있게 하여 내가 있는 곳에 너희도 있게 하리라."

그리고 저는 전에 말씀드린 바베이도스 여행에 대해 그에게 설명했습니다. 저는 감각으로 닻을 내리는 것 외에는 아무것도 할 수 없는 외면의 사람을 위한 장소를 준비했습니다. 여기 제가 살던 75번가 5번가의 지하실, 그리고 내 감각은 내가 돈이 없다는 사실을 알려주었습니다. 돈이 아예 없었고, 아시다시피 실직 상태였습니다. 하지만 저는 바베이도스로 가기를 원했고 실제로 갈 수 있었습니다. 내면의 사람은 나의 상상력이고 그것은 주 예수 그리스도입니다.

"모든 것이 그분에게는 가능합니다."

내가 그분을 믿을 수 있다면 말입니다.

이제, 저는 '네빌'이라는 외면의 사람을 위한 장소를 준비합니다. 그래서 저는 바베이도스에서 잠을 자면서 바베이도스에서 보고 있

네빌 고다드의 삶과 가르침

는 듯이 세상을 보았습니다. 그렇게 6주 만에 수단이 왔고 나는 바베이도스에서 가장 천국 같은 여행을 하고 3개월을 보냈습니다. 그리고 멋진 여행에서 돌아오고, 적절한 금액을 되찾았습니다. 이는 잠시 저를 위로해 주었습니다. 모두 저는 요청하지 않은 가족의 선물입니다. 그때, 저는 성경의 그리스도가 누구인지 알게 되었습니다. 그는 저만의 놀라운 인간적 상상력이었습니다.

그러나 전통적인 방식에 의해 저는 새로운 길과 싸웠습니다. 전통적인 개념과 내 감각에 대한 믿음, 내 감각의 증거에 대한 믿음, 그리고 그들이 지시하는 것으로 돌아갔습니다. 마치 전통적인 '신'으로부터 경험의 '신'으로 돌파한다고 생각했습니다. 저는 그 여행에서 신을 경험했습니다. 나는 모든 것을 상상 속에서 했고, 그것이 이루어졌습니다.

"그분으로 만물이 지으심을 입었고 그분 없이는 아무것도 없나니 만물이 그로 말미암아 지은 것은 아무것도 없느니라."

저는 제가 한 일을 정확히 알고 있습니다. 저는 그렇게 그분을 찾았습니다. 나는 율법과 선지자들이 기록한 그분을 발견했습니다. 그러나 저는 그분을 찾고 저는 여전히 그분을 "네빌"이라고 불렀습니다. 나는 그분을 다른 이름으로 부르지 않았습니다. 성경은 그분을 "예수 그리스도"라고 부르는데, 이는 "구세주 하나님"이라는 뜻입니다. 저는 구세주를 찾았고, 그분은 제 상상 속의 위대한 인간의 상상력이었어요. 그리고 그것은 끔찍한 충격이었습니다. 왜냐하면 여기에는 세상의 모든 약점, 세상의 모든 한계를 가진 평범한 사람이 있기 때문입니다.

그래서 당신의 위대한 인간의 상상력은, 제가 경험을 통해 알게 된 하나님입니다. 바로 성경의 그리스도입니다. 이제 상상력에 믿음을 더한 것이 우리가 세상을 만들어 나갈 수 있는 재료입니다. 우리는 다음과 같이 말합니다.

"믿음 없이는 그분을 기쁘시게 하는 것이 불가능하다."

히브리서 11장 6절에 나오는 이 구절을 읽어보세요. 여기서 믿음이란 무엇일까요? 히브리서 11장에 설명되어 있습니다. 자, 그럼 다른 정의를 내려보겠습니다. 믿음은 객관적인 희망에 대한 주관적 전유입니다.

저는 바베이도스에 가고 싶었습니다. 저는 그것을 주관적으로 전유했습니다. 물리적으로는 뉴욕 75번가에 있었습니다. 주관적으로 저는 바베이도스에 있었습니다. 저는 바베이도스에 있었다는 것을 증명하기 위해 저는 단순히 세상을 보았습니다. 만약 내가 바베이도스에 있어서 볼 수 있는 것처럼 세상을 볼 수 있다면, 주관적으로 그 상태에 있다고 간주했습니다.

뉴욕에서 자면서도 내가 뉴욕에 있다는 것을 안다면, 나는 영원히 그곳에 남아있을 것입니다. 제 세계에는 아무런 변화가 없을 것입니다. 저는 객관적인 희망을 주관적으로 조정해야 했습니다. 저의 객관적인 희망은 바베이도스에 있는 것입니다.

이제 객관적인 희망이 무엇이든 이제 그 희망을 주관적으로 적절히 적용해야 했고, 그 주관적 적용 속에서 잠을 자야 했습니다.

되고 싶다면, 생각하면 됩니다. 단순히 주관적으로 여기면 됩니다. 그리고 그것이 전통의 '신'에서 경험의 '신'으로의 전환의 시작이었습니다.

그리고 1959년에 그 일이 저에게 일어났습니다. 얼마나 큰 충격적이었겠습니까! 그러나 이 일이 사실상 제 안에서 펼쳐지기 시작한 것은 1933년으로 거슬러 올라갑니다. 그때 늙은 압둘라가 저에게 "당신은 바베이도스에 있습니다"라고 말했을 때 그는 무슨 뜻인지 설명하지 않았습니다.

지금 저에게 "십만 달러를 갖고 싶습니다."라고 말한다면, 만약 제가 지금 그분이 말씀하신 대로 말씀드린다면, 저는 이렇게 말씀드려야 할 것입니다. "당신은 가지고 있습니다. 그리고 오늘 밤 그것을 소유한 채로 잠을 자지 않는다면, 당신은 내가 말한 대로 하지 않는 것입니다." 원하는 것이 있으면 이를 가진 것처럼 잠을 자면 됩니다. 그것이 마치 사실인 것처럼 느끼는 것이 바로 비결입니다.

"우리는 세상의 영을 받지 아니하나니"

세상의 영혼은 의심입니다. 의심의 몸은 사탄입니다. 블레이크가 아주 명확하고 아름답게 표현했듯이 말입니다.

"오, 나의 사탄아,
너는 어리석은 자에 불과하고
사람의 옷을 알지 못하도다."

-낙원의 문 에필로그

그것은 오감에 의해 제한되고 이성이 지시하는 것에 의해 제한되는 '옷'이었습니다. 밤에 잠이 들면 이성은 말합니다. "당신은 지금 캐롤 드라이브 1025번지에서 자고 있습니다." 이성은 내가 이 세상에 무엇을 갖고 있는지 알려줍니다. 하지만 내가 가진 것이 마음에 들지 않고, 이성이 지시하는 것이 마음에 들지 않는다고 가정해 봅시다. 나는 이성과 감각이 지시하는 상태가 아닌 감히 내가 되고 싶은 상태를 가정하고 그 상태에서 '잠'을 자야 합니다.

저는 제 말을 들어줄 모든 사람에게 그 법칙을 가르쳤습니다. 많은 사람이 귀를 기울였고, 많은 사람이 그것을 증명했습니다. 그러나 우리는 습관의 피조물입니다. 종일, 매 순간 이성이 지시하는 대로, 이성이나 감각이 지시하는 대로 돌아가는 경향이 있습니다. 그러나 여러분 안에서 말씀하시는 존재는 주 예수 그리스도이시고, 그분은 여러분의 위대한 인간의 상상력입니다. 그래서 그분은 여러분에게 말씀하십니다. "두려워하지 말라. 내 아버지 집에는 많은 저택이 있으니 너희는 마음에 근심하지 말라."

"저택"은 의식의 상태를 의미하며, 이는 사람의 굶주림을 충족시키기 위한 것입니다. 저는 바베이도스를 갈망했습니다. 그 허기를 채우기 위한 상태였죠. 이 세상의 어떤 것도 만족시킬 수 없는, 하나님을 경험하는 것 외에는 만족시킬 수 없는 굶주림이 있을 날이 올 것입니다. 그것이 바로 의식의 상태입니다. 돈 외에는 아무것도 만족시킬 수 없는, 돈에 대한 굶주림이 있습니다. 명성에 대한 굶주림이 있습니다. 명성 외에는 아무것도 만족시킬 수 없는, 사소한 것이지만 명성을 이해하는 것 외에는 어떤 것도 만족시킬 수 없습니다.

그래서 이 모든 상태는 굶주림의 상태에 들어가서 그 상태에서 세상을 바라보고 굶주림을 채웁니다. 만약 당신이 지금 당신이 알려지고 싶은 대로 알려졌다면, 알려지고 싶다는 굶주림은 충족된 것입니다. 무엇이 되고 싶다면 그 상태에서 세상을 바라보고, 그 바라본 세상은 주관적이지만, 실제로 내가 주관적으로 보고 경험하고 있는 것을 확인시켜 주므로 굶주림이 충족됩니다.

이제 제 경우에는 의식적으로 추론하는 마음 없이 사건의 다리가 만들어졌습니다. 저는 동생에게 편지를 쓰라고 하지 않았습니다. 50달러짜리 지폐를 구하지 않았습니다. 저는 발행처에 티켓을 발행해달라고 통보하지 않았습니다. 모든 과정은 우편으로 왔습니다. 그는 2천 마일이 떨어진 곳에서 제 가정에 의해 영향을 받았습니다. 저는 감히 나의 객관적인 희망을 주관적으로 적용했습니다.

그렇게 객관적인 희망에 주관적인 희망을 더 해, 마치 사실인 것처럼 그 안에서 '잠'을 자세요. 감히 사실인 것처럼 그 안에서 잠을 자면, 자기도 모르는 사이에 사건의 다리가 나타나고 그 다리를 건너 주관적 전유의 성취를 향해 걷게 됩니다. 마지막에 이르러서는 이제 객관적 희망의 성취가 됩니다.

집을 팔고 싶다면, 다른 집에서 잠을 자라

저는 경험에서 우러나온 이야기를 하고 있고, 그때 이후부터 제 인생에서 위기가 닥쳤을 때 이를 적용했습니다. 나는 내가 사는 삶에 상당히 만족하기 때문에 매 순간 그것을 적용하며 살지는 않습니다. 삶에 끊임없는 변화가 필요하지 않지만, 우리 모두의 삶은 위기에 봉착하는 순간이 있으며, 그리스도가 누구인지 안다면 행동을 취해야 합니다. 명심하십시오.

"만물이 그로 말미암아 지은 바 되었으니 지은 것이 하나도 그가 없이는 된 것이 없느니라."

그러니 나 자신이라고 생각하는 겉옷에 완전히 얽매이지 말고, 그것은 단지 옷일 뿐이며 불멸의 당신인 내면의 사람, 상상력을 가진 사람을 잊어버리지 마십시오. 하나님의 방대한 드라마는 세 가지 패턴으로 나눌 수 있습니다. 순수, 경험, 상상력. 그리고 당신이 세 번째 단계인 상상력에 도달하면 우리는 순수의 세계에서 경험의 세계로 나온 것이고, 깨어있는 상상력, 즉 하나님 자신을 향해 나아가고 있는 것입니다.

우리에게 이렇게 말씀하셨습니다.

"모든 것이 하나님에게는 가능합니다."

그리고 이렇게 말씀하셨습니다.

"믿는 자에게는 모든 것이 가능하다."

마태복음 19장은 이렇게 말합니다.

"하나님과 함께라면 모든 것이 가능합니다."

마가복음 9장은 이렇게 말합니다.

"믿는 자에게는 모든 것이 가능하니라."

그는 하나님을 믿을 수 있는 사람과 동일시합니다. 이 등식에서 벗어날 수 없습니다. 하나님에게는 모든 것이 가능하고, 믿는 자에게는 모든 것이 가능하다면, 그는 믿는 자와 하나님을 동일시합니다.

저는 소원이 이루어진 것을 생각하는 것과 소원이 이루어진 것을 떠올리는 것의 차이를 알고 있습니다. 저는 항상 내가 어디에 있는지를 생각하고, 내가 어디에 없는지를 떠올립니다. 지금, 저는 이 방을 생각하고, 아내가 있는 집을 떠올리고 있습니다. 하지만 지금 이 방이 아내가 있는 집보다 더 현실적인 이유는 제가 여기서는 생각하고 있고, 저기서는 떠올렸기 때문입니다. 비결은 '생각하기'입니다.

어떤 상태에 들어가서 거기서부터 생각하면, 현실의 모든 색조를 부여하고, 소집할 수 있는 모든 감각적 생생함을 부여합니다. 그런 다음 눈을 뜨고 주문에서 깨면 "어라, 내가 무슨 짓을 했지?" 라고 생각하게 됩니다. 세상은 모두 상상력이라고 말할 것입니다. 상상력은 곧 신이기 때문입니다. 여러분은 현실을 움직였습니다. 이제 여러분을 물리적으로 있는 세계에서 정신적으로 있는 세계로 데려다줄 수단을 고안해낼 필요가 없습니다. 그러니 말씀을 주의 깊게 들어보세요.

"이제 내가 너희를 위하여 거처를 예비하러 가노니, 내가 가서 너희를 위하여 거처를 예비하면 내가 다시 와서 너희를 내 자아로 데려가서 나 있는 곳에 너희도 있게 하리라."

하나님은 이 "옷"에 대해 말씀하고 계십니다. 이 옷은 움직일 수 없습니다. 당신은 옷을 의자에 앉히고 침대에 놓고 바닥에 던져지 겠지요. 그분, 즉 내면의 사람은 이 세상의 어느 곳에나 있을 수 있습니다. 상상 속의 그분이 있는 세상을 바라봄은 실재입니다. 그분은 남겨 두신 '옷'으로 돌아와 자기 자신에게 가져갑니다. 저는 가서 거처를 준비한 후 돌아올 것입니다. 저는 돌아와서 저를 제가 있을 자신에게로 데려다줄 겁니다. 의식 속에서, 나의 상상 속에서 유일한 실재인 그곳에 우리가 있을 것입니다.

따라서 어떤 상태에서 벗어날 때까지는 머리를 때리려고 하지 마십시오. 그는 당신의 말을 듣지 못합니다. 우리는 자신이 하는 일이 유일한 진실이자 유일한 현실이라고 믿습니다. 조개가 독이 될 거라고 믿으면 정말 독이 될 것입니다. 당신과 저는 자리에 앉

네빌 고다드의 삶과 가르침

아서 가장 영광스러운 조개 한 묶음을 먹을 것입니다. 그는 앉아서 그에게 독이 될 수 있는 독과 같은 요리를 먹을 것입니다. 제가 어렸을 때 그런 경험을 했어요. 엄격한 채식주의자였습니다.

제 친구가 저를 초대해 손님으로 토론토에 갔습니다. 저는 그녀가 준비한 연어를 감당할 수 없었습니다. 아름다운 연어였지만 저는 그 당시 생선, 고기, 닭고기 등의 육류는 아무것도 먹지 않았습니다. 하지만 손님으로서 파티에 초대한 주인에게 예의를 지켜야 한다고 배웠기 때문에 제 앞에 놓인 음식을 억지로라도 먹었습니다. 제가 금식을 깬 건 그때가 처음이었습니다. 식탁에는 제 호스트와 안주인, 제 춤 파트너, 그녀의 어머니, 그리고 두 아들까지, 총 일곱 명이 둘러앉았는데 거기서 프토마인 중독*에 걸린 유일한 사람이었습니다. 그날 밤 모두 같은 생선을 먹었음에도 저만 병에 걸렸습니다. 저는 제 존재의 결을 거스르며 먹고 있던 것이었습니다. 저는 제가 자신의 윤리 강령에 어긋나는 행동을 하고 있었다는 것을 알았습니다.

그러니 세상에서 가장 놀라운 일은 당신이 하는 일이 잘못되었다고 생각하면 이 세상은 당신을 중독시킨다는 것입니다. 그래서 그 생각은 어디에 있을까요? 모두 당신 자신의 위대한 인간의 상상력, 바로 신입니다.

그리고 우리는 선악을 알게 하는 나무의 열매를 따 먹고 경험의

---

* 부패한 육류를 먹음으로써 일어나는 식중독

세계로 내려왔습니다. 성경 66권 전체에서도 하나님을 불쾌하게 하는 것은 단 두 가지뿐이라고 나옵니다. 처음부터 끝까지 읽어도 진정으로 하나님을 불쾌하게 하는 것은 두 가시 이상은 찾을 수 없습니다. 하나는 "나는 그분이다"에 대한 믿음이 부족이고, 다른 하나는 선악을 알게 하는 나무의 실과를 먹는 것입니다.

지금은, 우리는 선악을 알게 하는 나무의 실과를 먹었습니다. 저도 마찬가지입니다. 하지만 광활한 세상은 그 믿음으로부터 멀리 떨어져 있습니다.

"나는 그분이다."

그리하여

"가만히 있으라. 내가 하나님인 줄 알라."

이렇게 말씀하십니다.

"내가 그분이라는 것을 믿지 않으면 너희는 죄 가운데서 죽을 것이다."

즉, 당신 안에 있는 "나"는 당신 자신의 놀라운 인간 상상력입니다. 세상을 살며 어디에나 적용할 수 있습니다. 당신의 감각이 당신에 대해 알려주는 것에 고정될 필요가 없습니다.

예를 들어 한 여자는 집을 팔고 싶어 합니다. 집을 팔고 싶다고 합니다. 매일 밤 그 집에서 자면 집을 팔 수 없습니다. 정신적으로 다른 곳에서 '잠'을 자야 합니다. 물리적인 것이 아닙니다. 그 집을 진지하게 팔고 싶다면, 실제로 당신의 상상력 속에 그 집에 들어가서 "잠"을 자세요. 당신이 지금의 집을 팔고 나서 실제로 자고 싶었을 집에 잠을 자세요. 그리고 매일 밤 그 상태에서 잠을 자야 합니다. 집을 팔았다면 어디에서 자고 싶으신가요?

그래서 저는 여러분에게 말합니다. 예수 그리스도가 누구인지 안다면 여러분은 자유입니다. 그분이 정말 아버지이심을 알게 될 날이 올 것이며, 그날은 다윗의 영혼이 당신을 "아버지"라고 부르는, 상상할 수 있는 가장 감격스러운 날이 될 것입니다.

제4장

4차원적으로 생각하기

고차원의 세계란

모든 사람이 세상에 대한 두 가지 실제 관점을 가지고 있습니다. 그리고 고대 이야기꾼들은 이것을 완전히 의식하고 있었죠. 하나를 "육신의 마음"이라고 불렀고 다른 하나는 "그리스도의 마음"이라고 불렀습니다. 우리는 이 말씀에서 사고의 두 가지 중심을 인식합니다.

> "육에 속한 사람은 하나님의 영의 일을 받지 아니하나니 이는 그것들은 그에게는 미련한 것이요, 영적으로 분별하기 때문에 알 수도 없습니다."
>
> - 고린도전서 2:14

본능적 마음에 현실은 지금이라는 순간에 국한되어 있으며, 바로 이 순간이 현실의 전부를 담고 있는 것처럼 보이고 그 외의 모든 것은 비현실적입니다. 본능적 마음에 과거와 미래는 순전히 상상에 불과합니다. 다시 말해, 본능적 마음을 사용할 때 나의 과거는 과거의 기억 이미지일 뿐입니다. 그리고 육체적 마음이나 본능적 마음의 제한된 초점에는 미래가 존재하지 않습니다. 본능적 마음은 과거를 다시 돌아보고 그것을 현재, 객관적이고 구체적인 것으로 볼 수 있다고 믿지 않으며, 미래가 존재한다고 믿지도 않습니다. 우리의 언어로 4차원적 초점이라고 부르는, 영적인 마음인 그리스도의 마음에는 본능적 마음의 과거, 현재, 미래가 하나의 현재 전체입니다. 인간이 만났고, 만났으며, 앞으로 만나게 될 모든 감각적 인상을 모두 받아들입니다.

우리가 현재와 같이 기능하고, 더 큰 관점을 인식하지 못하는 유일한 이유는 우리가 습관의 피조물이고, 습관은 우리가 보아야 할 것을 완전히 보지 못하게 만들기 때문입니다. 그러나 습관은 법이 아닙니다. 습관은 마치 세상에서 가장 강력한 힘인 것처럼 행동하지만 법은 아닙니다. 우리는 삶에 대한 새로운 접근 방식을 만들 수 있습니다. 당신과 제가 매일 몇 분만이라도 감각의 영역에서 보이지 않는 상태에 집중하고, 이 사색에 충실하여 보이지 않는 상태의 실체를 느끼고 감지한다면, 우리는 후에 더 큰 세계, 차원적으로 더 큰 세계를 인식하게 될 것입니다. 사색하는 상태는 이제 시간 속에 옮겨져 구체적인 현실이 됩니다.

성경을 통해 여러분이 현재 펼쳐진 현실 어디에 서 있는지 판단해 보시기 바랍니다.

첫 번째 이야기

첫 번째 이야기는 마가복음의 5장에 나오는 이야기입니다. 이 장에는 세 가지 이야기가 마치 주인공의 개별적인 경험인 것처럼 묘사되어 있습니다. 이야기에서 우리는 예수님이 공동묘지에 살면서, 무덤 뒤에 몸을 숨긴 벌거벗은 한 미친 남자를 만났다고 말씀하십니다. 이 사람은 예수님께 자신을 괴롭히는 귀신을 쫓아내지 말아 달라고 호소했습니다.

> 예수께서 그에게 이르시되 "더러운 영혼아, 그 사람에게서 나오라" 하셨습니다.
>
> - 마가복음 5:8

이렇게 예수님은 악마들을 쫓아내어 자멸하게 하셨고, 우리는 이 사람이 처음으로 옷을 입고 바른 정신을 갖고 주인의 발 앞에 앉아있는 것을 발견합니다. 우리는 깨달은 이성 또는 4차원적 사고의 이름을 예수로 바꾸어 이 장의 심리적 의미를 이해하게 될 것입니다.

이 장에서는 예수님이 야이로의 대제사장에게 오셨고, 회당 대제사장 야이로는 죽어가는 아이가 있다고 이야기합니다. 그녀는 12살이며, 그는 예수님께 와서 그 아이의 병을 고쳐 달라고 호소합니다. 예수님은 이를 승낙합니다. 대제사장의 집으로 향하면서 장터에 있는 여자가 그의 옷에 닿았다고 말합니다.

예수께서는 미덕이 그에게서 떠났다는 것을 즉시 인지하고 그를 돌이키며 "누가 내 옷을 만졌느냐?"고 말씀하셨습니다.

– 마가복음 5:30

12년 동안 앓고 있던 혈루증이 완전히 고쳐진 여인은 자신이 예수님을 만졌다고 고백했습니다. 예수께서 그녀에게 이르시되,

"딸아, 네 믿음이 너를 온전하게 하였으니 평안히 가라."

– 마가복음 5:34

대제사장의 집으로 향하던 예수는 아이가 죽었으니 부활시키러 갈 필요가 없다는 말을 듣습니다. 아이는 더 이상 잠들어 있지 않습니다. 이미 죽은 것입니다.

예수께서 이 말씀을 들으시자마자 대제사장에게 "두려워하지 말고 믿기만 하라"고 말씀하십니다.

– 마가복음 5:36

예수께서 들어오사 그들에게 이르시되, "너희가 어찌하여 이렇게 소란을 피우며 우느냐? 이 여자는 죽은 것이 아니라 잠든 것이니라."

– 마가복음 5:39

이에 군중 전체가 조롱하고 비웃었지만, 예수님은 조롱하는 군중을 향해 문을 닫으시고 야이로의 집과 제자들, 그리고 죽은 아이의 어머니와 함께 들어가셨습니다. 그들은 처녀가 누워있는 방으로 들어갔습니다. 그리고 예수께서 그 여자의 손을 잡고 이르시되, "여자야, 내가 네게 이르노니 일어나거라."

– 마가복음 5:41

깊은 잠에서 깨어나서 일어나 걸으니 대제사장과 다른 모든 사람들이 놀랐습니다. 예수께서 아무도 알지 못하도록 곧바로 옷을 갈아입으시고 먹을 것을 주라고 명하셨다.

–마가복음 5:43

묘지는 한 가지 목적이 있습니다. 이는 단순히 죽은 자의 기록입니다. 당신은 죽은 과거에 살고 있습니까?

만약 당신이 죽은 자들 사이에서 살고 있다면, 당신의 편견과 미신, 그리고 당신이 살아 있다고 믿는 잘못된 믿음은, 당신이 숨어 있는 묘비입니다. 그것들을 놓아주지 않는다면 성경에서 깨달은 이성으로 악마를 쫓아내지 말라고 간청했던 미친 사람과 같습니다. 그러나 계몽된 이성은 이성의 침입으로부터 편견과 미신을 보호할 수 없습니다.

편견의 본질과 관계없이 편견을 가진 사람은 이 세상에 이성의 빛에 맞설 수 있는 사람은 없습니다. 특정 국가, 특정 인종, 특정 '이즘', 특정 어떤 것에 반대한다고 말해보십시오. 당신은 그 믿음을 이성의 빛에 드러내고 살릴 수 없습니다. 이것이 당신의 세계에서 살아남으려면 당신은 이를 이성의 빛으로부터 숨겨야 합니다. 이성의 빛으로 이것을 분석하고, 살아있게 할 수는 없습니다. 이 4차원의 초점이 당신에게 와서 삶에 대한 새로운 접근 방식을 보여주고 당신을 괴롭히는 모든 것들을 당신의 마음에서 쫓아낼 때, 당신은 깨끗해지고 올바른 마음으로 옷을 입게 됩니다. 그리고 당신은 주인의 발이라고 불리는 이해의 발에 앉게 됩니다.

옷을 입고 바른 마음을 가지면 죽은 자를 부활시킬 수 있습니다. 무엇이 죽었나요? 이야기 속의 아이는 아이가 아닙니다. 그 아이는 당신의 야망, 욕망, 이루지 못한 마음의 꿈입니다. 이것은 인간의 마음속에 있는 아이입니다. 앞서 말했듯이 성경의 전체 드라마는 심리적 드라마이기 때문입니다. 성경에는 실존했던 어떤 사람

네빌 고다드의 삶과 가르침

이나 지상에서 일어난 어떤 사건에 대한 언급이 전혀 없습니다. 성경의 모든 이야기는 한 사람 한 사람의 마음속에서 펼쳐집니다.

이 이야기에서 예수는 깨어난 인간의 지성입니다. 당신의 마음이 현재 감각의 범위 밖에서 기능할 때, 당신의 마음이 이전의 모든 제약에서 치유될 때, 당신은 더 이상 미친 사람이 아니라 인간 마음의 갈망을 되살릴 힘, 예수로 의인화된 존재입니다.

당신은 이렇게 저에게 말할 수도 있습니다. "사람 예수나 사람 모세, 사람 베드로에 대한 믿음을 포기하라고 요구하지 마세요. 이 인물들에 대한 믿음을 포기하라고 한다면 너무 과한 요구를 하는 것입니다. 이 믿음들은 저에게 위로가 되니 그대로 두세요. 나는 그들이 지상에 살았다고 믿을 것이고, 여전히 그들의 이야기에 대한 당신의 심리적 해석을 따를 수 있습니다."

저는 죽은 과거에서 나오라고 말합니다. 그 공동묘지에서 나와서 당신과 당신의 아버지는 하나이며, 사람들이 하나님이라고 부르는 당신의 아버지는 당신 자신의 의식이라는 것을 알고 걸어가십시오. 그것이 세상에서 유일한 창조 법칙입니다.

당신은 무엇을 의식하고 있습니까? 비록 3차원적 사고의 제한된 초점으로는 여러분의 목표를 볼 수 없지만, 지금 여러분은 여러분이 가정한 바로 그 존재입니다. 그 가정 속으로 걸어 들어가서 그 가정에 충실해지시길 바랍니다.

이 존재의 차원에서의 시간은 느리게 흐르며, 가정을 객관화한 후에도 현재의 현실이 마음의 태도에 불과했던 때가 있었다는 것을 기억하지 못할 수도 있습니다. 여기서 시간의 박동이 느리기에 여러분은 종종 내면의 본성과 그것을 목격하는 대외적 세계 사이의 관계를 보지 못합니다.

미기복음 5장에서 여러분이 지금 어떤 위치에 있는지 스스로 판단해 보세요. 당신은 죽은 아이를 부활시키고 있습니까? 아직도 마음의 자궁을 닫아두어야 합니까? 오직 당신만이 이 질문에 답할 수 있습니다.

두 번째 이야기

이제 요한복음 5장에 나오는 이야기를 살펴봅시다. 이 이야기는 고대 이야기꾼들이 이 세상을 바라보는 두 가지 관점, 즉 제한된 3차원적 초점과 4차원적 초점에 대해 얼마나 아름답게 이야기했는지 보여줄 것입니다.

이 이야기는 앉은뱅이의 한 남자가 빠르게 치유되는 이야기입니다. 예수님은 베데스다라는 곳에 오셨는데, 베데스다는 다섯 개의 현관이 있는 집을 뜻합니다. 이 다섯 개의 현관에는 절름발이, 소경, 앉은뱅이, 시든 사람 등 무수히 많은 무력한 사람들이 있었습니다. 전통에 따르면 일 년 중 특정 계절이 되면 천사가 내려와 이 다섯 개의 현관 근처에 있는 웅덩이를 어지럽힌다고 합니다. 천사가 웅덩이를 어지럽히면 항상 가장 먼저 들어온 사람이 치유되었습니다. 그러나 첫 번째 사람만 치유되었고 두 번째 사람은 치유되지 않았습니다.

예수님은 어머니 뱃속에서부터 앉은뱅이가 된 사람을 보시고 "네가 온전해질 수 있겠느냐?"라고 말씀하셨습니다.

　－ 요한복음 5:6

그 앉은뱅이가 대답하기를, "선생님, 물이 급할 때에 나를 못에 넣을 사람이 없사오나, 내가 가는 동안에 다른 사람이 내 앞에 섰습니다."라고 했습니다.

　－ 요한복음 5:7

예수께서 그에게 이르시되 "일어나 네 침상을 들고 걸어가라" 하십니다.

　－ 요한복음 5:8

그리고 즉시 그 남자는 온전하게 만들어졌고, 그의 침상을 들어 걸었습니다. 그날은 안식일이었습니다.

　－ 요한복음 5:9

이 이야기를 읽으면 기적의 능력을 갖춘 어떤 이상한 사람이 갑자기 앉은뱅이에게 "일어나 걸어가라"라고 말했다고 생각할 수 있습니다. 이 이야기는 무수한 개성을 소개하는 이야기일지라도 결국은 한 사람의 마음속에서 일어난 일이라는 점을 몇 번이고 반복할 수밖에 없습니다.

웅덩이는 여러분의 의식입니다. 천사는 신의 사자라고 불리는 관념입니다. 의식은 신이며, 당신이 어떤 생각을 할 때 당신은 천사를 즐겁게 하는 것입니다. 당신이 욕망을 의식하는 순간 당신의 웅덩이는 방해받았습니다. 욕망은 인간의 마음을 교란합니다. 무언가를 원한다는 것은 방해를 받는다는 뜻입니다.

야망이나 명확하게 정의된 목표를 갖는 바로 그 순간, 웅덩이는 욕망이라는 천사에 의해 방해받았습니다. 교란된 웅덩이에 가장 먼저 들어온 사람은 항상 치유된다고 합니다.

제 경우에, 이 세상에서 가장 가까운 동반자는 아내고, 두 번째는 제 어린 딸입니다. 저는 아내에게 "당신"이라고 말해야 합니다. 아무리 가까운 사이라도 누구에게나 "당신"이라고 말해야 합니다. 그리고 그다음에 제삼자를 지칭할 땐 "그는"이라고 말해야 합니다. 이 세상에서 내가 일인칭을 사용할 수 있는 사람은 단 한 명뿐입니다. 자기 자신입니다. "나는"은 자신에 대해서만 말할 수 있고 다른 사람에 대해서는 말할 수 없습니다.

따라서, 내가 되고 싶은 어떤 욕망을 의식하고 있지만 겉보기에는 그렇지 않은 것처럼 보일 때, 웅덩이는 방해받습니다. 누가 나보다 먼저 그 웅덩이에 들어갈 수 있습니까? 나만이 첫 번째 사람의 힘을 가지고 있습니다. 나는 내가 되고 싶은 것입니다. 내가 되고 싶은 존재라고 믿는 것 외에는, 나는 이전의 나로 남아 그 한계 속에서 죽습니다.

이 이야기에서는 당신을 웅덩이를 넣을 남자가 필요하지 않습니다. 의식이 욕망에 의해 방해를 받기 때문입니다. 당신이 해야 할 일은 이미 그 안에 있다고 가정하는 것입니다. 당신이 되고 싶은 존재라는 의식을 갖게 되었는데, 어떤 사람이 당신보다 먼저 들어갈 수 있을까요? '나'라고 말할 힘을 혼자만 가지고 있을 때 아무도 당신 앞에 있을 수 없습니다.

당신은 이제 당신의 감각을 부정한다고 가정해 봅시다. 당신은 당신이 이미 당신이 되고 싶은 존재라고 할 수 있을 만큼 대담한가요? 당신이 이미 이성과 감각이 부정한다고 감히 가정한다면, 당신은 웅덩이에 있고, 남자의 도움 없이 당신도 일어나서 소파를 들고 걸을 것입니다.

안식일에 이런 일이 일어났다고 합니다. 안식일은 단지 당신이 걱정하지 않을 때, 당신이 불안하지 않고, 결과를 찾지 않을 때, 그 징후를 알 때 따르고 선행하지 않는 신비로운 고요함이라고 할 수 있습니다. 안식일을 지키기 위해 일하지 않을 때가 안식일입니다. 여러분이 다른 사람의 의견에 대해 전혀 염려하지 않고, 손가락 하나도 들지 않는 것처럼 걸을 때, 당신은 안식일에 있습니다. 저는 어떻게 될지에 대해 걱정할 수 없으며 여전히 내가 그렇게 의식하고 있다고 말합니다. 내가 자유롭고, 안전하고, 건강하고 행복하다는 의식이 있다면, 나는 노력이나 수고 없이 이러한 의식 상태를 유지합니다. 그러므로 나는 안식일 안에 있습니다. 안식일이었기 때문에 예수님은 일어나 걸으셨습니다.

네빌 고다드의 삶과 가르침

세 번째 이야기

다음 이야기는 요한복음 4장에 나오는 이야기입니다. 여러분이 몇 번이고 들어본 이야기입니다.

예수님께서 우물가에 오셨을 때 사마리아 여인이라고 불리는 라는 여자가 있었고, 예수님은 그녀에게 "내게 마시게 하소서"라고 말씀하셨습니다.

　　– 요한복음 4:7

사마리아 여자가 이르되 "당신은 유대인으로서 어찌하여 사마리아 여자인 나에게 물을 달라 하나이까 하니 이는 유대인이 사마리아인과 상종하지 아니함이어라."라고 하였습니다.

　　– 요한복음 4:9

예수께서 대답하여 이르시되, "네가 만일 하나님의 은사와 그리고 너에게 물을 달라하는 이가 누구인줄 알았더라면 네가 그에게 구하였을 것이요. 그가 너에게 생수를 주셨으리라."

— 요한복음 4:10

"여자는 그가 물을 길어 올 수 있는 것이 아무것도 없다는 것을 보고, 물과 우물이 깊다는 것을 알고 말했습니다. 우리 아버지 야곱이 우리에게 우물을 주었고, 여기서 자기와 자기 아들들과 짐승이 다 먹었으니 당신이 야곱보다 더 크나이까?"

— 요한복음 4: 12

"예수께서 대답하여 이르시되, 누구든지 이 물을 마시는 자는 다시 목마르겠다. 그러나 내가 주는 물을 먹는 자는 누구든지 결코 목마르지 아니하리니 내가 주는 물은 그 속에서 영생하도록 솟아나는 샘물이 되리라."

— 요한복음 4:13,14

그런 다음 그는 그녀에게 자신에 관한 모든 것을 말하고, 가서 남편을 데려오라 하셨습니다. 여자가 대답하여 말하기를, "나는 남편이 없나이다."

— 요한복음 4:17

예수께서 그녀에게 이르시되, "네가 남편이 없다고 한 말이 옳도다: 네가 다섯 남편을 두었으니 지금 네게 있는 자는 네 남편이 아니니라."

— 요한복음 4:17, 18

여자는 이것이 사실임을 알고 시장에 가서 다른 사람에게 "제가 메시아를 만났습니다."라고 말합니다. 그들은 그녀에게 "당신이 메시아를 만났다는 것을 어떻게 알았습니까?"라고 묻자 "그가 내게 모든 것을 말해 주었기 때문입니다." 그녀가 대답합니다.

여기에는 적어도 과거 전체를 아우르는 초점이 있습니다. 미래에 관한 것입니다. 이야기를 계속 이어갑니다.

제자들이 예수님께 와서 청하되 "랍비여 잡수소서."

— 요한복음 4:31

"그러나" 예수께서 그들에게 이르시되, "너희가 알지 못하는 먹을 양식이 있느니라."

— 요한복음 4:32

제자들이 넉 달이 지나야 추수할 때가 이르렀다고 말하자 예수님 가라사대 "너희가 넉 달이 지나야 추수할 때가 이르겠다고 하지 아니하느냐 내가 너희에게 이르노니 눈을 들어 밭을 보라 희어져 추수하게 되었도다."

— 요한복음 4:35

그는 사람들이 4개월을 기다리거나, 4년을 기다리는 것을 보십니다. 그는 차원적으로 더 큰 세상에, 지금 존재한다고 보십니다. 지금 일어나고 있습니다.

이야기의 첫 부분으로 돌아가 보겠습니다. 사마리아의 여인은 3차원의 당신이고, 우물가의 예수님은 4차원의 당신입니다. 논쟁은 당신이 되고 싶은 것과 그리고 이성이 말하는 당신의 모습 사이에서 시작됩니다. 더 큰 당신은 당신에게 말합니다. 감히 당신이 이미 당신이 되고 싶은 사람이라고 가정한다면, 당신은 될 것이라고.

더 작은 당신은 제한된 초점을 가진 당신에게 "당신은 우물이 깊은데 양동이도 없고, 밧줄도 없습니까? 어떻게 이 상태로 이 깊이까지 도달할 수 있습니까?"

당신은 대답하면서 이렇게 말합니다. "누가 당신에게 물을 달라고 요청하는지 한다면 그에게 부탁할 것입니다." 당신이 만약 당신 안에서 지금 구체화한, 추구하고 있는 상태에서 무엇을 촉구하고 있는지 알았다면, 당신은 당신의 좁은 시야를 멈추고 그가 당신을 위해 그것을 하도록 내버려 둘 것입니다.

그런 다음 그는 당신에게 남편이 다섯 명이라고 말하지만 당신은 그것을 부인합니다. 하지만 그는 당신보다 당신의 오감이 아침, 점심, 저녁에 당신을 한계로 몰아넣고 있다는 것을 훨씬 더 잘 알고 있습니다. 그들은 당신에게 오늘 밤, 내일, 그리고 다가올 날에 당신이 낳게 될 아이들이 무엇인지 알려줍니다. 왜냐하면 당신의 오감은 신의 위대한 자궁인 당신의 의식을 끊임없이 배태시키는 다섯 남편처럼 행동하기 때문입니다. 아침, 정오와 밤에 그들은 당신에게 제안하고, 당신은 진실로 받아들여야 한다고 지시하는 것과 같습니다. 그는 당신이 남편으로 삼고 싶은 사람이 당신의 남편이 아니라고 말합니다. 다시 말해 여섯 번째는 아직 당신을 배태시키지 않았습니다. 당신이 되고 싶은 것은 이 다섯 가지에 의해 거부되고 있으며, 그들은 당신이 진실로 받아들일 것을 지시하는 힘을 가지고 있습니다. 당신이 받아들이고 싶은 것은 아직 당신의 마음에 침투하여, 당신의 마음에 실제로 만들어주지 않았습니다. 당신이 남편이라고 부르는 그는 실제로 당신의 남편이 아닙니다. 당신은 그의 모습을 닮지 않았습니다. 그의 모습을 닮았다는 것은 당신이 그의 아내라는 증거이며, 적어도 그를 친밀하게 알고 있다는 증거입니다. 당신은 여섯째의 형상을 닮은 것이 아니라 다섯째의 형상을 닮았을 뿐입니다.

그런 다음 한 사람이 저에게로 향하여 제가 지금까지 알고 있던 모든 것을 알려줍니다. 내가 내 마음의 눈으로 돌아가서 이성이 내게 말하기를, "나는 평생 내 감각의 한계를 항상 받아들였고, 항상 그것을 사실로 보았으며, 아침, 점심, 저녁으로 나는 이 수용을 인증해왔다."라고 합니다.

이성은 내가 태어날 때부터 이 다섯 가지 감각만을 알고 있었다고 말합니다. 나는 이제 내 감각의 한계를 벗어나고 싶지만, 이 다섯 가지가 나를 부정할 수 있다고 가정할 용기를 아직 내 안에서 찾지 못했습니다. 그래서 나는 내 임무를 의식하고 있지만, 내 감각의 한계와 이성이 부정하는 것을 넘어설 용기가 없는 채로 여기에 남아있습니다.

주님은 이들에게 "나는 너희가 알지 못하는 양식이 있다. 나는 하늘에서 내려오는 떡이다. 나는 포도주이다." 나는 내가 되고 싶은 것이 무엇인지 알고 있으며, 내가 그 빵이기 때문에 그것을 먹습니다. 나는 내가 있다고 가정하고, 내가 이 방에서 여러분과 이야기하고 있고 여러분이 내 말을 듣고 있다는 사실과 내가 로스앤젤레스에 있다는 사실을 즐기는 대신, 내가 다른 곳에 있다는 사실을 즐기며 마치 다른 곳에 있는 것처럼 이곳을 걸어 다닙니다. 그리고 점차 저는 제가 누리는 것이 되어갑니다.

개인적인 이야기

인간은 심리적 존재이자 생각하는 존재입니다. 육체적으로 무엇을 먹느냐가 아니라 정신적으로 무엇을 먹느냐에 따라 어떠한 사람이 되는 것입니다. 우리가 정신적으로 먹는 것이 우리의 일부가 됩니다.

무엇이든지 진실하고 무엇이든지 정직하고 무엇이든지 정의롭고 무엇이든지 순결하고 무엇이든지 기쁜 소식이며 덕이 있고 칭찬할 만한 것이 있으면 이런 것들을 생각하라.

— 빌립보서 4:8

사람이 무슨 생각을 하든지 마음에 품는 대로 그대로 됩니다. 이제 저만의 세계에서, 제가 표현하고 싶은 정신적 양식을 하나 골라내어 그것을 먹을 수 있다면, 저는 그 양식이 될 것입니다.

제가 강연하는 이유를 말씀드리겠습니다. 1933년 뉴욕에서 5년 동안 히브리어를 함께 공부했던 오랜 친구 압둘라가 제 모든 미신을 먹어버린 것이 시작이었습니다. 그에게 갔을 때 저는 미신으로 가득 차 있었어요. 고기도 먹을 수 없고, 생선노 넉을 수 없고, 닭고기도 먹을 수 없고, 세상에 존재하는 그 어떤 것도 먹을 수 없었습니다. 술도 마시지 않았고 담배도 피우지 않았으며 금욕적인 삶을 살기 위해 엄청난 노력을 기울이고 있었어요.

압둘라는 저에게 말했어요, "네빌, 저는 '당신은 미쳤다'라고 말하진 않겠지만, 당신은 알겠죠. 이 모든 것들이 바보 같다고요." 그러나 나는 내 행동이 어리석다고 믿을 수 없었습니다.

이제 두 성경 이야기의 의미로 돌아가 보겠습니다. 우물은 깊은데 양동이도 없고 밧줄도 없습니다. 추수 때까지 4개월이 지났고 예수님은 "너희가 알지 못하는 먹을 양식이 내게 있다. 나는 하늘의 떡이다."

그 생각에 집중하고, 마치 당신이 이미 그 구체화한 상태인 것처럼 그 생각과 동일시하십시오. 자신이 되고 싶은 사람이 되었다는 가정하에 걸어보십시오. 그 생각을 즐기고 그 정신적 식단에 충실하면 그 생각을 구체화할 수 있습니다. 이 세상에서 그렇게 될 것입니다. 1934년 바베이도스에서 천국 같은 3개월을 보낸 후 뉴욕으로 돌아왔을 때 저는 술도 마시고 담배도 피우며 몇 년 동안 하지 않았던 모든 일을 했습니다.

압둘라가 제게 이렇게 말했던 것이 생각납니다. "이 법을 증명하고 나면 당신은 정상이 될 거예요, 네빌. 당신은 그 무덤에서 나올 것이고, 당신이 거룩하다고 생각하는 그 죽은 과거에서 나올 것입니다. 네빌, 당신은 정말 잘하고 있어요, 네빌, 당신은 아무것도 할 필요가 없어요."

저는 온전히 변화한 사람이 되어 이 땅을 걷고 돌아왔습니다. 1934년 2월이었던 그날부터 저는 점점 더 많은 삶을 살기 시작했습니다. 솔직히 제가 항상 성공했다고 말할 수는 없습니다. 이 세상에서의 많은 실수, 많은 실패는 내가 항상 내가 구현하고자 하는 사고에 충실할 수 있을 정도로 주의의 움직임을 온전히 숙달했다고 말하면 유죄 판결을 내릴 것입니다.

그러나 나는 과거에 실패한 것처럼 보이지만, 이 세상에서 내가 구현하고 싶은 것이 되기 위해 매일 계속 노력하고 노력한다고, 고대 스승과 함께 말할 수 있습니다. 판단을 유보하고, 이성과 감각이 지금 지시하는 것을 받아들이기를 거부하고, 새로운 식단에 충실하면, 당신은 충실하게 유지되는 이상으로 구체화할 것입니다. 작은 섬 바베이도스와 다른 곳이 있다면 바로 뉴욕시입니다. 바베이도스에서 가장 높은 건물은 3층이고 거리에는 야자수와 코코넛 나무, 온갖 종류의 열대 식물이 줄지어 있습니다. 뉴욕에서는 나무를 찾으려면 공원에 가야 해요.

하지만 저는 마치 바베이도스의 거리를 걷는 것처럼 뉴욕의 거리를 걸어야 했습니다. 상상 속에서는 모든 것이 가능합니다. 저는 실제로 바베이도스의 거리를 걷고 있다고 생각하며 걸었고, 그 가정 속에서 코코넛이 늘어선 길에서 나는 냄새를 맡을 수 있을 것만 같았습니다. 저는 바베이도스에 있다면 실제로 마주하게 될 분위기를 머릿속으로 그려보기 시작했습니다.

이 가정에 충실히 머물고 있을 때, 누군가 통행을 취소했고 저는 통행을 받았습니다. 바베이도스에 있는 제가 집에 올 거라고는 생각도 못한 제 동생은 편지를 써야겠다는 이상한 충동을 느꼈습니다. 그는 저에게 지시받은 적이 없지만, 저의 방문이 꼭 필요하다고 생각했습니다.

저는 집에 가서 천국 같은 석 달을 보내고 1등석으로 돌아와 주머니에 꽤 많은 현금과 선물을 가지고 돌아왔습니다. 만약 제가 돈을 지급했다면 3,000달러의 여행 경비가 들었을 텐데 저는 주머니에서 한 푼도 꺼내지 않고 여행을 마쳤습니다.

"너희가 알지 못하는 나의 길은 너희가 알지 못할 길이라."

차원적으로 더 큰 자아는 나의 가정을 명령으로 받아들이고 그 편지를 쓰도록 동생의 행동에 영향을 미쳤고, 1등석을 취소하도록 누군가의 행동에 영향을 미쳤으며, 내가 동일시되는 사고의 생산에 필요한 모든 일을 했습니다.

저는 그곳에 있는 듯한 느낌을 받았습니다. 나는 마치 그곳에 있는 것처럼 잠을 잤고, 인간의 모든 행동은 나의 가정과 조화를 이루며 형성되었습니다. 매표소에 가서 1등석에 예약된 사람을 취소해 달라고 간청할 필요가 없었습니다. 동생에게 편지를 써서 돈을 보내달라고 하거나 표를 사달라고 애원할 필요도 없었습니다. 그들은 자신이 그 행동을 스스로 했다고 생각했습니다. 지금까지도 그는 저를 집으로 데려오고 싶은 욕망의 발단은 자기 자신이 시작했다고 믿고 있습니다. 제 오랜 친구 압둘라는 저에게 "당신은 바베이도스에 있습니다. 네빌. 당신이 그곳에 있고 싶고, 당신이 가고 싶은 곳이면 당신이 어디든 그곳에 있습니다. 그곳에 있는 것처럼, 그리고 그렇게 될 것처럼 사세요."

이것이 두 가지 관점입니다. 모든 사람이 가지고 있는 세상에 대한 관점입니다. 저는 당신이 누구든 상관없습니다. 인종, 국가, 신념과 관계없이 여성에게서 태어난 모든 아이는 세상에 대한 두 가지 뚜렷한 관점을 가지고 있습니다. 당신은 하나님의 영의 일을 받아들이지 않는 육신의 사람이거나, 모든 것이 차원적으로 더 큰 세계에서 실재하기 때문에 감각의 한계를 벗어난 사물을 인식하는 영적인 사람입니다. 수확을 위해 넉 달을 기다릴 필요가 없습니다.

당신은 사마리아의 여인이거나 우물가의 예수님입니다. 당신은 다섯 현관에서 소란을 피우며 누군가가 자신을 밀어주기를 기다리는 사람이거나, 기다리는 사람들에도 불구하고 스스로 일어나 걸으라고 명령할 수 있는 사람입니다.

당신은 편견에서 깨끗해지기 싫어서 그것을 간청하는 사람입니까? 인간이 포기하기 가장 어려운 것 중 하나는 미신과 편견입니다. 사람은 이것들을 보물 중의 보물인 것처럼 붙잡고 있습니다. 당신이 깨끗해지고 자유로워지면 당신의 마음은 자동으로 치유됩니다. 그것은 씨앗, 즉 당신의 욕망이 뿌리를 내리고 자랄 수 있는 준비된 땅이 됩니다. 지금 당신의 마음속에 품고 있는 아이가 현재의 목표입니다. 현재의 갈망은 마치 병든 아이와 같은 것입니다. 당신이 지금 당신이 되고 싶은 모습이라고 가정하면, 그 아이는 더 이상 방해가 없기에 잠시 죽게 됩니다.

자신이 원하는 대로 되었다고 느끼면 그 가정에 만족하기 때문에 방해받지 않습니다. 표면적으로 판단하는 다른 사람들에게는 당신이 더 이상 욕망하지 않는 것처럼 보이므로 그들에게 욕망이나 야망은 죽었습니다. 그들은 당신이 더 이상 당신의 은밀한 야망을 이야기하지 않기 때문에 당신이 야망을 잃었다고 생각합니다. 당신은 그 생각에 온전히 적응했습니다. 당신은 당신이 원하는 것이 당신이라고 가정했습니다.

"그녀는 죽은 것이 아니라 잠든 것뿐이다.", "나는 그녀를 깨우러 간다."

나는 내가 그렇다고 가정하고 걸어가면서 조용히 그녀를 깨웁니다. 그리고 그녀가 깨어나면 나는 평범하고 자연스러운 일을 할 것이고, 그녀에게 먹을 것을 줄 것입니다. 나는 그것을 자랑하지 않고 다른 사람들에게 가서 아무에게도 말하지 않을 것입니다. 나는 지금 내가 좋아하는 이 상태를 내 관심으로 삼습니다. 나는 그것에 주의를 기울임으로써, 내 세계 안에서 그것이 살아있도록 유지합니다. 내가 주의를 기울이지 않는 것들은 무엇이든 상관없이 내 세계 안에서 사라지고 시들어 버립니다. 단지 태어나게 한 다음 먹이를 주지 않은 채 남아있는 것이 아닙니다. 내가 그것들을 낳은 것은 내가 그것들이라는 의식을 갖게 되었기 때문입니다. 내가 그것들을 내 세계 안에 구현할 때 그것은 끝이 아닙니다. 그것은 시작입니다. 이제 나는 세심한 주의를 기울여 이 상태를 유지해야 하는 어머니입니다. 내가 주의를 기울이지 않는 날, 내 세상에서 다른 것에 주의를 기울이면서 내 세상에서 사라집니다. 한계에 주의를 기울이고 그것들을 먹여 산으로 만들거나 욕망에 주의를 기울일 수 있지만, 주의를 기울이려면 이미 내가 되고 싶은 존재라고 가정해야 합니다.

오늘날 우리는 3차원과 4차원의 초점에 대해 말하지만, 고대의 스승들이 모든 사람의 마음속에 있는 이 사고의 두 가지 중심을 완전히 의식하지 못했다고 생각하지 마십시오. 그들은 이 두 가지를 의인화하여 인간에게서 인간다움을 빼앗는 유일한 것은 그저 습관이라는 것을 보여주려고 노력했습니다. 법은 아니지만 모든 심리학자는 습관이 세상에서 가장 억제하는 힘이라고 말할 것입니다. 그것은 인간을 제한하고 구속하며, 그렇지 않으면 그가 되어야 할 것에 대해 완전히 눈이 멀게 만듭니다.

지금부터 정신적으로 자신이 되고 싶은 모습으로 자신을 보고 느끼기 시작하고 아침, 점심, 저녁으로 그 감각을 만끽하십시오.

> 예수께서 대답하여 이르시되, "이 성전을 헐라 그리하면 사흘 안에 내가 일으키리라" 하셨습니다.
>
> - 요한복음 2:19
>
> "너희는 승리할 준비를 하라. 사흘 안에 너희 하나님 여호와께서 너희에

게주시는 땅을 차지하기 위해 이 요단을 건너 들어가리라."

- 여호수아 1:11

한 가지 감각으로 마음을 완전히 채우고 이미 사실인 것처럼 걸을 수 있다면, 내가 그것에 충실하다면, 사흘 이상의 식단이 필요하지 않다고 약속합니다. 그러나 나는 정직해야 합니다. 하루 중 식단을 변경하며 시간 간격을 늘립니다. 당신은 "하지만 그 간격을 어떻게 알 수 있나요?"라고 질문합니다. 하지만 당신이 간격을 결정합니다.

오늘날 현대 사회에는 우리 대부분을 혼란스럽게 하는 작은 단어가 있습니다. 저도 더 깊이 파고들기 전까지는 혼란스러웠습니다. 바로 "행동"이라는 단어입니다. 행동은 세상에서 가장 근본적인 것이어야 합니다. 그것은 원자가 아니라 더 미시적인 것입니다. 그것은 전자처럼 원자의 일부가 아니라 그보다 더 근본적인 것입니다. 그들은 그것을 4차원 단위라고 부릅니다. 세상에서 가장 근본적인 것은 행동입니다.

여러분이 "행동이란 무엇인가요?"라고 묻는다면 물리학자들은 에너지에 시간을 곱한 것이라고 말합니다. 우리는 더 혼란스러워하며 "에너지에 시간을 곱한다는 게 무슨 뜻이죠?"라고 물으면 "자극이 아무리 강해도 일정 시간 동안 지속되지 않으면 반응이 일어나지 않는다"라고 대답합니다. 자극에 대한 최소한의 인내가 있어야 하며, 그렇지 않으면 반응이 없습니다. 반면에 최소한의 강도가 없으면 시간에 대한 반응도 없습니다. 오늘날 세상에서 가장 근본

네빌 고다드의 삶과 가르침

적인 것은 행동, 즉 단순히 에너지에 시간을 곱한 것입니다.

성경은 이 세상에서 반응하는 데 걸리는 기간을 3일로 제시하고 있습니다. 내가 지금 내가 되고 싶은 사람이라고 가정하고, 그것에 충실하며 그렇게 걷는다면, 그 실현을 위해 주어진 가장 긴 시간은 3일입니다.

이 세상에서 정말로 원하는 것이 있다면, 그 목표를 실현했을 때 육신으로 경험하게 될 것을 상상 속에서 경험하고, 그 가정에 대한 현실을 부정하는 모든 것에 귀를 막고 눈을 멀게 하십시오. 죽은 것처럼 보였던 아이가 이제 살아 있다는 사실을 알고, 당신과 함께 기뻐하는 것이 저의 기쁨이 될 것입니다. 이 소녀는 정말 죽은 것이 아니라 잠든 것뿐이었습니다. 아무도 모르는 고기를 가지고 있고 당신은 이 침묵 속에서 그녀에게 먹였습니다. 당신이 그녀에게 음식을 주었고, 그녀는 당신의 세계에서 부활한 살아있는 현실이 되었습니다. 그러면 당신은 저와 함께 기쁨을 나눌 수 있고 저는 당신의 기쁨으로 기뻐할 수 있습니다.

이 장의 목적은 당신 자기 존재의 법칙, 의식의 법칙, 즉 당신이 그 법칙을 상기시키는 것입니다. 당신은 그 작동을 의식하지 못했을 뿐입니다. 당신은 이 세상에서 표현하고 싶지 않은 것들을 먹이고 살아있게 했습니다. 이 철학을 시험해 보고 그것이 작동하지 않는다면, 위안으로 사용해서는 안 됩니다. 사실이 아니라면 완전히 버려야 합니다. 저는 사실이라는 것을 압니다. 증명하거나 반증하기 전까지는 알 수 없습니다.

우리 중 너무 많은 사람이 실패할지도 모른다는 두려움 때문에 시험해 보기를 두려워합니다. 그러면 우리는 어디에 있는 걸까요? 이에 대한 진실을 알고 싶지 않아서 과감하게 시험해 보는 것을 주저합니다. 다른 방법으로는 효과가 있을 것이라고도 생각합니다. 실제로 테스트하고 싶지 않아요. 아직 반증하지는 못했지만, 여전히 위안을 얻을 수 있습니다.

이제 자신을 속이지 말고 자신이 현명하다고 한순간도 생각하지 마세요.

이 법칙을 증명하거나 반증하세요. 당신이 그것을 반증하려고 시도하면 당신은 증명할 것입니다. 이 기법을 다시 한번 간략하게 설명하겠습니다. 이 법칙을 적용하는 데는 두 가지 기술이 있습니다. 당신은 이제 그가 원하는 것이 무엇인지 정확히 알고 있어야 합니다. 오늘 밤에 그것을 얻지 못하더라도 내일도 이 목표에 대해 여전히 욕망을 가질 수 있다는 것을 알아야 합니다.

당신이 원하는 것을 정확히 알았을 때, 당신의 욕망에 대한 성취를 의미하는 하나의 단순한 사건, 즉 자아가 우세한 사건을 당신의 마음의 눈으로 구성하십시오. 가만히 앉아서 스크린에 있는 것처럼 자신을 바라보는 대신, 드라마 속 배우가 되어 보십시오. 이벤트를 하나의 행동으로 제한하십시오. 악수를 하는 것이 욕망의 성취를 의미하기 때문에 악수하려고 한다면 악수만 하십시오. 악수한 다음 상상 속에서 파티나 다른 장소로 떠나는 상상을 하지 마십시오. 단순히 악수하는 것으로만 행동을 제한하고 그 악수가 현실

네빌 고다드의 삶과 가르침

의 견고함과 뚜렷함을 가질 때까지 반복해서 악수하십시오.

만약 어떤 행동에 충실할 수 없다고 느낀다면, 이제 목표를 정의한 다음 그 목표, 즉 욕망을 하나의 문구, 즉 욕망의 성취를 의미하는 문구, "멋지지 않나요?"라는 문구로 압축해 보시기 바랍니다. 또는 누군가가 내 욕망을 이루는 데 도움을 주었다고 생각해서 감사한 마음이 든다면, "감사합니다"라고 말하며 자장가처럼 반복해서 내 마음이 감사라는 하나의 감정에 지배될 때까지 반복할 수 있습니다.

이제 우리는 한 문구 또는 한 행동으로 압축된 소망의 성취를 의미하는 생각을 가지고 의자에 조용히 앉아있을 것입니다. 우리는 긴장을 풀고 육체를 움직이지 않을 것입니다. 그런 다음 우리의 응축된 문구 또는 행동이 긍정하는 감각을 상상 속에서 경험하십시오. 또는 행동이 긍정하는 감각을 상상해 보세요.

다른 사람의 손을 악수하는 자신을 상상할 때는 실제 손을 사용하지 말고 움직이지 않은 채로 두십시오. 하지만 손안에 더 미묘하고 실제적인 손이 있다고 상상하고, 상상 속에서 그 손을 끄집어내 보십시오. 상상 속 손을 앞에 서 있는 친구의 상상 속 손에 넣고 악수를 느껴보십시오. 지금 하려는 일에 정신적으로 활동적으로 되더라도 육체는 움직이지 않도록 하십시오.

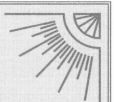

깨어난 상상력

내면의 상태 변화

영혼의 영역의 문턱에서 우리를 만나는 첫 번째 힘은 상상력의 힘입니다.

- 프란츠 하트만 박사

    나는 스승 압둘라의 가르침을 통해 상상력의 힘, 본질, 구속적 기능을 처음 의식하게 되었고, 그 후의 경험을 통해 예수님이 인간에게 상상력이 임한 상징이며, 그분이 인간 안에 탄생하신 시험은 죄를 용서하는 개인의 능력, 즉 자신이나 다른 사람을 삶의 목표와 동일시하는 능력이라는 것을 알게 되었습니다. 인간이 자신의 목표와 동일시하지 않으면 죄의 용서는 불가능하며 오직 하나님의 자녀만이 죄를 용서할 수 있습니다.

    그러므로 이성과 감각은 부인하지만, 인간이 자신의 목표와 자신을 동일시할 수 있는 능력은 그 안에 그리스도가 탄생했다는 증거입니다. 외관에 수동적으로 굴복하고 사실의 증거 앞에 고개를 숙이는 것은 그리스도가 아직 내 안에 태어나지 않았다는 것을 고백하는 것입니다.

이 가르침은 처음에는 저에게 충격과 반감을 주었지만, 나중에 환상과 신비로운 계시 및 실제 경험을 통해 저의 이해 속으로 훔쳐 와서 더 깊은 분위기에서 그 뜻을 찾았습니다. 하지만 항상 당연하게 여겼던 것들이 흔들리는 힘든 시기임을 고백하지 않을 수 없었습니다.

> 이 큰 건물들이 보이느냐, 돌 하나도 돌 위에 남지 않고 다 무너뜨려지리라.
>
> - 마가복음 13:2

돌 하나도 남기지 않고 다 무너뜨린다는 문자의 의미는 심리적으로는 물을 마신다는 것과 같습니다.

자연 종교가 쌓아 올린 모든 것은 정신적 불길에 던져집니다. 그러나 복음서의 중심인물을 인간의 상상력과 동일시하는 것보다 그리스도 예수를 이해하는 더 좋은 방법이 있다면, 즉 다른 사람을 위해 사랑으로 상상력을 발휘할 때마다 문자 그대로 하나님을 인간에게 매개하여 그리스도 예수에게 먹이고 입히는 것이며, 다른 사람에게 악을 상상할 때마다 문자 그대로 그리스도 예수를 때리고 십자가에 못 박는다는 것을 아는 것보다 더 좋은 방법이 있습니까?

인간의 모든 상상은 그리스도의 메마른 입술에 찬물 한 잔이나 식초 스펀지가 됩니다.

"너희는 누구든지 이웃에 대해 악을 마음속으로 생각하지 말라"

선지자 스가랴는 경고했습니다(8:17).

사람이 이 충고에 귀를 기울이면 아담이 강요한 잠에서 깨어나 하나님의 자녀를 온전히 의식하게 될 것입니다. 그분은 세상에 계시고 세상은 그분에 의해 만들어졌지만 세상은 그분을 알지 못합니다(대략, 요한복음 1:10).

"내 상상력이 그리스도 예수이고 그리스도 예수에게는 모든 것이 가능하다면, 나에게도 모든 것이 가능한가?"라고 여러 번 자문했습니다. 경험을 통해 저는 제 인생의 목표와 자신을 동일시할 때 그리스도가 제 안에서 깨어나신다는 것을 알게 되었습니다.

"그리스도는 모든 것에 충분하신 분입니다."

그 안에는 신격의 모든 충만이 충만하게 거하시니 너희는 모든 정사와 권세의 머리이신 그분 안에서 온전하니라.

– 골로새서 2:9, 10

내 은혜가 네게 족하도다.

– 고린도후서 12:9

내가 다시 얻게 하려고 내 생명을 버리노라. 아무도 내게서 그것을 빼앗지 못하지만, 나는 그것을 나 자신으로부터 내려놓았다.

– 요한복음 10:17, 18

내가 경험하는 모든 것이 나 자신의 기준의 결과라는 것, 내가 내 상황의 중심이며 내가 변하면 외부 세계도 변해야 한다는 것을 아는 것이 얼마나 큰 위안이 되는지를 보여주는 구절입니다. 세상은 우리의 의식 상태에 따라 다른 모습으로 나타납니다.

우리가 어떤 상태와 동일시될 때 보이는 무언가는 더 이상 우리가 그 상태와 융합되지 않을 땐 보이지 않습니다.

상태란 인간이 진실이라고 믿고 동의하는 모든 것을 의미합니다. 마음에 제시된 어떤 관념도 마음이 받아들이지 않으면 스스로 실현될 수 없습니다. 그것은 우리가 받아들이는 상태, 우리가 동일시하는 상태, 사물이 어떻게 나타나는지에 따라 달라집니다. 상상과 상태의 융합에서 보이는 그대로의 세계가 형성되는 것을 발견할 수 있습니다. 세상은 상상력이 융합된 상태의 계시입니다. 우리가 생각하는 상태는 우리가 사는 객관적인 세계를 결정합니다. 부자, 가난한 사람, 착한 사람, 도둑이 어떤지는 그들이 세상을 바라보는 상태에 따라 달라집니다. 이러한 상태의 구별에 따라 이 사람들의 세계가 달라집니다. 개별적으로 너무 다른 이 같아도 같은 세계입니다. 일치시켜야 할 것은 선한 사람의 행동과 습관이 아니라 그의 관점입니다.

내면의 상태가 바뀌지 않으면 외적인 개혁은 쓸모가 없습니다. 성공은 성공한 사람의 외적인 행동을 모방하는 것이 아니라 올바른 내면의 행동과 내면의 말을 통해 얻어지는 것입니다. 우리가 어떤 국가와 분리되면, 그 국가가 우리에게 부여한 조건과 환경이 언제든 사라질 수 있습니다.

상상과 상태의 융합

1933년 가을, 뉴욕에서 제가 압둘라에게 문제를 가지고 다가갔을 때였습니다. 그는 저에게 "원하는 게 뭐죠?"라는 간단한 질문 하나를 던졌습니다.

저는 그에게 바베이도스에서 겨울을 보내고 싶다고 말했습니다. 하지만 저는 파산 상태였습니다. 저는 말 그대로 한 푼도 없었습니다. 그는 이렇게 말했습니다. "만약 당신이 바베이도스에 있는 자신을 상상한다면, 또한 바베이도스를 떠올리는 대신 그 의식 상태에서 세상을 생각하고 바라본다면, 당신은 겨울을 바베이도스에서 보낼 수 있을 것입니다. '이미 바베이도스에 있다'라는 의식 상태가 상상력을 사로잡으면 자신은 이를 실현하는 데에 가장 적합한 수단을 고안할 것이므로 그곳에 가는 방법과 수단에 대해 걱정해서는 안 됩니다."

인간은 보이지 않는 상태에 자신을 내던지고, 상상력을 자신이 아닌 다른 존재와 융합함으로써 살아가며, 이 융합의 결과를 경험합니다. 경험한 것들이 본래의 생명을 가진 상태에서 분리되지 않는 한, 누구도 자신이 가진 것을 잃을 수 없습니다.

압둘라는 "욕망이 충족된 상태의 자신을 상상해야 한다"라며 "바베이도스에서 세상을 바라보며 잠이 들어야 한다"고 말했습니다.

우리가 관찰을 통해 묘사하는 세계는 우리 자신과 비교하여 묘사하는 것이어야 합니다. 우리의 상상력은 우리를 원하는 상태와 연결해 줍니다.

그러나 우리는 끝을 생각하는 구경꾼이 아니라 끝에서부터 생각하는 참여자로서 상상력을 능숙하게 사용해야 합니다.

우리는 실제로 상상 속의 그곳에 있어야 합니다. 그렇게 하면 우리의 주관적 경험이 객관적으로 실현될 것입니다.

그는 "이것은 단순한 공상이 아니다"라며 "경험으로 증명할 수 있는 진리"라고 말했습니다.

욕망의 성취에 들어가라는 그의 호소는 끝에서부터 생각하는 비결이었습니다. 모든 상태는 생각하기만 하면 이미 '가능성'으로 존재하지만, 끝에서부터 생각하면 압도적으로 현실이 됩니다. 끝에서부터 생각하는 것이 그리스도의 길입니다.

저는 바로 그때부터 감각의 한계를 넘어, 현재의 상태가 존재를 부여하는 측면을 넘어, 이미 바베이도스에 있다는 느낌으로 생각을 고정하고 그 관점에서 세상을 바라보기 시작했습니다.

그는 인간이 잠들었을 때 세상을 바라보는 상태의 중요성을 강조했습니다. 모든 선지자는 하나님의 음성이 주로 꿈에서 인간에게 들린다고 주장합니다.

꿈에서, 밤의 환상에서, 사람이 깊은 잠에 빠지고 침대에서 잠들 때, 그때 그는 사람의 귀를 열고 그들의 교훈을 인봉합니다.
  – 욥기 33:15,16

그날 밤과 그 후 며칠 동안 저는 바베이도스에 있는 아버지의 집에 있다는 생각에 잠이 들었습니다. 한 달 만에 동생으로부터 크리스마스에 가족끼리 함께하고 싶은 마음이 강하다며 동봉한 바베이도스행 증기선 티켓을 사용해 달라는 편지를 받았습니다. 저는 동생의 편지를 받고 이틀 후에 출항했고 바베이도스에서 멋진 겨울을 보냈어요.

이 경험을 통해 저는 인간이 습관적으로 생각하고 끝까지 생각한다면 무엇이든 될 수 있다는 확신을 갖게 되었습니다.

또한 나의 선과 악은 나 자신 외에는 의존성이 없으며, 사물이 어떻게 나타나는지 세상을 바라보는 상태에 따라 달라진다는 것, 즉 선택이 자유로운 인간은 항상 선택을 현명하게 하지 않지만, 자유롭게 선택하는 관념에서 행동한다는 것을 더 이상 대외적 사물의 세계에 책임을 돌리며 자신을 변명할 수 없다는 것을 보여주었습니다. 상상할 수 있는 모든 상태는 우리의 선택과 점유를 기다리고 있지만, 아무리 합리화해도 그 자체로 우리에게 유일하게 가치 있는 의식의 상태를 가져다주지는 못합니다.

상상력은 우리가 추구해야 할 유일한 것입니다. 상상력의 궁극적인 목적은 우리 안에 "예수의 정신"을 창조하는 것, 즉 죄를 지속적으로 용서하고 인간을 그의 이상과 계속해서 동일시하는 것입니다.

우리 자신을 우리의 목표와 동일시해야만 목표를 놓친 자신을 용서할 수 있습니다. 그 밖의 모든 것은 헛된 수고입니다. 이 길에서, 우리가 상상력을 전달하는 장소나 상태가 무엇이든, 우리는 물리적으로도 중력을 받게 될 것입니다.

내 아버지 집에 거할 곳이 많도다. 그렇지 않으면 너희에게 일렀으리라. 내가 너희를 위하여 거처를 예비하러 가노라. 내가 가서 너희를 위하여 거처를 예비하면 다시 와서 너희를 내게로 영접하여 나 있는 곳에 너희도 있게 하리라.

－요한복음 14:2,3

마치 육신을 입고 아버지의 집에서 잠을 자는 것처럼 상상 속에서 잠을 자면서 저는 그 상태와 제 상상을 융합시켰고, 육신에서도 그 상태를 경험하고 싶다는 강박을 느꼈습니다.

이 상태가 너무 생생한 나머지 상상 속에서 내가 자는 방에 어떤 사람이 들어와서 보았다면 아버지의 집을 볼 수 있었을 것이라고 생각했습니다. 사람은 상상 속에 있는 곳에서 볼 수 있습니다. 사람은 상상이 있는 곳에 있어야 하고 상상이 자신이어야 하기 때문입니다. 나는 물리적으로 수백 마일 떨어져 있을 때, 내가 보고 싶어 하는 몇몇 사람들을 보았으므로 경험을 통해 이것을 알고 있습니다.

나는 상상력과 느낌의 강렬함으로, 단순히 바베이도스를 떠올리는 대신 바베이도스에 있는 나 자신을 상상하고 느끼면서 광활한 대서양을 가로질러 동생이 크리스마스에 가족 모임을 완성하기 위해 내 존재를 원하도록 영향을 미쳤습니다. 끝에서 생각하는 것, 소원이 성취되었다는 느낌은 동생이 나에게 증기선 표를 보내려는 충동과 같은 외부적 원인으로 일어난 모든 일의 원천이었으며, 결과로 나타난 모든 일의 원인이기도 했습니다.

W. B. 예이츠는 평론집《선악의 관념》에서 제 경우와 비슷한 몇 가지 경험을 묘사하면서 이렇게 적었습니다.

"이와 같은 사건을 묘사한 모든 사람이 꿈을 꾸지 않았다면, 우리는 우리의 역사를 다시 써야 한다. 왜냐하면 모든 사람, 확실히 모든 상상력이 풍부한 사람은 영원히 마법과 화려함, 환상을 쏟아내야 하며, 모든 사람, 특히 강력한 이기적인 삶이 없는 평온한 사람은 끊임없이 그들의 힘 아래 지나가고 있어야 하기 때문이다."

끝에서부터 생각하는, 결단력 있는 상상력은 모든 기적의 시작입니다.

기적에 대한 무한한 믿음을 보이고 싶지만, 기적은 상상의 힘과 기능을 모르는 사람들이 상상의 작품에 붙이는 이름일 뿐입니다.

소원이 이루어졌다는 느낌을 상상하는 것은 새로운 상태로 들어가는 수단입니다. 이것은 그 상태에 존재의 질을 부여합니다.

헤르메스는 이렇게 말합니다.

"있는 것은 나타나고, 과거에 있었거나 앞으로 있을 것은 나타나지 않지만 죽은 것은 아니니, 하나님의 영원한 활동인 영혼이 만물에 생기를 불어넣기 때문이다."

미래는 현명하고 의식적으로 상황을 창조하는 사람의 상상 속에서 현재가 되어야 합니다. 우리는 비전을 존재로, 떠올림을 사고로 전환해야 합니다. 상상력은 어떤 상태에 중심을 두고 그 상태에서 세상을 바라보는 관점입니다. 끝에서부터 생각한다는 것은 욕망이 충족된 세계에 대한 강렬한 지각입니다. 원하는 상태에서 생각하는 것이 창의적인 삶입니다. 끝에서부터 생각하는 능력에 대한 무지는 속박입니다.

이는 인간이 묶여 있는 모든 속박의 근원입니다. 감각의 증거에 수동적으로 굴복하는 것은 내면의 자아의 능력을 과소평가하는 것입니다. 인간이 끝으로부터의 사고를 협력할 수 있는 창조적 원리로 받아들이면, 단지 생각만으로 목표를 달성하려는 부조리에서 벗어날 수 있습니다.

욕망의 충족 패턴에 따라 모든 도달점을 구성하세요.

인생 전체는 굶주림을 달래는 것에 불과하며, 인간이 세상을 바라볼 수 있는 무한한 의식 상태는 순전히 그 굶주림을 충족시키기 위한 수단일 뿐입니다. 각 상태가 조직되는 원리는 자기만족에 대한 열정을 더 높은 수준의 경험으로 끌어올리기 위한 어떤 형태의 굶주림입니다.

욕망은 정신 기계의 주요 원천입니다. 욕망은 축복받은 것입니다. 그것은 옳고 자연스러운 갈망이며, 의식의 상태로서 옳고 자연스러운 만족감이 따라오게 되어 있습니다.

그러나 저는 한 가지 일, 즉 뒤에 있는 것은 잊어버리고 앞에 있는 것을 잡으려고 푯대를 향하여 앞으로 나아갑니다 .
― 빌립보서 3: 13,14

인생의 목표를 갖는 것이 필요합니다. 목표가 없으면 우리는 표류합니다. "네가 내게 무엇을 원하느냐?"

"내가 네게 무엇을 하기를 원하느냐?"
― 누가복음 18:41

복음서의 중심인물이 가장 자주 던지는 묵시적 질문입니다. 목표를 정의할 때는 반드시 그것을 간절히 원해야 합니다.

멧돼지가 시냇물을 따라 헐떡이는 것 같이 내 영혼도 주를 따라 헐떡이나이다, 오, 하나님.
― 시편 42: 1

인생에 대한 이러한 열정적인 방향의 결여는 인간을 성취에 실패하게 만듭니다. 욕망이라는 생각과 만족이라는 생각 사이의 다리를 건너는 것이 가장 중요합니다.

우리는 끝을 떠올리는 것에서 끝에서부터 생각하는 것으로 정신적으로 이동해야 합니다. 이성은 결코 할 수 없는 일입니다. 이성은 본질적으로 감각 때문에 제한을 받지만, 상상력은 그런 제한이 없기에 가능합니다. 욕망은 상상의 활동에서 충족되기 위해 존재합니다. 상상을 통해 인간은 감각의 한계와 이성의 속박에서 벗어날 수 있습니다.

끝없이 생각할 수 있는 인간을 막을 수 있는 것은 없습니다. 그 무엇도 인간을 막을 수 없습니다. 인간은 수단을 창조하고 한계에서 벗어나 점점 더 큰 주님의 저택으로 성장해 갑니다. 그가 과거에 무엇이었는지, 현재 무엇이었는지는 중요하지 않습니다. 중요한 것은 "그가 무엇을 원하는가?"입니다.

그는 세상이 자기 내면에서 일어나는 정신 활동의 표현이라는 것을 알기 때문에, 자신이 생각하는 목적을 결정하고 통제하기 위해 노력합니다. 그는 상상 속에서 결국에는 육신으로도 그곳에 근거할 것이라고 확신합니다. 그는 소원이 성취되었다는 느낌을 전적으로 신뢰하고 그 상태에 자신을 던지며 살아갑니다. 행운의 기술은 그렇게 하도록 유혹합니다. 베데스다 못가에 있는 사람처럼, 그는 상상의 물결을 움직일 준비가 되어 있습니다.

끝까지 생각할 줄 아는 그는 모든 욕망은 잘 익은 곡식이라는 것을 압니다. 그는 단순한 합리적인 확률에 무관심하고 지속적인 상상을 통해 그의 가정이 사실로 굳어질 것이라고 확신합니다.

그러나 끝에서부터 생각하는 것이 유일한 삶이라고 사람들에게 설득하는 방법, 인간의 모든 활동에서 그것을 육성하는 방법, 실망한 사람들의 보상이 아니라 삶의 풍요로움으로써 이를 드러내는 방법이 문제입니다.

인생은 통제할 수 있는 것입니다. 당신이 그분의 인자라는 것을 깨닫고 당신이 세상을 생각하고 바라보는 자의식의 상태를 통해 당신이 바로 자신이라는 것을 깨달으면 당신이 원하는 것을 경험할 수 있습니다,

아들아, 너는 항상 나와 함께 있고, 내가 가진 것은 모두 너의 것이다.

－ 누가복음 15:31

제6장

나의 느낌 바꾸기

'나' 라는 느낌의 변화

　우리는 세상은 의식의 표현이며, 개인의 환경, 상황 및 삶의 조건은 그 개인이 머무는 특정 의식 상태의 외형에 불과하다고 주장했습니다. 따라서 개인은 자신이 세상을 바라보는 의식의 상태에 따라 자신이 있는 그대로를 보게 됩니다. 마음의 내적 구조를 바꾸기 전에 외부 세계를 바꾸려는 시도는 헛된 수고입니다. 모든 것은 순리에 따라 일어납니다. 우리를 돕거나 방해하는 사람들은 그들이 알든 모르든 우리의 내적 본성과 조화를 이루며 끊임없이 외적 환경을 형성하는 그 법칙의 종입니다. 지난 일요일에 개인의 정체성과 그들이 차지하고 있는 상태를 구별해 달라고 요청했습니다. 개인의 정체성은 하나님의 자녀입니다. 그것은 내가 당신에 대해 또는 나에 대해 당신에게 말하는 것입니다. 이것은 영구적인 행위입니다. 그것은 상태와 융합하고 자신을 융합된 상태라고 믿지만, 매 순간 자신을 식별할 상태를 자유롭게 선택할 수 있습니다.

그래서 오늘의 주제는 '나라는 느낌의 변화'입니다. 요한복음 6장에 기록된 것과 같은 반응이 일어나지 않기를 바랍니다. 이 말씀이 세상에 전해졌을 때 제자들이 모두 주님을 떠나고 한 줌만 남았다고 합니다. 예수님이 자기 자신 외에는 변화시킬 사람이 없다고 말씀하셨을 때, 그들은 이것이 어렵고 힘든 가르침이라고 말했습니다. 어려운 일입니다. 누가 들을 수 있을까요? 그는 이렇게 말씀하셨습니다.

"내가 그를 부르지 않으면 아무도 내게 오지 않는다."

그리고 그 말을 세 번 반복하자 제자들이 그를 떠나 다시는 그와 함께 걷지 않았다고 기록되어 있습니다. 그리고 남은 몇 사람을 향하여 "당신도 가겠습니까?"라고 물으셨습니다. 그러자 그들은 대답하여 말하기를, "우리가 누구에게 가겠습니까? 당신에게는 영생의 말씀인 '나'가 있습니다."라고 대답했습니다. 즉, 나의 불행을 남의 탓으로 돌릴 수 있다면 훨씬 수월하겠지만, 내가 부르지 않으면 내게로 올 자가 없고, 내 길흉화복의 설계자는 나 자신이라는 말은 어려운 말이라서 이렇게 기록되어 있습니다.

"어려운 말입니다. 누가 들을 수 있습니까? 누가 그것을 이해할 수 있습니까? 그리고 누가 그것을 믿겠습니까?"

그래서 그는 이렇게 말했습니다.

"이제 나는 저들도 진리를 통해 거룩해지도록 나 자신을 거룩하게 하였나니, 만일 이것이 진리라면 변화시킬 사람도 없고, 온전케 할 사람도 없고, 정결케 할 사람도 자기 자신 외에는 없느니라."

그래서 우리는 "나"로부터 시작합니다. 우리 대부분은 우리가 진정으로 소중히 여기는 자아에 대해 전혀 알지 못합니다. '나'는 얼굴도, 형태도, 형체도 없지만 동의하는 모든 것, 믿는 모든 것에 의해 자신을 구조화하며, 우리가 진정으로 무엇을 믿는지 아는 사람은 거의 없기 때문입니다. 우리는 자아를 제대로 살펴본 적이 없고, 이 자아를 알지 못합니다. 우리는 이 내면의 형태 없는 '나'를 인간의 환경, 삶의 조건으로 투영된 형태로 만들어내는 무수한 미신과 편견에 대해 전혀 알지 못합니다. "내가 부르지 않으면 내게로 올 자가 없느니라"라는 말씀을 자세히 읽어보십시오.

> "당신이 나를 선택한 것이 아니라 내가 당신을 선택했습니다. 아무도 내 생명을 빼앗을 수 없습니다. 내가 스스로 내려놓았습니다. 내 마음의 내면의 배열의 일부인 어떤 것도 내게서 빼앗을 수 있는 힘은 없습니다. 당신이 내게 주신 모든 것을 나는 지켰고 멸망의 아들이나 하나님을 믿는 믿음 외에는 잃어버린 것이 없으며, 상실에 대한 믿음 외에는 잃을 수 없기 때문에 이제 나는 당신이 내게 주신 선한 것을 잃지 않을 것입니다. 그래서 나는 진리를 통해 그들이 거룩해지도록 나 자신을 거룩하게 합니다."

그렇다면 '나'를 어떻게 변화시킬 수 있을까요? 우선, 우리는 '나'를 발견해야 하며, 이를 위해 자신을 비판 없이 관찰해야 합니다. 이렇게 하면 충격을 주는 자아가 드러날 것입니다. 두려움이라기보다는 그런 비천한 존재를 알고 있었다는 사실을 인정하는 것이 부끄러울 것입니다. 그리고 이 비열한 모습으로 가까이 다가온 것이 신 자신이었다면, 당신은 수탉 한 마리가 울기 전에 그를 수천 번 부인했을 것입니다. 이것이 당신이 가지고 다니고 보호하고 변명하고 정당화했던 자아라는 사실을 믿을 수 없을 것입니다. 그런 다음 비판적 관찰을 통해 그 자아를 발견한 후 이 자아를 바꾸기 시작합니다. 자아를 받아들이는 것이야말로 세상의 도덕적 문제의 본질이기 때문입니다. 이는 삶에 대한 진정한 관점의 전형입니다. 이것이 당신이 관찰하는 모든 것의 유일한 원인입니다. 세상에 대한 당신의 묘사는 당신이 모르는 자아에 대한 고백입니다. 당신은 다른 사람을 묘사하고, 사회를 묘사하고, 무엇이든 묘사하며, 당신이 관찰하는 것에 대한 당신의 묘사는 이 법칙을 아는 사람에게 당신이 실제로 어떤 존재인지를 드러냅니다. 그러니 먼저 그 자아를 받아들여야 합니다. 그 자아를 받아들이면 변화하기 시작할 수 있습니다. 복음의 미덕을 생명의 말씀으로 받아들이고, 원수를 사랑하고, 우리를 저주하는 자를 축복하고, 굶주린 자를 먹이는 것은 훨씬 더 쉽습니다. 사람은 먹여야 할 존재, 입혀야 할 존재, 보호해야 할 존재이고 가장 큰 적이 바로 자기 자신이라는 것을 발견하면, 가진 것을 다른 사람과 나누고 여분의 외투를 가져다가 다른 사람에게 주는 것이 더 쉬웠다고 생각한 내가 진리를 알면, 그것이 아니라는 사실에 완전히 부끄러워할 것입니다. 나는 발견한 나 자신으로부터 시작하여 그 자아의 변화로부터 시작합니다.

네빌 고다드의 삶과 가르침

스핑크스는 누가 만들었나?

이제 한 가지 이야기를 들려드리겠습니다. 몇 년 전 이 도시의 호수 근처에서 강연을 하고 있었는데, 파크뷰 저택이 제가 강연한 장소였고, 그 청중 중에 한 신사가 강연 전에 청중으로 찾아왔습니다. 그리고 우리는 길 건너편에 있는 작은 공원으로 갔습니다. 그는 저에게 해결되지 않는 문제가 있다고 말했습니다. 저는 "해결되지 않는 문제 같은 건 없습니다."라고 말했죠. "하지만", 그는 "당신은 제 문제를 모르잖아요. 그것은 건강 상태가 아니라⋯. 내가 입고 있는 피부를 보세요."라고 말했습니다. 저는 "뭐가 문제입니까, 저한테는 사랑스러워 보이는걸요."라고 말했습니다. 그는 "내 피부의 색소를 봐요. 저는 태어날 때부터 차별받고 있습니다. 유색인종으로 태어났다는 출생의 우연 때문에 이 세상에서 발전할 수 있는 기회는 저에게 거부당하고 있습니다. 모든 분야에서 발전할 수 있는 기회, 내가 살고 싶고 가족을 키우고 싶은 동네에 내가 이사할 수 없고, 내가 사업을 하고 싶은 곳에 내가 이사할 수 없습니다."라고 말했습니다.

그런 다음 저는 제가 이 나라에 온 제 개인적인 경험을 이야기했습니다. "하지만 그건 제 문제가 아니에요, 네빈." 그가 제게 상기시켜 주었습니다. 그래서 저는 뉴욕에서 있었던 제 경험을 이야기했습니다. 제가 스승이라고 언급한 사람인 압둘라에 대해서 말입니다. 저는 그와 5년 동안 함께 공부했습니다. 그는 이 신사분과 같은 피부색을 가지고 있었습니다. 그는 누구도 자신을 유색인이라고 부르는 것을 용납하지 않았습니다. 그는 흑인이라는 것을 매우 자랑스러워했고 신이 자신을 만든 것을 조금도 바꾸고 싶지 않았어요. 그는 저를 향해 "스핑크스 사진을 본 적이 있나요?"라고 물었습니다. 저는 "네"라고 대답했죠. 그는 "그것은 우주의 네 가지 고정된 사분면을 구현한 거예요. 사자, 독수리, 황소 그리고 사람이 있죠. 그리고 여기에 머리인 사람이 있습니다. 인간의 지식을 뛰어넘어 아직도 수수께끼가 풀리지 않는 스핑크스라는 괴물의 왕관에는 사람의 머리가 씌워져 있었습니다. 그 머리를 자세히 보면 그것을 만든 사람이 흑인임이 틀림없다는 것을 알 수 있습니다. 사실 그 모델을 만든 사람이 누구든 그 머리가 흑인의 얼굴을 하고 있었고, 그것이 여전히 인간의 능력을 뛰어넘는다는 것을 상징한다면 저는 제가 흑인인 것이 매우 자랑스럽습니다." 저는 과학자, 의사, 변호사, 은행가 등 각계각층의 사람들이 압둘라를 만나기 위해 찾아오는 것을 보았고, 그의 집에 초대되어 인터뷰하게 된 것을 영광으로 생각했습니다. 초대받으면 항상 영예로운 손님으로 대접받았습니다. 그는 이렇게 말했습니다. "네빌, 먼저 자기 자신부터 시작해야 해요. 자기 자신을 찾았다고 부끄러워하지 마세요. 그것을 발견하고 그 자아의 변화를 시작하세요."

저는 그 신사에게 압둘라의 가르침대로 자신의 마음가짐 외에는 어떤 원인도 없다고 말했습니다. 그가 차별받았다면 그것은 피부색 때문이 아니라고 했습니다. 그가 특정 지역에 대한 접근을 거부하는, 모든 야외 표지판만큼이나 큰 표지판을 보여주었지만 말입니다. 그 표징은 오직 어떤 사람들의 마음속에 그러한 패턴이 형성되고 그들이 지금 정죄할 것으로 자신을 끌어들이기 때문이라고 말했습니다. 사람의 마음 밖에는 사람에게 무엇이든 할 수 있는 힘이 없으며, 자기 마음의 패턴에 의해, 그의 요람에서 이러한 제한에 동의하고 젊은 시절을 천천히 적응합니다. 따라서 어른이 되어서야 자신의 자아가 형성되어야 한다고 믿습니다. 하지만 "내가 그를 부르지 않으면 아무도 내게 오지 않습니다." 이에 따라 누군가가 정죄하러 오거나 칭찬하러 옵니다. 내가 부르지 않으면 그들은 올 수 없었습니다. '네빌'이라는 사람이 아니라 '네빌'이라고 불리지 않는 그 비밀스러운 존재입니다. 그 비밀 존재는 내 모든 신념, 내가 동의하는 모든 것의 총합이며, 구조의 패턴을 형성하고, 그 비밀 존재는 자신과 조화를 이루는 것들을 자신에게로 끌어들입니다. 그 남자는 그 자리에서 떠나서 자신과 씨름했습니다. 그는 그날 밤 제가 말한 모든 것을 믿지 못했지만 지난 일요일 아침 로비에서 그가 앞으로 나와서 그에 대한 믿음을 다시 확인시켜 주었습니다. 그는 저를 옆방으로 데려가 이 가르침의 결실을 보여줬습니다.

그는 이렇게 말했습니다. "네빌, 나는 태어날 때부터 2등 시민이 될 것이라는 고정관념을 극복하는 데 거의 3년이 걸렸지만 저는 드디어 극복했습니다. 여기가 바로 윌셔대로에 있는 제 사무실입니다. 제가 이곳을 선택한 것은 이곳이 유일한 자리가 아니라 똑같이 멋진 자리 네 곳이 제게 제안되었기 때문입니다. 전화 시설이 더 좋았기 때문에 이곳을 택했지만 다른 곳도 똑같이 좋았어요. 이제 여기가 제 사무실입니다. 이 사무실이 아무리 멋지다고 해도 제 수입을 판단할 수는 없습니다. 모든 것이 좋지만 올해에는 25만 달러의 수익을 올릴 겁니다." 미국에서는 여전히 엄청난 액수입니다. 다른 나라에서는 어마어마한 금액이겠지만, 이 멋진 미국에서도 25만 달러의 수익을 올린다는 것은 정말 대단한 일이라고 할 수 있습니다. 몇 년 전만 해도 출생의 사고로 인해 온 세상이 자신을 반대한다고 말했던 사람이 바로 그 사람이었습니다. 그는 이제 자신이 어떤 의식 상태인지 알고 있으며, 그 이야기를 믿었던 어린 시절의 제한으로 돌아갈지, 아니면 자신이 찾은 자유를 계속 누릴지는 자신의 선택입니다.

따라서 우리는 인생의 목표를 명확하게 정의하고 그 목표를 끊임없이 추구한다면 이 세상에서 우리가 원하는 무엇이든 될 수 있습니다. 그것은 습관적이어야 합니다. 고귀한 자아에 대한 개념은 우리가 이 교회를 떠날 때 잠시 입었다가 벗는 것이 아니어야 합니다. 우리는 이곳에서 자유로움을 느끼고, 공통점이 있다고 느끼기 때문에 이곳에 있지만, 문을 통과하여 버스에 올라갈 때 지금 우리가 가지고 있는 고귀한 자아 개념을 입을 것인가, 아니면 이곳에 오기 전의 제한적인 모습으로 돌아갈 것인가, 선택은 우리의 몫입니다. 가장 배우기 어려운 교훈은 이 세상에는 당신, 당신 자신만이 누군가를 부르지 않는 한 당신의 세계로 끌어들일 수 있는 인간은 아무도 없다는 것입니다.

'나' 라는 느낌의 변화가 일어나면

따라서 '나'라는 느낌의 변화는 무한한 상태이지만 '나'는 하나의 상태가 아니기 때문에 선택할 수 있습니다. 예를 들면, 제 경우에는 '나'는 국가가 들어와서 융합하면 그 자체가 국가라고 믿기 때문에 분별력이 없는 상태에서 국가의 융합이라는 제한을 사실로 믿었고, 오랜 세월을 살아온 고정관념에서 '나'를 분리하는 데 3년이 걸렸다는 것입니다. 이제 독자 여러분도 잠시의 시간이 걸릴 수도 있고 3년이 걸릴 수도 있습니다. 얼마나 오래 걸릴지 말씀드릴 수는 없지만 자연스러움의 느낌으로 측정할 수 있습니다. 자연스러워질 때까지 착용할 수 있습니다. 그 느낌이 자연스러워지는 순간, 그 느낌은 여러분의 세계에서 열매를 맺기 시작할 것입니다.

도시의 작은 모임에서 이 이야기를 했는데, 그다지 많은 사람이 질문하지 않았지만 세 사람은 "그래도 전에는 돈이 있었을 거예요. 그는 적절한 사람들을 알고 있었을 것입니다. 왜냐하면 어떻게

1억 달러를 빌리러 나가서 빌려줄 사람이 없다거나, 자신은 돈이 없다고 말할 수 있겠습니까?" 라고 물었습니다. 저는 그 신사에게 사건의 개별 사실에 관해 묻지 않았습니다. 저는 사무실에 들어가서 장부를 보지 않았고, 그가 자발적으로 이 정보를 제공했고, 그해에 25만 달러라는 수치를 알려주었습니다. 저는 그 진술을 확인하거나 어떤 식으로든 검증하지 않았으며 암묵적으로 믿고 있습니다. 그러나 저는 어떤 것부터 시작하지 않으면 이 법을 적용할 수 없다고 믿는 사람들과 함께하지 않을 것입니다.

지금 처음부터 시작해서 자신이 되고 싶은 존재를 선택할 수 있습니다. 당신은 피부의 색소를 바꿀 수는 없어도 억양이나 피부의 색소 또는 소위 인종적 배경은 당신에게 방해가 되지 않을 것입니다. 사람이 방해받는다면 그를 방해하는 것은 그가 머무는 의식 상태일 수 있기 때문입니다. 사람은 자신이 머무는 의식 상태에 따라 자유로워질 수도 있고 제약이 있을 수도 있습니다. 당신이 그것을 계속한다면, 그러면, 나는 "그것을 계속하라"라고 말할 것이지만, 아무도 신경 쓰지 않으며, 사람이 자신 외에는 아무도, 아무도 정말로 신경 쓰지 않는다는 것을 발견할 때 그것은 끔찍한 타격이라고 경고합니다. 그래서 우리는 다른 사람들이 함께 울어주기를 바라면서 스스로 울고 있는 자신을 발견하게 됩니다. 그리고 어느 날 아무도 관심을 두지 않는다는 사실을 알게 되면 얼마나 끔찍한 충격이 아닐 수 없습니다. 그들은 지나가면서 잠시 귀를 기울여 주지만 진심으로 신경 쓰지는 않습니다.

그런 발견을 할 때 우리는 자신을 떨쳐내고 그 전에 아버지께서 우리에게 주신 선물을 담대하게 적용해야 합니다. 그럼 그 선물을 보여드리겠습니다. 여러분은 아마도 매일 주기도문을 읽었지만, 복음 전도자의 의미가 드러나지 않는 번역본의 기도문으로 읽었을 것입니다. 진짜 번역은 패러 펜튼의 작품에서 찾을 수 있는데, 원문에서는 절대적이고 계속해서 해야 할 일, 마치 명령처럼 명령적 수동적 분위기로 쓰여 있습니다. 그래서 이제 여러분은 우주를 모든 일이 일어나는 하나의 거대한 상호 연결된 기계로 바라볼 수 있습니다. 모든 것이 일어나고 있기에 이렇게 기록되어 있습니다.

"주의 뜻이 반드시 이루어져야 합니다. 주의 나라가 회복되어야 합니다."

명령적이고 수동적인 분위기를 표현하려면 이렇게밖에 표현할 수 없습니다. 그러나 우리가 번역한 라틴어에는 명령형 수동태의 첫 번째 동사가 없습니다. 그래서 우리는 우리가 가지고 있는 방식으로 주기도문을 하지만 신비의 의도를 드러내지 않습니다. 만물이 지금 있는 것을 본다면, 당신은 되는 것이 아니라 단지 당신이 점유할 상태를 선택하는 것입니다. 그것을 점유하면 되는 것처럼 보이지만, 이미 그 상태의 모든 측면, 가장 세세한 부분까지 사실입니다. 그것은 이미 이루어졌고 일어나고 있습니다. 그 상태를 점유함으로써 당신은 그 상태를 펼치는 행동을 하는 듯 보이지만, 사실 그 상태는 온전히 완성되어 일어나고 있습니다. 이제 당신은 당신이 되고 싶은 존재를 선택할 수 있고, 지금 표현하고 있는 것이 아닌 다른 존재를 선택함

네빌 고다드의 삶과 가르침

으로써 '나'라는 느낌의 변화를 시작할 수 있습니다.

　이제 '나'라는 느낌이 바뀌었다는 것을 어떻게 알 수 있을까요? 먼저 삶에 대한 나의 반응을 수용하는 자세에서 관찰하는 것부터 시작하여 내가 나의 선택과 동일시된다고 생각할 때 나의 반응을 알아차리면 됩니다. 스스로 되고 싶은 사람을 가정하고 내 반응을 관찰합니다. 반응이 그대로라면 나는 내 선택과 나를 동일시하지 않은 것이므로, 내 반응은 자동적이기에 내가 바뀌면 삶에 대한 반응도 자동으로 바뀔 것입니다. 따라서 '나'라는 느낌의 변화는 반응의 변화를 가져오고, 반응의 변화는 환경과 행동의 변화를 가져옵니다. 하지만 지금부터 경고하겠습니다. 기분이 조금 바뀌는 것은 진정한 의식의 변화가 아닙니다. 왜냐하면 순간적으로 기분이 바뀌면 순식간에 다른 기분으로도 바뀔 수 있기 때문입니다. 내가 변화되었다고 말할 때, 그 신사가 기분, 고질적 기분, 의식 상태를 바꿨을 때, 이는 그 순간이 부정하는 것입니다. 내 이성이 부정하는 것을 내가 그 상태라고 가정하고 그 상태를 안정시킬 만큼 충분히 오랫동안 그 상태에 머물렀다는 것을 의미합니다. 그래서 나의 모든 에너지가 그 상태에서 흘러나오는 것입니다. 나는 더 이상 그 상태를 생각하지 않습니다. 나는 그 상태에서 생각하고 있습니다. 그래서 어떤 상태가 모든 경쟁자를 확실히 추방할 수 있을 정도로 안정될 때마다 내가 생각하는 그 중심적이고 습관적인 의식 상태가 내 성격을 정의하고 진정한 의식의 변화라고 할 수 있습니다.

그런 안정 상태에 도달할 때마다 내 세계가 이 내면의 변화와 조화를 이루며 스스로 형성되는 것을 지켜보십시오. 그리고 사람들이 제 세계에 들어오고, 사람들이 도움을 주러 올 것이고, 그들은 자신이 돕고 싶은 충동을 일으킨다고 생각할 것입니다. 그들은 자신의 역할만 수행하고 있습니다. 나는 내가 한 일을 했기 때문에 그들은 그들이 할 일을 해야 합니다. 예를 들어, 한 도시에서 다른 도시로 이사했습니다. 나는 주변 세계와 나의 관계를 변화시켰고, 그 변화된 관계는 주변 세계에 대한 행동의 변화를 강요합니다. 따라서 그들은 나를 향해 다르게 행동해야 합니다.

따라서 '나'를 변화시키는 데에 있어서는 욕망에서 시작하기에 욕망은 행동의 샘입니다. 왜냐하면 당신은 자신이 아닌 다른 존재가 되기를 원해야 하기 때문입니다. 우리는 아이디어와 충분히 사랑에 빠지지 않기 때문에 실패합니다. 우리는 현재가 아닌 다른 사람이 되고 싶을 만큼 충분히 감동하지 못합니다. 만약 제가 여러분을 어떤 상태에 완전히 빠져들게 할 수 있다면, 그것이 여러분의 마음을 괴롭힐 정도로, 머지않은 미래에 여러분이 그 상태를 여러분의 세계 안에서 외부화할 것이라고 거의 예언할 수 있을 것입니다. 그리고 우리가 실패하는 이유는 변화에 대한 갈망이 충분하지 않기 때문입니다. 우리는 법칙을 모르거나 실제로 변화를 가져올 충동이나 굶주림이 없기 때문입니다.

'나'라는 감정이 바뀌면 반응이 바뀌고, 반응이 바뀌면 세상이 바뀌기 때문입니다. 만약 당신이 당신의 세상을 좋아하고 그것에 만족한다면, 당신은 신비의 길을 시작하지 않은 것입니다. 왜냐하면 첫 번째 찬미는 만족하지 않는 사람에게 호소하기 때문입니다.

"심령이 가난한 자는 복이 있나니."

자만하지 않고 만족하지 않고 심령이 가난해야 합니다. 태어날 때 물려받은 종교가 나에게 충분하다고 생각하고 만족하는 사람은, 심령이 매우 부유하다고 할 수 있습니다. 그들의 나라는 하나님의 나라가 아닙니다. 내가 당신을 자극하여 자기 자신에 대해 불만족스럽게 만들 수 있다면 당신은 그 자아를 인식하고 그것을 바꾸려고 할 것입니다. 인간의 유일한 활동 영역은 자기 자신과 그 자기 자신에 대한 것이기 때문입니다. 당신은 다른 사람을 위해 일하지 않습니다. 자아를 바꾸는 날이 세상을 바꾸는 날입니다.

목표가 없으면 목적이 없기에 이 세상에서 목표를 정의하고 목표를 갖는 것이 중요합니다. 그리고 야고보서에서 이렇게 경고되어 있습니다.

"두 마음을 품은 사람은 모든 길에서 불안정하다. 그런 사람은 바람에 밀려 밀려오는 물결 같으니, 주님의 무엇이든지 받으리라 믿지 말라."

그런 사람은 결코 목표에 도달하지 못합니다. 욕망을 없애라고 가르치는 곳도 있지만, 우리는 욕망을 강화하라고 가르치고 그러한 가르침의 이유를 보여주고 성경이 욕망에 대해 무엇을 가르치는지 보여줄 것입니다.

나의 느낌 바꾸기

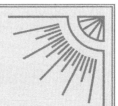

그리스도는
상상에 불과합니까?

질문에 들어가기에 앞서

"그리스도는 당신의 상상력에 불과합니까?"라는 질문입니다. 이 질문을 할 때 우리는 현재 우리의 사고의 배경에서 대답을 기대하는데, 종종 그것은 대답의 틀을 짜기에 적절하지 않습니다. 하지만 저에게 이 질문은 던져졌고, 스스로 대답하기 위해서는 상상력과 그리스도라는 용어를 명확히 해야 합니다.

제가 상상력을 정의하면 아무런 문제가 없을 것 같습니다. 당신도 제 말에 동의할 것입니다. 그러나 제가 그리스도를 정의할 때는 동의하지 않을 수도 있습니다. 제가 상상력이 정신적 이미지를 미리 변형시키는 힘이라고 말한다면 여러분은 그것, 즉 정신적 이미지를 미리 변형시키는 힘이 무엇인지에 대해 다투지 않을 것입니다. 오늘 밤 여기 앉아서 무엇이든 생각하고 정신적으로 보십시오. 지금 이 방에 있는 현재의 형태처럼 생생하게 보이지는 않겠지만, 마음의 눈에는 선명하게 보이고 분별할 수 있습니다. 나무를 떠올리고,

말을 떠올리면 둘이 서로 같다고 생각하지 않습니다. 마음속의 눈에는 나무와 말이 별개의 물체입니다. 이것이 바로 상상의 힘입니다. 그러나 그리스도에 관해서는 그 단어를 사용하는 것 자체가 마음의 눈에서 즉시 사람을 떠올리게 합니다. 그들은 그리스도를 한 사람으로 생각하지만, 이 사람에 대한 정신적 그림은 사람마다 다릅니다. 수년 전 뉴욕에서 한 프랑스 예술가가 40번가에 있는 도서관에 가서 46개의 다른 그리스도의 그림을 가져와 작은 랜턴으로 스크린에 던진 것을 알고 있습니다. 똑같은 그림은 하나도 없었고, 각 화가는 이 그림이 자신에게 영감을 준 그림이라고 주장하며 그림을 그렸습니다. 금발에 파란 눈을 가진 그림도 있었고, 피부가 거무스름한 그림도 있었고, 피부가 아주 검은 그림도 있었습니다. 소위 원본이라고 불리는 46개의 그림이 모두 투사되었습니다. 그래서 사람들은 그리스도가 인격체라고 믿도록 훈련받았습니다.

그래서 저는 "그리스도는 당신의 상상력입니까?"라는 질문을 던집니다. 상상력을 의인화할 수 있을까요? 그럴 수 있습니다. 성경이라는 책으로 돌아가 봅시다. 성경은 그리스도에 대해 무엇이라고 말하나요? 바울이 고린도 교인들에게 보낸 첫 번째 편지, 1장 23절과 24절의 주요 내용만 소개해 드리겠습니다.

"그리스도, 하나님의 능력과 지혜"

성경에서 기독론을 최고조로 끌어올린 요한복음 1장에서 바울은 그리스도를 하나님의 능력과 지혜로 정의합니다. 요한복음만큼 그리스도의 비밀을 가장 높은 곳으로 끌어올린 책도 없습니다. 그래서 요한복음에서는 하나님과 함께 계셨던 이 존재, 즉 그의 의미와 능력에 대해 이렇게 의인화하여 말하고 있습니다.

"만물이 그로 말미암아 지은 바 되었으니 지은 것이 하나도 그가 없이는 된 것이 없느니라"

말씀은 능력이며, 동시에 지혜입니다. 바로 여기에 창조력이 있습니다. 이제 바울이 고린도 교인들에게 보낸 두 번째 편지의 마지막 부분에서 바울은 그 편지를 읽을 우리 모두를 향해 이렇게 당부합니다.

"너희를 시험하라. 예수 그리스도가 너희 안에 계신 것을 깨닫지 못하느냐?"

만물이 그분으로 말미암아 지음을 받았으니 그는 능력과 지혜, 하나님의 능력과 하나님의 지혜이십니다. 그러나 하나님의 모든 속성은 모든 속성이 인격화되었습니다. 그래서 그분의 권능은 인격화되었습니다. 그리고 나는 그 권능을 보았고 그것은 사람이라고 고백할 수 있습니다. 나는 그 지혜를 보았습니다. 그것은 사람입니다. 무한한 존재의 인격화된 모습 앞에 서면 나 자신이 무한한 힘의 존재 앞에 서 있다는 것을 알 수 있습니다. 그것은 단순한 힘이 아니라 전능함입니다. 당신은 그 존재 앞에 서 있지만 그 존재는 인간입니다. 그래서 여기서 그는 이를 힘과 지혜라고 부릅니다. 이제 그는 자신의 편지를 읽은 여러분에게 우리 자신을 시험해 보라고 요청합니다. 그리고 그분이 이 모든 것을 만드셨습니다. 그렇다면 우리 안에서 그분을 시험해 봅시다. 저는 그분이 우리익 상상력이라고 말합니다. 그것이 바로 힘이고 우주의 창조력입니다. 인간이 입는 옷부터 사는 집까지, 인간이 창조한 세상에서의 그 어떤 것도 처음 상상한 것이 아님을 알고 있습니까? 이 세상에서 사실로, 구체적인 현실로 증명된 것 중 처음에는 상상만 하다가 외적인 사물로 변화하지 않았음을 알고 있습니까? 손을 사용하거나 세상의 도구를 사용하지만 처음에는 이미지로 시작되었습니다. 그리고 이미지란 바로 인간의 상상력, 즉 형상화하기 전에 이미지를 만들어내는 능력의 산물입니다. 따라서 만물이 그분에 의해 만들어졌고 그분 없이는 만들어진 것이 아무것도 없다면 성경의 그리스도는 나의 상상력이라는 사실 외에는 어떤 결론도 내릴 수 없습니다.

그렇다면 예수는 누구일까요? 그리스도가 하나님의 능력과 지혜이고 하나님이 우리 안에 자신을 가라앉히셨다면 그것은 그의 희생이었습니다. 그분은 우리가 살 수 있도록 실제로 우리가 되셨습니다. 이 하나님의 희생이 실제로 인간이라는 상태에 자신을 제한하지 않았다면 인간은 땅과 마찬가지로 옷처럼 닳아 없어졌을 것입니다. 이사야서 51장에서는 다음과 같이 말합니다.

"너희는 눈을 들어 하늘을 바라보고 그 아래의 땅을 내려다보라. 하늘은 연기처럼 사라지고 땅은 옷처럼 닳을 것이나 그 위에 거하는 자들은 이와 같이 될 것이나, 나의 구원은 영원할 것이요, 나의 구원은 끝이 없으리라."

나의 구원은 영원하리라. 구원이란 단어는 예수님을 의미하며, 예수님은 "여호와께서 구원하신다"라는 뜻입니다. 그것이 바로 구원이며 영원합니다. 하나님이 사람이 되신 것은 사람이 하나님이 되게 하시고, 땅이 옷처럼 닳을 것이라는 약속 때문에 사람을 구원하고 불멸에 이르게 하시려는 것이 아니었을까요? 오늘날 과학자들은 태양이 방사선으로 녹아내리고 있으며, 태양이 녹기 시작하면 수십억 년이 걸렸고, 아무리 오래 걸리더라도 끝이 있으며, 그 끝과 함께 우리도 집합체의 부분으로서 우리의 끝이 있다고 말합니다. 따라서 지구를 걷고 있는 우리는 종말을 맞이하게 될 것입니다. 그래서 "나의 구원은 영원할 것이며 나의 구원은 끝이 없을 것이다."라고 말씀하신 것은 인간을 종말에 이르게 하는 과정을 막기 위한 것입니다.

그래서 하나님이 사람이 되신 것은 사람이 하나님이 되게 하려는 것이었습니다. 사람이 되신 하나님, 그리고 세상에서 유일한 창조력이신 하나님, 저는 무엇을 창조할까요? 나의 상상력입니다. 나는 이 상상력을 글로 표현할 재능이 없을 수도 있습니다. 위대한 예술가들처럼 그것을 실행할 능력은 없을지 몰라도 상상할 수는 있습니다. 책을 상상할 수 있습니다. 책을 가질 때의 기쁨을 상상할 수 있습니다. 그림을 상상할 수 있습니다. 예술가가 되지 않아도 저는 꿈을 꿀 수 있습니다. 제 꿈보다 더 생생한 그림을 캔버스에 그릴 수 있는 사람을 상상할 수 없습니다. 그렇기에 캔버스에 아무것도 그릴 수 없습니다. 하지만 잠을 자면 꿈을 꿀 수 있어요. 왜 그럴까요? 그냥 제 상상력이기 때문입니다.

그리고 여기서 내가 의식적인 능력을 잃으면, 이 제한된 영역에서는 실제로 꿈을 꿀 수 있고, 세상의 어떤 예술가도 그릴 수 없는 꿈을 꿀 수 있습니다. 거기에 색을 입히고, 움직임을 입히고, 가장 멋진 드라마를 만들 수 있습니다. 그리고 이 과정이 제 상상력입니다. 이는 하나님의 능력과 지혜일 뿐만이 아닙니다. 신약성경 중 가장 위대한 요한복음에서, 요한은 능력을 강조하지 않습니다. 그는 처음에 그리스도를 능력이라고 선언하지만, 그 강조점은 능력이 아니라 구속과 계시에 있습니다. 요한복음에서 계시는 자신을 드러내는 하나님의 행위입니다. 그래서 요한은 이제 첫 장에서 이 권능이 우리에게 어떤 일을 할 것인지 알려줍니다. 우선 요한복음에는 두 가지 결말이 있습니다. 진짜 결말, 즉 첫 번째 결말인 스무 번째 장을 살펴봅시다.

네빌 고다드의 삶과 가르침

그리스도는 당신의 상상입니까?

자신을 요한이라고 부르는 기록자는 누구든지 예수께서 이 책에 기록되지 아니한 다른 표적들도 많이 행하셨으나 오직 이것을 기록함은 너희로 예수께서 그리스도이심을 믿게 하려 함이요 또 믿는 자는 그 이름을 힘입어 생명을 얻게 하려 함이니라.

- 요한복음 20:30,31

예수님은 하나님의 능력과 지혜이시라는 것이 저자가 마지막에 우리에게 말하고 있는 내용입니다. 예수님은 많은 표징을 행하셨지만, 표징의 수와 표징의 성격에도 불구하고 충실한 믿음을 불러 일으키지 못했습니다. 그리고 요한복음의 모든 가르침은 그분에 대한 믿음과 불신, 둘 중 하나에 기초합니다. 나는 신실하지만, 당신은 불신합니다. 제자 중에도 그를 믿은 사람은 거의 없었고, 심지어 불완전하게 믿은 사람도 소수였다고 합니다.

그렇다면 예수는 누구일까요? 그리스도가 능력과 지혜라면 이제 예수는 누구일까요? 바울이 빌립보 교인들에게 보낸 편지의 두 번째 장에 다음과 같이 표현된 놀라운 생각이 있습니다.

"그는 근본 하나님의 본체시나 하나님과 동등됨을 취할 것으로 여기지 아니하시고 오히려 자기를 비워 종의 형체를 가져 사람의 모양으로 나타나셨습니다."
－사람을 노예와 동일시하는 모든 사람－

"그리고 그는 사람의 모양으로 나타나사 자기를 낮추시고 죽기까지 순종하셨으니 곧 십자가에 죽으심이라. 그러므로 하나님은 그를 지극히 높여 그 이름을 주셨습니다."

지극히 높은 이름을 주사 하늘에 있는 자들과 땅에 있는 자들과 땅 아래 있는 자들로 모든 무릎을 예수의 이름에 꿇게 하시고 모든 혀로 예수 그리스도를 주라 시인하여 하나님의 영광을 돌리게 하셨느니라.
－ 빌립보서 5~11장

그분은 모든 이름 위에 뛰어난 이름을 주셨고, 그 이름에 세상의 모든 권세가 굴복해야 합니다. 이름 중의 이름입니다. 바로 예수라는 이름입니다. 예수님은 단순히 "여호와께서 구원하신다"라는 뜻입니다. 세상에 여자에게서 태어난 모든 아이는 언젠가 그 이름을 쓰게 될 것입니다. 이름은 오직 하나, 존재는 오직 하나, 예수님뿐입니다. 복음서에서 우리에게 들려주는 것과 같은 이야기를 모든 사람이 겪게 될 것입니다. 그리고 복음서에 기록된 일련의 사건을 지나게 될 때, 그 이름은 부활하신 그리스도에게 부여됩니다. 인간 안에 잠재되어있는 그 힘, 즉 인간의 상상력은 부활하신 그리스도에게 예수라는 이름, 신성한 이름 예수가 부여될 때 드러납니다. 그리고 그 개인은 새로운 시대, 완전히 다른 시대, 불멸의 시대, 영원한 시대에 들어갑니다. 왜냐하면 그 시대가 끝날 때까지 우리는 이사야서 50장에 나오는 것처럼 여전히 옷처럼 닳아 없어질 수밖에 없기 때문입니다. 그러므로 여러분, 수레바퀴를 밟고 있는 여러분은 다 닳고 닳아 없어져서 연기처럼 하늘로 사라질 것입니다.

그러나 하나님이 우리를 구속하시기 때문에 아무도 실패하지 않을 것입니다. 하나님은 우리를 차례로 부활시켜 들어 올리시고 부활하신 그리스도에게 예수라는 이름을 부여하십니다. 그래서 결국 그들이 고개를 들어보니 예수님만 계셨다고 합니다. 블레이크는 아주 천진난만하지만 진지하게 "예수님에 대해 어떻게 생각하세요?"라는 질문을 받은 적이 있습니다. 블레이크는 눈 하나 깜짝하지 않고 "예수님은 유일한 신이십니다."라고 대답한 뒤, "하지만 나도 그렇고 당신도 그렇습니다."라고 서둘러 덧붙였습니다. 결국 모든 사람이 그 이름을 받고, 사람 안에 있는 그리스도라는 능력이

들어 올려지고, 사람 안에 가라앉아 있던 광대하고 위대한 존재가 깨어나게 됩니다. 그 몸이 어떤 모습일지 저는 누구에게도 설명할 수 없습니다. 그 영광을 묘사할 단어를 찾을 수 없습니다. 그러나 나는 여러분을 알고 여러분은 나를 영원히 알 것입니다. 그러나 우리가 실제로 서로를 아는 모든 동일성에는 급격한 형태의 불연속성이 있을 것입니다. 내가 지금 입고 있고 오늘날 이곳을 걷고 있는 이 형태도 아니고, 지난 58년 동안 입어온 이 형태가 아닙니다. 그것은 정체성입니다. 그러나 부활했을 때 그 존재의 영광을 어떻게 보여줄 수 있을까요?

이는 부활을 믿지 않는 사두개인이 우리에게 보여주는 것입니다. 그들은 모뎀 과학자들입니다. 2,000년 전 사두개인들은 동방 박사였고, 바리새인들은 세상의 사제직이었습니다. 사두개인들은 당시 지적의 거인들이었고, 오늘날과 마찬가지로 부활은커녕 생존 조차 믿지 못했습니다. 오늘날과 마찬가지로 세상은 두 단어를 합쳐서 생존을 부활로 생각하지만 그렇지 않습니다. 생존은 연속성이고 부활은 불연속성, 즉 현세에서 완전히 떠나 영원의 세계로 들어가는 것입니다. 그래서 그들은 모세의 율법에 근거하여 질문했고, 모세는 이렇게 말했습니다.

남자가 결혼하여, 아무런 문제도 남기지 않고 죽고, 형제가 있으면 그 형제가 과부와 결혼해야 한다고 말했습니다. 그리고 그가 아무런 문제도 남기지 않고 죽고 형제가 있다면, 그 과부를 취하여 그 형제를 위한 씨를 키워야 합니다. 그런데 결혼한 한 남자가 있었습니다. 그는 일곱 형제 중 한 명이었는데 아무 문제 없이 죽었습니다. 둘째는 그녀와 결혼했지만 그도 죽었습니다. 셋째는 그녀와 결혼했지만 그도 죽었습니다. 마지막으로 일곱 형제가 그녀와 결혼했지만 아무런 문제도 남기지 않고 결국 그녀는 죽었습니다. 그렇다면 부활할 때 그녀는 누구의 아내가 될까요?

   – 누가복음 20:27

  그들은 부활을 믿지 않았으므로, 이는 미끼였습니다. 예수께서 그들에게 말씀하시되,

  너희는 경전을 알지 못하느니라. 이 시대의 아들들은 결혼하지만, 그 시대, 죽은 자 가운데서 부활에 합당하다고 여겨지는 사람들은 다시 죽을 수 없기에 결혼하지도 않고 장가도 들지 않으니, 그들은 이제 하나님의 아들이자 부활의 아들임이니라.

   – 누가복음 20:34

  그들은 완전히 성의 조직 위에 있습니다. 우리가 여기서 성이라고 부르는 것은, 이 굉장한 존재가 위에 드리운 그림자입니다. 그리고 당신이 실제로 가지고 있는 몸은, 하나님의 그 형체를 비우고 노예의 형체를 취했으며, 사람의 형체로 태어났지만 이상하게 생각하지 않고, 사람의 형상을 취하여 자신을 낮추었습니다. 그리고

인간의 모든 한계, 인간의 모든 약점, 인간의 모든 것을 가진 자신을 발견하신 하나님은 마지막에 그를 부활시키실 때 그를 높이시고 그에게 이름을 주셨습니다. 그 이름은 부활할 때만 부여됩니다.

따라서 여기에서는 모든 사람이 부활할 것이므로 모든 사람이 이름을 얻을 것입니다. 그러면 당신은 이 육신을 입지 않을 것입니다. 세상의 열정으로 가득 찬 이 몸은 모두 훌륭하지만, 여러분이 입을 몸은 아닙니다. 여러분은 성의 조직을 완전히 뛰어넘을 것입니다. 이런 종류의 창의력은 필요 없습니다. 상상력이 완전히 깨어나서 마음대로 창조할 수 있습니다. 당신이 하는 상상의 행위는 즉각적으로 객관적 사실이 될 것입니다. 오늘날 우리가 현실이라고 부르는 이 모든 멋진 세상은 모두 상상력입니다. 그것이 제 역할을 다하고 하나님께서 우리 안에서 자신을 낳으시고, 우리 모두를 하나님과 함께 하나님이 되게 하시는 그분의 목적이 완성되면, 그토록 영원하고 대단해 보이는 모든 요소로 이루어진 이 옷들은 연기처럼 사라질 것입니다. 연기처럼 사라집니다. 하나님의 창조적 능력, 그분의 놀라운 신성한 상상력에 의해 존재하지 않는 요소는 없으며, 그분의 상상 행위로 인해 존재가 유지됩니다. 그가 그 상상 행위를 멈추면 모든 원소가 녹아 모두 사라지고 세상은 마치 존재하지 않았던 것처럼 될 것입니다. 그러나 여러분과 저는 그 모든 것 위로 완전히 다른 세계, 영원한 세계로 들어 올려질 것입니다.

그리스도는 당신의 상상인가요? 저는 그리스도가 하나님의 능력과 지혜이며, 이 능력과 지혜가 세상의 모든 것을 창조한다고 하였습니다. 저는 나 자신의 상상 행위가 사실이 된 것을 발견할 수 있습니다. 그것을 반복하면 사실이 됩니다. 내가 그것을 반복하고 반복하여 이러한 상상적 행위가 사실로 바깥으로 변모될 수 있음을 안다면 나는 예수를 발견한 것입니다. 저는 저 자신 안에서 그 힘을 발견했습니다. 성경은 그것을 그리스도라고 부르고 의인화하여 한 사람의 존재에 대해 말하는데, 그 사람이 바로 예수입니다. 예수 그리스도는 단순히 부활한 존재입니다. 그 안에 있는 능력을 부활시켰기 때문에 이제 하나님이 되셨고, 그분이 바로 예수 그리스도입니다. 이제 그는 주님이라고 불리며 만물은 그분 앞에 무릎을 꿇어야 합니다.

그날이 오면 여러분도 이러한 경험을 하게 될 것이고 깜짝 놀라게 될 것입니다. 아무도 당신을 믿지 않을 것입니다. 그들은 그 일이 일어난 첫 번째 사람을 믿었던 것보다 더 당신을 믿지 않을 것입니다. 그는 죽음에서 부활한 최초의 사람이지만 아무도 그를 믿지 않았죠. 마지막까지 누가 그 이야기를 믿었을까요? 그들은 다른 메시아, 즉 어떤 영광스러운 전사의 배경을 가진 사람처럼 와서 이스라엘의 적을 정복하고 이스라엘을 승리로 이끌 영웅을 찾고 있었습니다. 그리고 그들은 항상 그런 종류의 메시아를 찾습니다. 오늘날 전 세계에는 비록 일시적인 승리일지라도 국가를 승리로 이끌겠다고 약속하는 거짓 메시아들이 있습니다. 그건 메시아가 아닙니다. 메시아는 이 세상과 아무 관련이 없습니다. 그는 이 세상에서 부활하셨습니다. 이 세상은 사라지고 있습니다. 이 세상은 옷처럼 닳아 없어지고 있습니다.

그래서 인간 안에 계신 그리스도는 능력과 지혜이며, 그 인간 안에서 그 상상력을 닳게 행사했기 때문에 그 상상력이 깨어납니다. 그래서 요한복음을 제대로 읽는다면, 내 구원이 거기에 달려있을 뿐만 아니라 실제로 그를 믿어야 함을 확신합니다. 그럼 이 존재는 누구일까요? 나의 상상력입니다. 내가 내 상상력을 믿지 않고 시험해 보지 않는다면, 비록 실패하더라도 그리스도를 믿지 않는 것입니다. 그리스도는 정말로 나의 상상, 당신의 상상력이기 때문입니다. 그래서 당신은 다른 사람의 사랑스러운 것을 상상하고 그 상상 행위의 현실을 믿지 않는다면 그리스도를 믿지 않는 것입니다. 매일 교회에 가서 수입의 10%를 자신이 선택한 교회에 기부한다고 해서 그리스도를 믿는 것이 아닙니다.

그리스도를 믿는다는 것은, 자신도 모르는 무언가를 깨닫지 못했을지언정 이것이 사실인 것처럼 자신에게 표현하고 당신이 정신적으로 한 일의 현실을 믿는 것입니다. 그리스도께는 모든 것이 가능하니 그리스도를 믿으십시오. 그러니 그분을 마음의 눈앞에 모시고 그분이 자신에게 보이고 싶어 하는 대로, 세상이 그분을 보고 싶어 하는 대로 그분을 보십시오. 그렇게 한 다음 여러분이 한 일의 실체를 믿으십시오. 그것이 바로 그리스도를 믿는 것입니다.

그것이 어떻게 작동하는지를 알면 여러분은 놀랄 것입니다. 바로 그 순간, 신성한 법칙에 의한 서로의 존재에 모든 것이 섞여 있기에, 당신이 그의 삶에 간섭하는 바로 그 순간, 당신은 마치 전체 층을 재구성하고 모든 것이 그에게 일어날 변화를 반영하도록 완전히 재정비될 것입니다. 그리고 그 변화를 도울 수 있는 이 세상의 모든 사람은 자신도 모르게, 그리고 동의 없이 그 변화를 가져오는 데 이용될 것입니다. 세상 어떤 존재의 동의도 필요하지 않습니다. 여러분이 상상한 것을 외부로 표출하는 데 그들이 이용될 수 있다면, 그들은 이용될 것입니다. 그러니 그들을 내버려두고 이 세상 모든 사람의 최고를 상상하고 당신이 한 일을 믿으세요. 그리스도를 믿는 것입니다.

당신이 가장 기대하지 않을 때, 당신이 그를 믿기 때문에 하나님은 당신을 부활시키고, 당신은 들어 올려지고, 하나님이 당신을 위해 한 일을 보고 어리둥절하게 서 있을 것입니다. 당신이 생각했던, 당신의 어머니가 나에게 가르쳤던 것처럼 당신의 어머니가 당신에게 가르쳤던 그분에 대한 모든 주장이 2,000년 전에도 일어났고 지금도 일어나고 있습니다. 멈추지 않았어요. 돌아가서 성경을 읽으면 바울이 디모데에게 보낸 편지에서 이렇게 써 있습니다.

부활이 이미 지나갔다고 가르치는 사람들은 신자들을 오도하고 있다.
- 디모데후서 2 :18

부활이 이미 지나갔다고 가르치는 사람들은 속임수를 쓰는 것입니다. 부활은 과거가 아닙니다. 그것은 하나에서 일어났고 지금도 일어나고 있습니다. 그러나 그것은 현재 진행 중이며 끝난 것이 아닙니다. 십자가는 끝났지만, 부활은 끝나지 않았습니다. 부활은 부름을 받고 들어 올려진 모든 사람 안에서 일어나고 있습니다. 그래서 우리가 부르심을 받으면 하나님의 가장 강력한 행위가 이루어지고, 우리는 들어 올려져 천국으로 이어지는 일련의 사건을 겪지만, 비록 우리가 이 옷을 입고 잠깐 여기 머물러 있는 것처럼 보일 것입니다. 당신이 차지하게 될 그 옷은 당신에게 보일 것이며, 당신도 만족스럽게 설명할 수 없을 것입니다. 그것은 살아있는 것처럼 빛납니다. 마치 무지개처럼 빛납니다. 그리고 육신의 신으로만 사는 이 세상의 어떤 존재도 만족스럽게 설명할 수 없습니다.

요한복음 1장 11절부터 13절까지는 완전히 다른 탄생에 관해 이야기하고 있습니다.

"그 이름을 믿는 자들에게는 혈통으로나 육정으로나 사람의 뜻으로 나지 않고 오직 하나님께로부터 나느니라."

이는 몸이 태어난 방식으로 태어난 것이 아닙니다. 여러분이 여자의 태에서 살과 피로 태어난 것처럼 태어났습니다. 그러나 혈과 육은 하나님의 천국을 상속받을 수 없고 오직 영만이 상속받을 수 있습니다. 그래서 이것은 이 몸이 태어난 것과는 다르게 태어날 것입니다. 그것은 다르게 태어납니다. 혈통이나 육체의 의지가 아니라 인간의 열정이나 인간의 부모를 가진 사람의 의지가 아니라 하나님에 의해 태어납니다. 그리고 당신은 태어날 때 스스로 태어났습니다. 당신은 땅에 떨어지는 밀알 한 알의 신비인 무덤에서 바로 나왔습니다. 땅에 떨어지지 않으면 홀로 남아있습니다. 땅에 떨어지면 많은 열매, 즉 죽음을 통한 생명의 신비를 맺습니다. 하나님은 목숨을 거두셨고, 실제로 죽음을 맞이함으로써 당신이 되셨습니다. 그리고 신은 신성한 상상력입니다. 그분은 인간의 상상력이라는 수축의 한계에 자신을 제한하고, 영광스러운 존재의 모든 힘과 모든 기억을 완전히 잊어야 한다는 의미에서 실제로 죽음을 맞이합니다. 십자가의 외침은 사실입니다.

나의 하나님, 나의 하나님, 어찌하여 나를 버리셨나이까.
— 마태복음 27:46

그분 자신은 외치고 있습니다. 그분은 자신을 온전히 포기했기 때문에 자신의 신성에 대한 완전한 망각으로 고통받고 있습니다. 그리고 그것은 무엇이었습니까? 신성한 상상이 인간의 상상이 되고, 우리는 우리의 작은 세계를 건설합니다. 우리 중 많은 사람에게 이는 너무 다르며, 우리가 행사하는 힘은 그 같은 힘이 들어 올려지고, 모든 이름 위에 이 위대한 이름이 부여될 때와 비교할 때 너무 연약합니다. 그래도 정체성을 잃지 않고 예수라는 이름을 갖게 될 날이 올 것입니다. 모든 사람은 정체성을 잃지 않고 무한한 권능을 행사하며 그 이름으로 부활하신 그리스도 예수가 될 운명입니다. 그래서 우리는 서로를 알고 모두 영광을 받습니다.

제 질문은 "그리스도는 당신의 상상력입니까?"이었습니다. 저는 그렇다고 대답했습니다. 왜냐하면 강조점은 능력과 지혜가 아니라 구속과 계시에 있기 때문입니다. 그래서 그는 자신을 드러냅니다. 즉 프롤로그가 아닌 첫 18절과 마지막 18절에서 그는 계시를 보여 줍니다.

어느 때라도 하나님을 본 사람은 없지만 자녀는 아버지의 품에 계시되어 그를 알려 주셨습니다.
―요한복음 18장

아무도 그를 보지 못했지만 아버지의 품에는 자녀가 있고 자녀는 아버지를 계시합니다. 그런 다음 누가복음 10장에서 이렇게 말합니다.

아버지 외에는 자녀가 누군지 아는 자가 없고 자녀와 또 자녀의 소원대로 계시를 받는 자 외에는 아버지가 누군지 아는 자가 없나이다
― 누가복음 10:22

네빌 고다드의 삶과 가르침

자녀가 당신을 드러내는 순간이 올 것이며, 당신은 당신의 이름이 예수, 주 예수 그리스도라는 것을 알게 될 것입니다. 자녀가 당신을 "나의 주님"이라고 부르고 실제로 당신을 그의 아버지, 그의 주님, 구원의 반석이라고 부를 것이기 때문에, 그때 당신은 당신이 누구인지 알게 될 것입니다. 저는 지금부터 세상 끝날 때까지 당신에게 말할 수 있지만, 그 경험이 일어날 때 그 경험이 가져올 확신을 전달할 수는 없습니다. 당신에게 그런 일이 일어났을 때, 세상의 어떤 현명한 사람들이 반대하며 당신이 거대한 환각에 시달리고 있다고 말해도 아무런 차이가 없을 것입니다. 전혀 달라지지 않을 것입니다.

이것은 계시입니다. 모든 것이 들어 올려지고 베일이 벗겨졌습니다. 이제 당신은 왜 아버지의 얼굴을 볼 수 없었는지 알게 되었습니다. 자녀에게만 반영된 아버지를 볼 수 있습니다. 자녀 외에는 그것을 비출 거울이 없었습니다. 당신의 얼굴을 볼 수 없습니다. 지상에 있는 거울에 가보지만 그것은 얼굴이 아닙니다. 오직 자녀의 아름다움 속에서만 당신의 얼굴을 알 수 있습니다. 그 자녀는 너무 아름다워서 형용할 수 없습니다. 그 자녀를 보면, 당신은 당신이 그런 아름다움을 만들어 낼 수 있다는 사실에 놀랄 것입니다. 아버지는 눈에 보이지 않지만 연기처럼 서서히 사라지고, 옷처럼 닳아 없어지는 광활한 세상보다 더 실재하는 존재이기에 아버지의 아름다움을 드러내기 위해 자녀가 필요했습니다. 따라서 세상의 모든 사람은 누구나 주 그리스도 예수의 이름을 지녀야 할 운명입니다. 그리고 오직 하나님만이 부활하시기 때문에 모든 사람이 잠든 자의 첫 열매가 될 것입니다. 모두가 부활하고, 모두 개별화되고, 모두 하나가 될 것입니다. 모두가 자신을 반영하는 동일한 아름다운 자녀의 아버지이면서도 개별화되어 있습니다.

예전에 제 친구에게 수년 전 전쟁에서 '아이이스 찰머스'라는 거대한 공장을 둘러볼 수 있도록 초대받은 적이 있습니다. 화학 부서장이었던 인마르 교수님이 제 강연에 오셨습니다. 제 강의에서 저는 물리적 결과를 만들어내는 특정 시간의 움직임에 관해 이야기 했습니다. "시간을 가로질러서 그 순간에 어떤 일이 일어나고 있다고 상상할 수 있다면, 그리고 눈을 떠서 이 세상을 보면 전혀 그 시간이 아니라는 것을 알 수 있었습니다. 저는 이곳으로 되돌아왔어요. 그런데 이상하게도 저는 의식적으로 고안하지 않은 일련의 사건들을 마주하게 되었고, 이 일련의 사건들을 가로질러 이동하면서 제가 어느 한 시점에서 상상만 했던 일들을 마주하게 되었습니다." 그는 "그럴 수는 없어요, 네빌. 무엇보다도 저는 화학자이고 물리학자이며, 제겐 이 방보다 더 큰 실험실이 있습니다. 거기에는 수많은 작은 병과 작은 물병이 있어요. 이곳에서는 거대하고 큰 터빈을 만들어 전 세계로 운송합니다. 그런데 어떤 터빈은 내부에 엄청난 석회질이 생겨서 문제가 되었습니다. 물 샘플을 보내면 종일 물 샘플을 분석한 다음 해결책을 제시했습니다. 특정 미네랄 침전물을 통해 나오는 물은 바꿀 수 없기 때문입니다. 그래서 앉아서 이 작은 물 샘플을 분석하는 것은 매우 흥미로운 일이었습니다.

그리고 호주, 뉴질랜드 등 전 세계로 편지를 보내 터빈의 수명을 연장하기 위해 할 수 있는 일을 제안했습니다."

그리고는 저를 한 곳으로 데려가서 실험실에서 사용하는 것을 보여주었습니다. 그는 그것을 엔트로피라고 불렀습니다. 그는 전 세계 모든 실험실에 이 장비가 있어야 한다고 말했습니다. 그리고 는 엔트로피는 바꿀 수 없는 과거를 기반으로 한다고 설명해 주셨 어요. 과거는 바꿀 수 없는 것이기 때문에, 변화시킬 수 없다고 그 는 말했습니다. 테스트한 다음 앞으로 나아가면 자신이 무엇을 했 는지 알 수 있다고 했습니다. 그 테스트를 반복하면 같은 조건에서 같은 결과가 나온다고도 했습니다. 래리가 말했습니다. "이는 우 리가 알고 있는 것이고 우리 모두 과학자입니다. 그런데 당신은 이 런 미친 아이디어를 가지고 왔나요? 엔트로피에 대해 우리가 알고 있는 것과 어떻게 들어맞는지 모르겠어요." 그가 저에게 엔트로피 에 관해 설명해 주었습니다. 그러자 그는 이렇게 말했습니다. "물 론, 미래는 유동적인 상태입니다. 우리는 미래를 실재하는 것으로 믿지 않습니다. 존재하지 않으니까요. 우리는 단지 모든 것을 밧 줄에 비유하여 과거는 이미 짜여 있고 미래는 아직 짜이지 않았으 며 우리는 미래로 나아갈 때 순간순간 이 가닥들을 엮어가고 있을 뿐입니다." 저는 말했습니다. 하지만 저는 당신이 존재하지 않는 다고 말하는 미래로 나아갔고 그곳에서 밧줄을 엮었다고 말했습니 다. 그리고 내가 무엇을 했든, 내가 여기로 돌아왔을 때, 내가 그곳 에 도착하기 전, 마치 짠 것처럼 이어지는 사건의 다리를 건너왔기 때문에, 효과가 있었음을 알고 있었습니다.

그는 믿지 않았지만 매우 다정하고 정직한 사람이었어요. 그리고 약 두 달 후, 제가 뉴욕에 있을 때, 그는 사이언스 뉴스레터에서 제가 여기 왔던 마지막 날 저녁에 말씀드렸던 양전자에 관한 이야기를 스크랩해서 보내주었습니다. 그는 저에게 보낸 편지에서 과학자로서 단호한 태도를 보인 것에 대해 사과했습니다. 자기보다 훨씬 위대한 파인만 교수가 코넬 대학에서 방금 강연을 했는데, 그는 몇 년 전에 발견된 작은 입자, 즉 양전자라고 불리는 입자에 대해 양전자가 가보지 않은 곳에서 되돌아오는 것과 같은 행동을 할 수 있다는 환상적인 주장을 펼쳤다고 합니다. 그는 이렇게 말했습니다. "이제 양전자의 행동은 다음과 같습니다. 양전자는 가보지 않은 곳에서 시작하여 방금 전의 위치로 속도를 내고, 그곳에 도착하면 시간 감각이 뒤바뀔 정도로 강하게 튕겨 나간 다음 다시 가보지 않은 곳으로 이동합니다." 파인만 교수의 말입니다.

이제 그는 그것을 자신만의 멋진 기술적인 언어로 표현하여 양전자라고 불렀습니다. 그리고 엔트로피의 원리도 알려주습니다. 하지만 저는 이 단어를 처음 들어봤습니다. 엔트로피는 변할 수 없는 과거를 의미하고 실험실에서 이 원리를 모르면 모든 것이 혼란스럽습니다. 어떤 실험도 할 수 없고 반복할 수도 없기 때문입니다. 이것은 고정된 사실입니다. 제가 아는 한, 이런 뜻인 것 같습니다. 만약 당신이 마치 사실인 것처럼 미래에 머무르고, 눈을 떴을 때 내가 거기에 없다고 생각하여 나 자신에게 너무 심한 충격을 주는 것입니다. 오랜 친구 압둘라가 뉴욕에서 저에게 가르쳐 준 작은 트릭입니다.

모퉁이를 돌지 않으면 볼 수 없는 전화기가 있었습니다. 거실에 앉아 있으면 전화기가 어디에 있는지 알 수가 없었습니다. 전화기는 복도 끝에 있었고 의자에서 내려 모퉁이를 돌아보지 않으면 볼 수 없었습니다. 하지만 거실에 있는 큰 안락의자에 앉아 전화기에 앉아 있다고 가정하고 거실을 생각하면, 실제로 내가 앉았던 그 의자가 비어 있는 것을 볼 수 있었습니다. 그런 다음 그 자리에 있는 동안 눈을 뜨고 저 자신이 이렇게 튀어 오르는 것을 느꼈습니다. 그러면 그 사람이 상상 속 그 자리에 있다는 것을, 그 사람이 모든 상상이라는 것을, 상상 속 어디에 있든 그 자리에 있어야 한다는 것을 알았습니다. 그래서 눈 깜짝할 사이에 변화와 움직임을 느낄 수 있었죠. 그것은 압둘라가 저에게 가르쳐 준 작은 운동이었습니다.

그러니 이제 그것보다 더 중요한 다른 것에도 시도해보세요. 그냥 연습으로 해보고 느껴보십시오. 이제 다른 것에도 시도해보십시오. 저는 그것을 시도하기 시작했고 효과가 있었습니다. 이제 어떤 것에 대한 증거가 있다면 과학자들이 그 문제에 대해 어떻게 생각하거나 바라는지는 중요하지 않을 것입니다. 이 세상의 어떤 것에도 증거를 제시할 수 있다면, 비록 설명할 수는 없어도, 다른 사람이 어떤 소망을 바란다는 사실은 그다지 중요하지 않습니다. 그러니 여러분도 요한복음 1장 3절의 말씀처럼 그리스도가 이 세상 모든 것의 창조주이신지 직접 확인해 보시기 바랍니다.

"만물이 그로 말미암아 지은 바 되었으니 지은 것이 하나도 그가 없이는 지은 것이 없느니라."

시도해보고 사실이라면 하나님의 능력과 하나님의 지혜라고 불리는 그리스도가 당신의 상상이 아니라는 결론에 도달하지 않는지 지켜보도록 하십시오.

그분이 만물의 창조자이고, 당신이 목표를 세웠고, 그렇게 만들기 위해 손가락 하나 까딱하지 않고 그렇게 된다면, 당신이 상상력으로 무엇을 했는지 알기 때문에, 당신은 바로 원인으로 돌아가서 그 원인이 당신의 상상 행위임을 깨닫습니다. 그리고 그리스도가 모든 일을 하시고 당신이 무엇을 했는지 안다면 당신은 그를 발견한 것입니다. 당신은 그분을 당신 자신의 위대한 인간의 상상력으로 발견한 것입니다. 그리고 당신이 그분을 신뢰하고 그분을 믿고 시험하고 이런 일들이 이루어질 때, 당신이 가장 기대하지 않았던 부활의 날이 올 것입니다. 그리고 그 힘이 여러분 안에서 솟아날 것이고, 여러분은 상상력이 완전히 지배하는 세상으로 나아갈 것입니다. 비록 당신이 잠깐 이 옷을 입기 위해 이 세상에 돌아오지만, 여전히 제한적이며, 육체의 모든 약점을 가지고 있지만, 당신이 그것을 내려놓는다면 많은 변화가 생길 것입니다. 당신은 이미 죽은 자 중 부활한 자들 가운데서 더 이상 죽지 않고, 이제 당신은 하나님의 자녀가 되어 하나님과 하나이며, 하나님의 자녀는 또한 자녀의 하나님이시기 때문입니다. 그리고 예수님은 "나와 아버지는 하나"라고 말씀하셨습니다. 내 아버지는 나보다 크시지만 우리는 하나이며 하나의 본질입니다.

그래서 당신은 부활할 것입니다. 우리의 구원은 하나님의 믿음
에서 비롯된 것처럼 보이지만, 그분은 믿는 믿음에 비례하여 주어
지는 것입니다. 그리고 우리는 그분이 우리 자신의 위대한 인간의
상상력이라는 것을 압니다.

제8장

꿈을 품어라

꿈이라는 환상

앞서 언급했던 내용들을 당장 현재에 적용하면 결과를 볼 수 있을 거라 장담합니다. 그것은 꿈을 기반으로 합니다. 성경은 꿈의 근원은 오직 하나, 하나님이라고 인정합니다. 그러나 정신건강의학과 의사들은 꿈의 근원이 상상력이라는 것을 알고 있기에 신이 아니라 사람의 상상력이라고 말할 것입니다. 그러나 그들은 경전에서 신과 상상력이라는 단어가 동일하다는 것은 모릅니다. 도공(圖工)이라는 단어는 상상력입니다. 도공이라는 단어는 신입니다. 즉, 우리는 꿈의 근원이 단 하나이며 그 근원은 하나님이라는 데 동의합니다. 하지만 이름을 바꾸는 데 도움이 된다면 저는 인간의 상상력이라고 말하는 것도 찬성합니다. 하나님을 인간의 상상력과 동일시함으로써 우리는 하나님과 인간 사이의 간격을 좁히고 거기서부터 시작합니다. 성경은 단순히 꿈의 비밀로 가득 차 있으며, 하나님은 꿈이라는 매체를 통해 인간에게 말씀하시고 환상을 통해 자신을 계시하신다고 말합니다.

꿈에는 의도적인 꿈과 의도하지 않은 꿈이 있습니다. 우리 대부분은 의도하지 않은 꿈을 꿉니다. 우리는 잠을 자면서 꿈을 꿉니다. 우리 중 대다수가 그 꿈을 기억하지 못합니다. 성경은 모든 꿈에는 고유한 의미가 있으며, 하나님은 꿈이라는 매체를 통해 인간에게 가르침을 주신다고 말합니다. 이제 꿈은 해석이 필요 없는 매우 평범한 언어로 단순한 방식을 통해 전달될 수 있습니다. 그러나 종종 꿈은 상징적인 형태로 나타나며, 이에 꿈의 진정한 해석가가 필요합니다. 성경에서 꿈의 첫 번째 위대한 해석자는 요셉이었습니다. 그는 꿈을 해석하는 능력을 통해 노예에서 이집트 전역을 통솔하는 이인자로 올라섰습니다. 그는 파바로의 꿈을 받아 참된 해석을 해 주었기 때문에, 바로의 권력 아래 입지를 넓혔습니다. 그러나 꿈을 통해 해와 달과 열한 개의 별이 자기 앞에 절하는 것을 보고 형제들의 질투 때문에 노예로 팔려 가게 되는 것을 봅니다. 아버지는 그를 꾸짖으며 "나와 네 어머니와 네 형제들이 네 앞에 절할 거라는 말이냐?"라고 말했습니다. 그는 자신의 단이 높이 솟아오르고 다른 모든 단들이 이 단 앞에 절하는 것을 보았습니다. 여러분 모두 요셉이 꿈꾸는 자라는 이유로 노예로 팔려간 이야기를 잘 알고 계실 겁니다.

"보라, 이 꿈꾸는 자가 오시도다."

그는 꿈을 꿨을 뿐만 아니라 꿈을 해석할 수 있었습니다.

하지만 성경에는 전혀 예상하지 못했던, 의도하지 않은 꿈만 있

네빌 고다드의 삶과 가르침

는 것은 아닙니다. 하나님은 꿈이라는 매개체를 통해 풍년의 7년과 기근의 7년, 흉년의 7년을 예언하셨고 그 말씀대로 이루어졌습니다. 그러나 의도적인 꿈이 하나 있습니다. 열왕기상서 1장 3절과 역대하 2장 1절에 같은 종류의 꿈이 나옵니다. 그리고 이것은 솔로몬에 의해 유도된 꿈입니다. 솔로몬은 기드온이라는 높은 언덕으로 올라갔습니다. 그곳은 거룩한 곳이었습니다. 왕들은 회당이나 성전 또는 거룩한 장소라고 생각되는 곳에서, 하나님과 자신 사이에 어떤 기묘한 방식으로 소통을 유도할 수 있기를 바라며 연설하곤 했습니다. 솔로몬은 하나님이 자신에게 자신을 드러내 주실 꿈을 유도할 목적으로 올라갔습니다. 그러자 하나님이 나타나셔서 그에게 말씀하셨습니다.

"네가 원하는 것을 내게 구하라."

그는 땅의 티끌보다 더 많은 자기 백성을 다스릴 수 있는 이해심 있는 마음을 구했습니다. 그리고 그가 이렇게 기도했습니다.

주 하나님이여, 내 아버지 다윗에게 하신 주님의 약속을 오늘 이루소서.

– 역대하 1:9

다윗이 이 세상 무엇보다도 원했던 것은 바로 이것이었습니다. 내 아버지 다윗에게 하신 주님의 약속을 지금, 바로 이 순간, 지금 이루어지게 하소서. 그러자 하나님께서 그에게 말씀하셨습니다.

꿈을 품어라

"네가 장수와 부귀와 원수의 생명을 구하지 않았으므로, 내가 이 모든 것을 더하여 네게 주겠다."

이제 하나님께서 다윗에게 하신 약속은 다윗에게서 하나님의 자녀가 될 자녀가 태어나면 하나님이 그의 아버지가 되시겠다는 약속이었습니다. 다윗에게서 나올 자녀는 다윗이 죽은 후에 태어날 것입니다.

네 날이 다하여 네가 네 조상들과 함께 누우면, 나는 네 몸에서 나올 자녀 뒤를 이어 일어날 것이다. 나는 그의 아버지가 될 것이며 그는 내 자녀가 될 것이다.
—사무엘상 7: 12

솔로몬은 이 약속의 성취를 요청하였습니다. 표면적으로 읽으면 솔로몬이 그의 자녀인 것처럼 보입니다. 아니요, 솔로몬은 의식의 상태입니다. 이 모든 인물은 의식의 상태이며, 하나님의 계시를 믿을 때 특정 상태에 도달합니다. 다윗이 죽으면 다윗의 시체에서 하나님의 자녀이자, 하나님이 아버지가 될 자녀가 나온다는 것이 사실일까요? 그것이 사실이라면, 주님, 이것이 저의 기도입니다.

"주님, 내 아버지 다윗에 대한 당신의 약속은…"

다윗이 제 아버지인가요? 네. 저는 인간이고, 당신도 인간이고, 다윗은 인류입니다. 그리하여 우리 여기, 광활한 인류 전체는 다윗입니다.

당신과 나는 우리가 죽었다는 사실을 깨닫지 못합니다. 우리는 죽음이라는 개념이 없습니다. 우리가 죽음이라고 부르는 상황에서, 친구와 작별 인사를 할 때, 이는 죽음이지만 삶이기도 합니다. 그러나 이것이 성경에서 말하는 죽음의 세계입니다. 여기 다윗은 죽었고, 이 땅을 걷는 모든 사람은 잠이 너무 깊어서 죽음에 비유됩니다. 죽음의 상태에서 나오십시오. 당신의 자녀가 될 사람을 내게서 나오게 하십시오. 주님께서 약속하신 대로 다윗에게서 그를 낳으소서. 약속하신 것처럼 그를 데려와서 그 자녀의 아버지가 되시고, 내게서 나오는 이가 당신의 자녀가 되게 하소서.

어떻게 하셨을까요? 여러분이 사업을 성공시키기 위해, 결혼을 성공시키기 위해, 이 세상의 모든 것을 성공시키기 위해 하는 것과 똑같이 하셨습니다. 이것은 하나님의 약속이기 때문에 의도적인 꿈도, 의도하지 않은 꿈과 마찬가지로 우리에게 그분의 비밀을 드러내는 데 사용할 수 있습니다.

그런데 이 책에서는 그 꿈이 두 번이나 나타났습니다. 요셉이 바로의 꿈을 해석하여 바로에게 이르되,

바로여, 당신의 꿈이 두 번 겹쳤다는 것은 바로 이 일이 하나님에 의해 정해졌고 곧 하나님이 그것을 이루실 것이라는 뜻입니다.
－창세기 41:32

꿈이 두 번이 되면 그 꿈은 고정된 것이고, 꿈이 두 번이 되면 아

무도 그것을 바꾸지 못할 것입니다. 그는 꿈을 꾸었습니다. 나일 강변에 서 있었고, 강에서 살이 찌고 매끈한 소 일곱 마리가 나왔어요. 그리고 같은 나일강에서 이집트 땅에서는 한 번도 본 적이 없는 깡마르고 끔찍하게 생긴 일곱 마리의 괴물이 나왔어요. 그들은 일곱 마리의 뚱뚱한 소를 먹어 치웠지만, 그 후에도 몸무게가 늘어난 것을 볼 수 없었습니다. 그들은 모두 여전히 쇠약했습니다. 그러자 한 이삭이 나왔고 그 이삭에서 일곱 개의 귀가 나왔고, 끔찍하게도 또 다른 일곱 개의 귀가 나왔습니다. 처음 일곱 개는 뚱뚱하고 사랑스러웠고, 마른 이삭은 뚱뚱한 이삭을 먹어 치웠어요. 그리고 난 후에도 몸무게가 늘지 않았어요. 그는 그렇게 해석했습니다. 창세기 41장에 나오는 이 해석에서 그는 꿈이 두 번 겹치면, 언제든 꿈이 두 번 나타난다는 건 하나님이 그 일을 정하셨다고 말합니다. 그리고 곧 이루어질 것입니다, 꿈이 두 번 나타나면 말이에요.

이제 제 두 번의 꿈을 공유하겠습니다. 이것은 꿈을 유도하고 의도적인 것으로 만드는 방법입니다. 꿈에서 저는 1년 전인 작년 크리스마스에 어느 저택에서 저 자신을 발견했습니다. 세 세대가 있었지만 한 세대는 보이지 않았습니다. 보이지 않는 사람이 보이는 상태를 지배했습니다. 이를테면, 보이지 않는 사람은 할아버지라고 불렸습니다. 그들은 할아버지에 대해 이야기하고 있었습니다. 할아버지는 공터에 서서 "여기가 공터였던 때가 기억나요"라고 말한 다음, 사람들이 눈앞에 객관적인 것으로 인식할 수 있도록 이

네빌 고다드의 삶과 가르침

곳에 대한 상형 문자를 생생하게 그려주곤 했다고 말했습니다. 그는 그 부지에 대한 자신의 소망을 단어와 그림으로 그렸고 사람들은 모두 그것을 보았습니다. 저는 깨어났는데도 그 모습이 너무 생생해서 깜짝 놀랐습니다. 새벽 3시가 조금 지났을 때 깨어났고, 거실에 가서 환상에서 보여줬던 대로 긴 노란 종이에 자세히 적었습니다. 그리고 다시 잠자리에 들었고, 이른 아침이라 생각해서 다시 꿈을 습니다. 이것이 이제 이중 꿈입니다. 고정된 꿈이니 바꿀 수 없습니다. 저는 약간의 변화를 주면서 다시 꿈을 꿨습니다. 할아버지에 관한 이야기를 듣는 대신 제가 할아버지가 되었습니다. 할아버지의 메시지에 완전히 빠져들어서 "공터에 서 있는데 여기가 공터였던 때가 기억나요"라고 말했습니다. 그런 다음 그 부지에 대한 저의 소망을 상형 문자로 그려서 모두가 볼 수 있을 정도로 생생하게 그렸습니다. 그것이 바로 제게 주신 하나님의 비밀이었습니다. "가서 세상에 전해라."

결국 끝은 우리가 시작하는 곳입니다. 항상 끝에서 시작하기 때문에 끝을 향해 걸어갑니다.

"네 날이 다하여 네가 네 조상들과 함께 누우면, 나는 네 몸에서 나올 자녀 뒤를 이어 일어날 것이다. 나는 그의 아버지가 될 것이며 그는 내 자녀가 될 것이다."

"주 하나님이여, 내 아버지 다윗에게 하신 약속을 이제 이루어 주소서."

이것이 다윗의 간구였습니다. 그게 그의 소원이었다면 그는 어떻게 했을까요?

하나님은 제가 집을 원한다면 어떻게 해야 하는지 알려주셨습니다. 저는 집을 살 수단이 없습니다. 그분은 저에게 수단에 관해 묻지 않으셨습니다. 저는 그 동네에 들어갈 자격도 없습니다. 그는 수단을 요구하지 않고 저는 수단을 가지고 있지 않습니다. 그는 저에게 묻지 않습니다. 그는 나에게 무엇을 해야 하는지 알려줍니다. 당신은 공터에 서서, 그것이 사실인 미래에 대한 당신의 꿈을 이루었을 것으로 생각합니다. 하지만 지금은 아닐 것입니다. 그래서 저는 마지막에 가서, 마지막에 머무르면서 그것이 사실이어서 볼 수 있는 것처럼 봅니다. 그리고 그 상태에서 사는 것, 이것이 바로 의도적인 꿈이고 저는 그것을 '인큐베이션 꿈'이라고 부릅니다. 아무것도 없는 공터에 아무런 자격도 없이 서서 그 안에 서서 정신적으로 상형 문자를 그리면 그 그림이 스스로 만족스럽게 실현되는 것을 보게 됩니다. 그것이 하나님이 저에게 말씀하신 모든 것을 반복한 것입니다.

창세기 41장의 32번째 구절에서 이렇게 말씀하십니다. 꿈이 두 번 나타날 때마다, 두 번이 되기만 하면, 하나님이 정하신 일이 곧 이루어질 것입니다. 사실 그날 밤 꿈은 두 번 나타났습니다. 저는 새벽 3시가 조금 지나서 일어나서, 그 꿈을 자세히 적고 다시 잠자리에 들어 다시 꿈을 꿨습니다. 당신이 원하는 게 뭔지 아십니까? 이 세상에서 당신이 원하는 것이 무엇인지 알고는 있지만, 이를 가지고 있지 않기에 공허하지 않습니까? 존재하지 않습니다. 내가 당신이라면 이렇게 할 것입니다. 부지는 비어 있고 공간은 비어 있습니다. 당장 그 자리에 서십시오. 결혼을 안 하셨습니까? 행복한 결혼을 하지 않았다는 걸 알고 있습니까? 만약 결혼했다면 세상이 당신을 그런 시각으로 볼까요? 그렇습니다. 당신은 그런 상태가 아니기 때문에 공백이 없습니다. 그럼 이제 그런 사람이 되세요. 반지를 끼세요. 친구들의 얼굴을 보고, 즉 친구들의 표정을 보고, 그들이 당신을 보는 모습을 그대로 보고, 그 상태에서 자신을 잃어버리세요. 그게 끝입니다. 끝은 우리가 시작하는 곳입니다. 이제 여러분은 꿈을 인큐베이팅하고 있습니다. 실패할 수 없으니, 꿈을 생생하게, 현실로 만들라고 말하고 싶어요.

제 경험에서 말씀드리는 겁니다. 그날 밤 제 꿈은 이중 꿈이었습니다. 꿈이 두 번 꾸는 것은 하나님이 정하신 것이고, 영원한 법칙이기 때문에 바꿀 수 없습니다. 그래서 저는 그분의 영원한 법칙을 당신과 나누고 있습니다. 그것은 끝입니다. 그래서 저는 이 세상 모든 일의 끝에 가서 그것이 무엇이든 상관하지 않고 그 꿈이 성취되는 것을 봅니다. 끝은 모든 성취입니다. 눈을 뜨면 텅 비어 있는 것처럼 보이지만 제게는 텅 비어 있는 것이 아니라 끝을 본 것이죠. 끝을 보았기에 나는 끝을 지탱하고 있고, 끝을 지탱하는 세상의 모든 것들 사이를 걷고 있습니다. 나는 그것을 보았고, 지금도 보고 있으며, 내가 보고 있고, 살아가는 것이 세상에서 완벽하게 실현될 때까지 계속 보고 있습니다. 이것이 꿈의 이야기입니다.

하지만 우리는 가장 환상적인 꿈을 원합니다. 많은 사람이 저에게 "네빌, 나는 이 세상의 모든 것을 줄 수 있습니다"라고 말했듯이, 여러분은 "인간에 대한 하나님의 약속의 성취를 위해" 세상의 모든 것을, 아무 것도 아닌 모든 것을 주어야 합니다. 역사상 가장 현명한 사람이 그 이상을 바랄 수 있을까요? 솔로몬은 모든 사람 중에서 가장 현명하다고 불렸습니다. 그것은 그의 탁월한 요청이었습니다. 그리고 그가 하나님 앞에 나아가서, 하나님께서 "무엇이든지 원하는 것을 내게 구하라"고 말씀하셨을 때, 그는 요청하였습니다.

"주 하나님, 오 여호와 엘로힘, 내 아버지 다윗에게 주신 약속을 이제 이루어 주옵소서."

이는 솔로몬이라는 사람이 아니라 인간이 세상 무엇보다도 그것을 정말로 원할 때 도달하는 의식의 상태입니다. 세상 그 무엇보다도 그것을 원할 때, 그는 솔로몬입니다. 그는 이 죽음의 세계에서 생명의 연장을 요구하는 대신 영혼의 깊은 곳에 관심을 두는 그 의식의 상태에 도달한 것입니다. 그는 장수를 구하지 않았습니다. 부를 구하지도 않았습니다. 원수의 목숨도 구하지 않았습니다. 이 모든 것이 그에게 주어졌지만 그는 요구하지 않았습니다. 그는 마음의 한 가지 간절한 소망을 간청하였는데, 바로 그의 아버지 다윗에게 주신 하나님의 약속을 성취하는 것이었습니다.

인류는 다윗이며, 인간은 하나님의 자녀입니다. 그리고 이 자녀로부터 아버지와 하나이신 영이신 진짜 자녀를 낳으십니다. 하나님은 영이시며 그를 경배하는 자들은 영과 진리로 예배합니다. 그래서 그는 이 썩어가는, 죽어가는 몸에서 죽을 수 없는 불멸의 당신을 꺼내십니다. 그가 꺼내는 것은 당신이고 당신은 하나님과 하나입니다. 그런 다음 당신은 아이의 상징을 보고, 그분이 인류의 광대한 세계를 가져와 하나의 자녀 안에 넣고 하나의 자녀 안에 온 인류를 상징하게 되므로, 그분이 당신 자신을 주셨다는 것을 증명합니다.

그러나 이것을 현실적으로 만들기 위해, 여러분이 마음의 갈망이 없다면 대다수는 이 세상의 위로를 더 원합니다. "네빌, 가서 끝까지 가라고 해주세요." 끝까지 가세요. 만약 당신이 지금 당신이 되고 싶은 남자가 되고, 지금 당신이 되고 싶은 여자가 된다면 그 끝은 어떤 모습일까요? 세상을 어떻게 바라보시겠습니까? 그게 끝입니다. 이제 현실에서 보는 것처럼 세상을 바라보세요.

그것이 바로 의도적인 꿈입니다. 저는 제 책에서 이를 "끝을 생각하는 대신 끝에서부터 생각하기"라고 부릅니다. 끝에서부터 생각하면 내가 그 안에 있고, 광활한 세상 전체가 그 끝을 반영합니다. 내가 그 끝을 생각하고 있다면 나는 어디에 있을까요? 내가 있는 곳은 내가 부활할 곳이고, 내가 깨닫고 있는 곳입니다. 그래서 솔로몬이라는 상태는 결국 하나님이 그의 아버지 다윗에게 한 약속을 그에게 부여한 곳에 자신을 두는 것입니다. 모든 사람은 솔로몬이라는 상태에 들어가서 하나님의 약속을 이끌어냅니다.

언젠가는 모든 사람이 그 상태에 들어가야 합니다. 여러분도 오늘 밤 어딘가에서 바로 그 상태에 들어갈 것입니다.

작은 돼지로부터 시작된 이야기

"저 언덕이 보이고, 세사뭄이 세사뭄이고, 옥수수가 옥수수이고, 침묵과 어둠이 알았으니 사람의 운명도 그렇게 태어났구나." 제 운명도 그렇게 태어났다는 말씀인가요? 맞습니다. 그리고 침묵과 어둠이 그것을 알았다고요? 그렇습니다. 이제 저는 아무도 모르게 침묵과 어둠을 가지고 조종할 것입니다. 저는 솔로몬처럼 침묵과 어둠 속에 서서 제 영혼 깊은 곳에서 제 아버지 다윗에게 하신 약속을 저에게 허락해 달라고 간구할 것입니다. 성숙은 개인이 자신의 아버지의 아버지가 될 때 개인에게 옵니다. 여기 다윗, 광활한 인간 세계가 있습니다. 갑자기 그에게서 하나님의 자녀가 나옵니다. 그리고 하나님의 자녀는 아버지와 하나가 됩니다.

"너희는 그리스도를 어떻게 생각하느냐? 그는 누구의 자녀이냐?" 그들은 알지 못하고 "다윗의 자녀 다윗이여"라고 대답했습니다. 그러면 "영으로

계신 다윗은 어찌하여 그를 주님이라고 부르십니까?" 왜 그를 '내 아버지'
라고 불렀습니까? "내가 그를 내 아버지라고 부르는데 어떻게 그가 다윗
의 아들이 될 수 있습니까? 그리고 아무도 그에게 다른 질문을 하지 않았
습니다."

– 마태복음 22:42

다윗의 자녀인 사람은 다윗의 아버지가 됩니다. 인간에게 성숙
이 찾아오는 순간입니다.

오늘 밤 제가 그 그림을 그리는 데 도움을 드릴 수 있다면, 내일
저에게 그런 일이 일어났다고 말하는 모습을 상상해 보세요. 그게
끝입니다. 그 일이 끝난 후에 말해줄 수 있습니까? 그 일이 일어나
기 전에는 말할 수 없으니 그건 희망 사항일 뿐이죠. 그러니 오늘
밤 당신이 아버지 다윗에게 한 약속을 지금 당장 하세요. 지금 하
세요. 그런 일이 일어난 후 가장 먼저 나한테 할 말이 당신한테 그
일이 일어난 것이지 않을까요? 그분을 보았고, 그분이 당신을 "아
도나이"라고 불렀고, 당신을 "내 아버지 내 주, 내 구원의 반석"이
라고 불렀다고 말하지 않겠습니까? 당신은 저에게 말하고 싶을 것
입니다! 화요일까지 기다리지 않고 내일 전화로 저에게 연락하실
겁니다. 당신은 바로 청중을 찾았을 것입니다. 천 명이 보든 말든
당신은 자제할 수 없겠죠. 그게 사실이라면 어떤 기분일까요?

솔로몬이라는 상태가 바로 그것입니다. 즉, 의도적인 꿈이었지,
의도하지 않은 꿈이 아니었습니다. 의도하지 않은 꿈에서 그는 매

일 밤 저에게 말합니다. 우리는 모두 꿈이 상징적일 경우 잘못 해석하는 경우도 많습니다. 예를 들어 제가 군대에 있을 때 명예 제대를 원했을 때처럼 상대방이 혼동하지 않고 알아들을 수 있도록 직설적인 표현을 사용한 것과 같습니다. 그 목소리는 누구도 해석할 필요가 없는 평이하고 평범한 언어로 저에게 말했습니다. "내가 한 것은 내가 한 것이다. 아무것도 하지 마라." 그리고는 불과 몇 시간 전까지만 해도 "불승인"이라고 적혀 있던 제 퇴원 서류를 보여주며 덧붙여 말했습니다. 그래서 여기 제 제대 신청서에 대령은 "불승인"이라고 적었습니다. 그날 밤 새벽 4시에 해석할 필요도 없이 간단한 다이렉트 메시지로 동일한 신청서가 제 눈앞에 나타났는데, 여기 아래에서 한 손이 불승인이라는 단어를 긁어내더니 승인이라고 적혀 있었습니다. 그러자 아주 간단하고 명확하게 설명하기 위해 음성이 저에게 말했고 그 음성은 "내가 행한 것은 내가 행한 것이다. 아무것도 하지 마라." 깨어보니 네 시였고 저는 아무것도 하지 않은 상태였습니다. 그리고 신청서를 승인하지 않았던 바로 그 사람이 9일 후에 승인한 사람이었습니다. 이것이 바로 직접적인 소통입니다.

갑자기 모든 식물이 전시되어있는 넓은 공간에서 폐점 시간이 되어 작은 돼지를 보게 되었을 때를 가정해 보겠습니다. 그 순간 저는 자비로운 마음으로 아기 돼지를 데리고 가서 먹이를 주고 보호할 것입니다. 나뭇잎과 덤불, 주변의 모든 것들, 모든 꽃에서 제가 할 수 있는 최선을 다합니다. 돼지가 먹이를 원하지 않더라도 충분히 배가 고프면 먹을 수 있을 것으로 생각했습니다. 꽃과 나뭇잎을 가져다가 150센티미터 정도 되는 테이블 위에 작은 돼지를 올려놓았습니다. 그러자 장면이 바뀌었고 저는 거대한 대형 슈퍼마켓에 있었습니다. 모든 것이 진열된 슈퍼마켓에서 제가 아래를 내려다보니 여기 돼지가 있었습니다. 조금 전에 봤을 때의 꼬마 돼지가 아니라, 아주 울퉁불퉁하고, 키가 아주 큰 돼지가 되어 있었습니다. 다시 말해, 그사이 키는 컸지만 먹이를 제대로 먹지 못했다는 뜻입니다. 저는 그가 더 잘 먹어야 한다는 것을 알았기 때문에 식사를 챙겨주기 시작했습니다. 제 동생 빅터가 저에게 "뭐 하는 거야?"라고 물었습니다. 저는 "돼지에게 먹이를 주려고."라고 대답했죠. 그래서 빅터는 걸쭉하고 하얀 그레이비**같은 것을 가져다가 제 식사에 넣었고, 저는 그것이 일반 사료와 물보다 훨씬 더 돼지에게 영양분을 준다고 생각해서 섞기 시작했습니다.

저는 제 딸에게 크래커를 가져오라고 보냈습니다. 딸이 "아빠, 이 돈은 어디에 쓰면 돼요?"라고 물었죠. 저는 "이건 모두 우리 거야. 여기 돈은 필요 없어, 다 우리 거니까 가서 가져가"라고 말했죠. 거대한 피라미드가 보였습니다. 그녀는 피라미드 바닥에서 과자 한 봉지를 꺼내더니 저울과 모든 것을 떼어내고 4~5인치 정도되는 작은 양초 하나를 꺼내냈습니다. 양초에 불이 켜졌어요. 저는 그녀에게 말했습니다.

"그건 내 양초란다. 영원히 다시는 덮어서는 안 돼. 불이 켜졌고

** 육즙을 이용한 소스의 일종.

영원히 켜져 있을 것이니 다시는 덮어서는 안 돼."

욥기의 말씀과 잠언의 말씀이 제 머릿속을 스쳐 지나갔습니다.

그의 등불이 내 머리에 비추면 그의 빛으로 어둠 속을 걷는다.

- 욥기 29:3, 잠언 20:27

여기 불이 켜졌습니다. 하지만 저는 그 상징성을 몰랐습니다. 여기 돼지가 있습니다.

그래서 하나님은 그날 밤 제가 군대에 있을 때처럼 직접적으로 말씀하시지 않고 군대와 상관이 없는 돼지를 통해 저에게 말씀하셨어요. 그것은 저를 위로해 주었습니다. 저는 9일 동안 누구에게도 아무것도 부탁하지 않았어요. 제가 제대했다는 걸 알았으니까요. 그러나 이것은 모두 상징입니다. 이 작은 돼지는 무엇입니까. 하루를 마감하는 마지막에 작은 돼지가 있습니다. 저는 그를 발견하고, 편안하게 만들어주었고, 꽃, 나뭇잎, 모든 종류의 물건을 주위에 놓았습니다. 그리고서 식물의 실내장식이 거대한 슈퍼마켓으로 바뀌었고, 여기에 있는 돼지는 지금은 키가 크고 덩치 있는 친구입니다. 상징의 언어가 없었다면 저는 길을 잃었을 것입니다. 왜냐하면 그 순간까지 그리스도를 돼지와 연관시킨 적이 없었기 때문입니다. 저는 항상 어린 양을 생각했습니다. 그 어린 양은 희생양, 유월절 어린 양입니다. 다른 것들에 대해 들어본 적은 있지만 한 번도 들어본 적이 없습니다. 물고기가 맞습니다. 아크로스틱으로 그리스도라는 단어를 영어로 바꾸면 물고기라는 단어가 나옵니다. 그래서 여기 상징의 언어로 전 세계 모든 나라에서 작은 돼지는 항상 구세주와 세상의 구속자를 상징하는 보편적인 언어입니다.

제가 처음 상상의 창의력을 발견했을 때 이 작은 돼지를 발견했습니다. 그래서 저는 어떤 상태를 상상하고 그 안에 빠져들었고, 시간이 지나자 그것이 사실이 되었습니다. 세상의 모든 것을 가져다가 제가 상상하는 것을 만들어냈습니다. 그래서 그를 찾았어요. 그러나 그리스도가 나 자신의 위대한 인간의 상상력이라는 것을 발견하는 순간과 그 순간 사이에 나는 돼지에게 먹이를 제대로 먹이는 것을 소홀히 했습니다. 저는 세상에서 육체가 아닌 정신적으로 사랑할 수 있는 많은 기회를 보았습니다. 어려운 사람을 돌보기 위해 은행에 가서 수표를 쓸 필요는 없습니다. 그는 그런 것을 요구하지 않았어요. 그는 그저 제 상상력을 발휘해 달라고 부탁했습니다. 저는 필요성을 알면서도 하지 않았기 때문에 돼지에게 제대로 먹이를 주지 못하고 있었습니다.

그는 정확히 어떻게 해야 하는지 알려줬습니다. 이제 내가 있으니 내 양들에게 먹이를 주어라. 이들은 모두 내 양들이니라. 나를 찾았느냐? "네, 알아요. 주님, 제가 주님을 찾았습니다." 내 양을 먹여라. "저는 당신의 양을 먹이고 있는걸요?"

"베드로야, 네가 나를 사랑하느냐?", "네, 주님.", "그럼, 내 양을 먹여라.", "주님, 제가 주님을 사랑합니다."

그는 세 번이나 주님을 사랑한다고 생각해서 돌아옵니다. 우리는 여전히 조건에 따라, 다른 외부 그리스도를 생각하고 있습니다. 저는 기독교 신앙으로 자랐기 때문에 역사의 페이지에 속하는 외부의 그리스도를 생각하지 않는 것이 세상에서 가장 어려웠습니다. 나는 그분을 저 자신의 위대한 인간의 상상력으로서 내 안에서 발견했지만, 내가 조건화되고 내가 자란 환경에서 자랐기 때문에, 자연스럽게 제 마음은 우리 자신의 위대한 인간의 상상력으로서 우리와 함께 걷는 살아 계신 그리스도가 아니라 역사적 그리스도로 되돌아갑니다.

그래서 그리스도를 발견하기 전과 그 후의 틈새에서 저는 많은 기회를 놓쳤습니다. 그래서 돼지는 키가 크고 울퉁불퉁했습니다. 그리스도는 살아계신 그리스도이시기 때문에 그는 괜찮게 살았지만, 충분히 살이 찌지 않았습니다. 충분히 잘 먹이지 못했습니다. 그 틈틈이 상상력을 마음껏 발휘했어야 했어요. 그럴 때마다 저는 그에게 먹이를 주었고, 그렇지 않을 때는 그를 소홀히 했습니다. 그는 배가 고팠지만 저는 아무것도 주지 않았습니다. 그는 쉼터가 필요했지만 저는 그에게 아무것도 주지 않았습니다. 그는 무언가, 위로가 필요했지만 저는 그에게 아무것도 주지 않았습니다. 하지만 매 순간이 그에게 먹이를 주고 사랑스럽고 멋진 살진 돼지로 만들 기회였습니다.

이제 저는 그리스도를 돼지로 상징한다는 말 자체가 사람들을 불쾌하게 한다는 것을 압니다. 하지만 전 세계적으로 돼지는 항상 세상의 구세주를 상징해 왔습니다. 오늘날 이 세상에는 돼지를 먹지 않는 수억 명의 사람들이 있습니다. 그들은 그리스도의 일부가 아니기 때문에 돼지를 만지지 않을 것이고 돼지고기를 만지지 않을 것입니다. 부정한 동물인 돼지를 만지지 않을 4억 명의 모하메드 족이 있습니다. 그들은 그리스도의 개념과 아무 관련이 없을 것입니다. 그리고 여기 세상의 구세주가 있는데 그들은 그것을 만지지 않을 것입니다.

하지만 그저 돼지 이야기가 아닙니다. 제 오랜 친구 압둘라는 에티오피아에서 태어났어요. 그는 히브리 신앙을 가진 흑인 인종으로 태어났어요. 그는 히브리 신앙의 일부가 아니기 때문에 다른 이유로 엄격한 채식주의자였습니다. 하지만 그는 평생 어떤 형태로든 돼지고기를 만져본 적이 없었습니다. 어느 날 밤, 그가 제게 말했듯, 하나님께서 그에게 말했고, 그가 대답했습니다.

"당신은 당신 앞에 놓인 음식을 먹지 않으면서 왜 당신 앞에 놓인 음식을 먹으라고 하십니까?"

그는 가르치고 있었습니다. 그는 어떤 장소에 가면 돼지고기를 먹지 않는다는 것을 알면서도, 특별한 육식을 준비하곤 했습니다. 그들은 엄격한 정통 유대인이자 채식주의자인 그가 먹을 것으로 생각되는 음식을 준비하기 위해 애를 썼습니다. 그는 40여 년 동안 엄격한 채식주의자였습니다. 환상을 본 후, 그는 연회에 초대받아 귀빈으로 초대받았습니다. 그날 밤 그들이 무엇을 대접했을까요? 그들은 그를 해치려고 한 것도 아니고 농담으로 한 것도 아니라 그저 세상에서 가장 놀라운 일이라고 생각했습니다. 그리고 그는 엄격한 채식주의자로 자랐고 평생 돼지고기를 먹어본 적이 없었죠.

그들이 멋진 식탁을 차리고 귀한 손님을 식당으로 안내했을 때, 입에 고구마를 물고 있는 사랑스러운 새끼 돼지가 예쁘게 구워져 있었습니다. 그는 돼지고기를 먹지 않던 식단을 끊었습니다. 그는 40여 년 동안 어떤 종류의 육류도 먹어본 적이 없었고 돼지고기는 더욱 먹어본 적이 없었습니다. 하나님의 환상이 시작된 후 이렇게 물었습니다.

"당신은 그들의 음식을 먹지 않을 것이라면 왜 그들이 당신의 음식을 먹기를 기대하십니까?"

그래서 그는 계시를 통해 이해한 이 원리를 가르치면서도 자신을 절제하고 있었습니다. 이제 여러분은 왜 구세주가 세상에 오셔서 대식가라고 불리고, 술꾼이라고 불리고, 술주정뱅이라고 불리고, 금기가 없는지 알 수 있습니다. 그는 사람이 자기 앞에 놓는 것은 무엇이든 먹습니다. 왜냐하면 사람이 주고 대접하는 것을 먹으면 그들이 그의 음식을 가져갈 것이기 때문입니다. 사도행전에서 베드로는 이렇게 말했습니다.

"나는 부정한 것의 고기를 먹을 수 없다"

그러자 환상이 나타나 하늘에서 한 장이 내려오고 그 위에는 온갖 음식이 있었고 그의 영혼 깊은 곳에서 음성이 말하셨습니다.

내가 깨끗하게 한 것은 내가 깨끗하게 한 것이니 죽여 먹으라. 나의 모든 거룩한 산에는 부정한 것이 없으니 먹어라. 너희가 모든 것을 먹으면 – 그 것은 모두 내 것이고, 나는 그것을 모두에게 주었다 – 그러면, 너희가 내 이 야기를 할 수 있을 것이다. 그리고 그들은 당신이 그들에게 줄 수 있는 음 식을 먹으면 그들이 당신에게 줄 수 있는 음식을 먹을 것입니다.

-대략, 사도행전 10:14

그렇게 이야기가 시작되었습니다.

제가 압둘라를 만났을 때 저는 7년 동안 엄격한 채식주의자였 습니다. 그가 처음 준비한 저녁 식사에 저를 초대했을 때, 저는 앉 지 않았어요. 만지지도 않았어요. 이것도 조금, 저것도 조금 곁들 여 먹었죠. 그는 호밀을 서너 잔 크게 마신 다음, 엄청난 양의 음식 을 여러 병의 포터로 마시며 씻어냈어요. 그리고 호밀과 포터를 다 마신 다음에는 아이스크림을 엄청나게 많이 먹었어요. 제가 "압둘 라, 배에 무슨 짓을 하는 겁니까?"라고 물었더니, "오, 못 먹겠네 요"라고 하더군요. 왜 그러냐고 물었더니 "당신에게는 불만이 있 습니다. 그건 독이 될 거예요. 독은 안 돼요, 압둘라." 압둘라에게 독이 되진 않았어요. 마지막으로 압둘라를 봤을 때 그는 백 살이 훨씬 넘었죠. 100년 전에 에티오피아에서 주운 옷을 내려놓기 위 해 에티오피아로 돌아갔다고 들었어요. 그래서 여기 그의 이야기 가 있습니다.

하나님은 꿈이라는 매개체, 환상이라는 매개체를 통해 우리에게 말합니다. 그는 하룻밤 사이에 그 환상을 반복해서 생생하게 보여줬고, 무엇이든 끝까지 가서 그것이 사실이라면 세상이 볼 수 있는 그대로 그 끝을 그려보라고 말했습니다. 성공한 사업가가 되고 싶나요? 정말 되고 싶나요? 위대한 예술가가 되고 싶나요? 정말 그렇게 되고 싶나요? 당신이 훌륭한 예술가라면 세상이 당신을 알아볼까요? 당신이 선택한 분야에서 큰 성공을 거두면 세상이 당신을 알 수 있을까요? 끝까지 가서 광활한 세상 전체가 그것을 보거나 그것이 사실이라면 볼 수 있는 세상 일부를 보도록 하십시오. 떨지 말고 끝까지 가세요. 끝까지 머물러서 끝을 보세요. 그런 다음 그 끝을 볼 때 사실로서 전율을 느껴보세요. 할아버지처럼 그림을 그리세요. 눈을 떴을 때, 당신은 다시 이곳으로 돌아왔고, 부지는 여전히 비어 있을 것입니다. 잊어버려요. 당신은 끝을 보았고, 끝은 우리가 시작하는 곳입니다.

"나의 끝은 나의 시작이다."

그래서 저는 끝으로 가서 끝에서 시작합니다. 그런 다음 내가 알지 못하고 의식적으로 고안할 필요도 없는 방식으로 사건의 다리를 건너, 지금 내가 있는 곳에서 내가 상상하고 내 세계에서 현실로 만든 그 끝의 성취로 이어지는 일련의 사건으로 이동합니다. 이것이 바로 꿈의 이야기입니다.

그래서 모든 것이 꿈에서 시작됩니다. 창세기의 두 번째 장에 나와 있습니다.

하나님이 인간에게 깊은 잠을 주셨고, 인간은 잠에 들었습니다.
— 창세기 21장

성경 맨 마지막을 제외하고는, 성경 전체에 이 문구는 없습니다.

그분이 잠든 자의 첫 열매다.
– 요한계시록 1:5

성경 전체에 걸쳐 이렇게 얘기합니다.

주여, 깨어나소서, 주여, 죽은 자 가운데서 일어나소서. 주여, 어찌하여 주께서 잠들었습니까? 깨어나소서.
– 시편 44:23

하나님은 사람이 꿈을 꾸는 동안 잠들어 계시지만, 그 잠이 너무 깊어서 죽음에 비유됩니다. 그리고 사랑스럽지 않은 모든 것을 꿈꾸며, 사랑스러운 것을 꿈꾸는 것과 같은 방식을 사용합니다. 그러나 가장 지혜로운 사람은 하나님이 다윗에게 하신 약속을 듣고 기억했습니다. 그리고 그가 하나님 앞에 나아갔을 때 하나님께서 말씀하십니다.

"내게 무엇을 구하라"

그는 사람이 구할 수 있는 것—즉 장수와 재물, 원수의 생명—을 구하지 않았습니다.

"주 하나님, 내 아버지 다윗에게 하신 당신의 약속을 이제 이루어 주소서."

하나님 앞에서 그렇게 분명하게 기도할 수 있다고 상상되나요? 그게 바로 그 정신입니다.

그렇다면 세상은 여러분에게 어떻게 보일까요? 글쎄요, 세상은 저에게 같은 세상이지만 저는 저 자신과 같지 않기 때문에 잊어버리십시오. 지금 당장 그 일이 일어나지 않더라도, 적어도 꿈을 품은 것만으로도 당신은 꿈을 이룬 것입니다. 당신은 그것을 받아들였으니까요. 세상 그 어떤 것보다 더 간절히 원할 정도로 그 꿈을 들었으니까요. 그래서 여러분은 꿈을 품은 것입니다. 모든 비전에는 정해진 때가 있고, 모두 익어가고 있고, 모두 꽃을 피우기 때문에 이 꿈은 익어가고 꽃을 피울 것입니다. 그리고 여러분이 가장 기대하지 않을 때 여러분의 위로부터 태어나고 다윗이 여러분 앞에 서 있고 성전이 둘로 갈라지고 당신은 결코 전과 같지 않을 것입니다. 천국에 들어가는 것입니다.

오늘날에도 수많은 재산을 가지고 있지만 더 많은 것을 원하는 사람들이 있으며, 그들의 요청이 있다면 비난하지 말고 그대로 두세요. 그것이 그들의 안전입니다. 그러나 여러분의 안전은 하나님과 그분의 진리 안에 있습니다. 여러분은 진리를 알게 될 것이며 오직 진리만이 여러분을 자유롭게 할 수 있습니다. 여러분은 이 세상에서 소유한 어떤 것 때문에 자유로워지는 것이 아니라 오직 하나님과 그분의 진리에 대해 아는 것 때문에 자유로워집니다. 그래서 그분은 저에게 말씀하시고 여러분에게 말씀하십니다. 모든 꿈은 꿈꾸는 사람 안에 있는 하나님의 소통이며, 꿈꾸는 사람은 곧 하나님입니다. 꿈을 꾸는 사람은 상상하고 상상하는 것이 곧 행동하는 하나님이기 때문입니다. 모든 꿈과 모든 환상의 유일한 근원은 바로 신이며, 신은 바로 여러분 자신의 위대한 인간의 상상력입니다.

그래서 이 모든 멋진 연극이 펼쳐졌고 아무도 바꿀 수 없습니다. 내일이나 미래에 어떤 머리기사가 나오더라도 동요하지 마십시오. 하나님은 여전히 전체 연극을 통제하고 계십니다. 모든 것은 그분이 정하신 대로 이루어질 것입니다. 그의 유일한 목적은 다윗이 죽은 후 하나님의 자녀를 데리고 나오는 것뿐이며, 그가 데리고 나올 사람은 바로 당신입니다. 그는 인류라는 거대한 구조의 일부인 여러분을 구덩이에서 건져냅니다. 그리고 그 광활한 인류의 세계를 한 젊은이에게 요약해 주시는데, 그의 이름은 다윗입니다. 그래서 그는 당신을 아버지라고 부릅니다. 지금 이 세상에서 싸우고 있는 모든 사람, 이 모든 인종 갈등, 세상의 모든 사람이 다윗의 아버지가 될 운명이라고 상상해 보십시오. 그는 한 아버지와 한 자녀가 있기에 우리는 모두 하나입니다.

세상에서 가장 영광스러운 연극입니다. 하나님은 모든 배역을 연기하고 계십니다. 지금 이 땅을 걷고 있는 모든 존재는 언젠가 내가 그분과 같은 존재가 아니라, 그분이라는 것을 알게 될 날이 올 것입니다. 그리고 여러분도 같은 것을 알고 있습니다. 수십억 명의 우리가 함께 보면 모두가 한 자녀만 보게 될 것이고, 모두가 "나의 자녀"라는 것을 알게 될 것입니다. 세상에서 가장 친밀한 관계인 내 자녀가 하나님의 자녀이니, 저는 제가 누구인지 알 수 있습니다. 내 자녀가 하나님의 자녀라면 이 세상 누구에게도 "나는 누구인가?"라고 물을 필요가 없습니다. 예수님은 질문하십니다.

"사람들이 인자를 누구라 하느냐? 제자들은 "어떤 사람은 당신이 다시 오신 세례 요한이라고 하고, 어떤 사람은 엘리야라고 하고, 어떤 사람은 예레미야라고 하고, 어떤 사람은 옛 선지자 중 한 사람이라고 합니다."라고 대답했습니다. "그러나 너희는 나를 누구라 하느냐?" "주는 그리스도십니다. 살아있는 하나님의 아들이시나이다." "혈육으로는 이것을 너희에게 말할 수 없었지만 하늘에 계신 내 아버지께서 너희에게 계시하셨느니라."(마태복음 16:13)

세상 그 누구도 말할 수 없습니다. 자녀가 당신을 아버지라고 부르기 때문에 자녀가 당신에게 말해야 합니다.

"너희는 그리스도를 어떻게 생각하느냐? 그는 누구의 아들이냐?" "다윗의 아들입니다." "그렇다면 다윗은 왜 그를 아버지라 부르느냐."

그래서, 여러분은 그리스도에 대해 어떻게 생각하십니까? 이렇게 질문하면 온갖 종류의 대답이 나옵니다. 그러나 예수님은 이러한 질문에 대답하지 않으셨습니다.

"그러나 너희는 나를 누구라 하느냐?" "주는 그리스도시오. 살아있는 하나님의 아들이시나이다."

그리고 그는 그리스도가 다윗의 아버지라는 것을 알게 됩니다. 그리스도께서 모든 사람에게 이렇게 말씀하십니다.

"너희가 나를 보면 아버지를 보는 것이니 아버지를 보라고 하지 말라. 나를 보면 아버지를 보는 것이니라"

누구의 아버지입니까? 유일한 아버지입니다. 아들, 다윗은 한 분뿐입니다. 이것이 바로 몽상가의 이야기입니다.

오늘 밤 여러분은 감옥에 갇힌 상태에서 벗어나기 위해 제가 했던 것처럼 의도적으로 꿈을 꿀 수 있습니다. 저는 9일이나 걸렸어요. 처음 의도적으로 꿈을 꾸고 나서 아무것도 하지 않았어요. 그게 바로 제가 한 일이에요. 땀에 흠뻑 젖은 군복 차림으로 나만의 멋진 침실에서 생활하는 상상을 했는데, 군대 막사와는 전혀 다른 냄새가 났어요. 그래서 냄새의 변화에 따라 향기의 변화를 느끼며 제가 그곳에 있었다면 볼 수 있는, 그리고 볼 수밖에 없는 것들을 보았습니다. 막사에 있었다면 볼 수 있는 것은 아무것도 보이지 않았고, 집에 있었다면 볼 수 있는 모든 것이 보였습니다. 실제 거리는 2,000마일을 넘어 1,500마일이나 떨어져 있었습니다. 그리고 그곳에서 저는 이 모든 것을 만끽했습니다. 그리고 뉴욕 아파트의 상상 속 침대에 누워 잠을 잤어요. 그러다 이런 일이 일어났죠. 그건 의도적으로 꾸는 꿈이었고 통제된 각성 꿈이었어요. 그리고 9일 후, 저는 그 상태를 실현하기 위해 가는 중이었어요. 당시에는 더 중요한 차량에 우선권을 양보하기 위해 모든 차량이 길을 통제하고 있었기 때문에, 여행하는 데 3일이 걸렸어요. 3주가 지나고 나서야 출발할 수 있었죠. 그게 중요한 겁니다. 그곳에서 저는 신이 저에게 가르쳐 주셨고, 제가 여러분에게 가르치고 있는 간단한 방법으로 다시 한번 민간인으로 명예롭게 제대했습니다.

그리고 이제 다시 한번 돼지를 보여주었을 때, 그건 두 번의 꿈이었어요. 바로의 꿈에는 살진 소 일곱 마리가 나타나고, 살진 소가 살진 수 일곱 마리를 잡아먹고, 옥수수 이삭 일곱 개, 끔찍한 이삭 일곱 개가 나타나고, 끔찍한 이삭이 살찐 이삭 일곱 개를 잡아먹는 꿈이 있었습니다. 제 경우에는 작은 돼지가 꿈에서 반복되었습니다. 그리고 같은 꿈에서 똑같은 돼지가 자라도 마른 돼지가 되어서는 안 됩니다. 그것이 하나님께서 그리스도의 계시와 내가 그리스도를 소홀히 하는 사이에 제가 무엇을 했는지 보여주신 방법입니다. 그러니 그분을 소홀히 하지 마십시오. 매 순간이 그분을 먹일 수 있는 기회이며, 여러분이 다른 사람을 위해 사랑스럽게 상상력을 사용할 때마다 항상 그리스도를 먹이고 있는 것입니다.

이제 가서 그분을 먹이세요.

최고의 이상

아이디어를 심는 두 가지 차원

실제로 이 주제는 인간이 처한 수준이 상대적이기 때문에 잘못되었습니다. 오늘 나에게 최고의 이상은 내일 내가 그것을 얻은 후에도 나의 이상이 아닐 수 있기 때문입니다. 하지만 이상이 있다면 실현할 수 있고, 사람은 누구나 이상을 가져야 합니다. 이상은 실현할 수 있는 공식이 있습니다. 생각을 심으면 행동을 거두고, 행동을 심으면 습관을 거두고, 습관을 심으면 성격을 거두고, 성격을 심으면 운명을 거두고, 운명을 심으면 생각을 거두고, 생각을 심으면 행동을 거두고, 행동을 심으면 습관을 거두고, 습관을 심으면 성격을 거두고, 성격을 심으면 운명을 거두고. 결국 모든 것은 당신이 심는 생각으로 돌아갑니다.

여기서 두 가지 이야기가 떠오릅니다. 사실 여러분도 두 가지 이야기를 잘 알고 계시리라 생각합니다. 여기 한 북미 인디언이 아이디어를 가지고 전파하기도 했습니다. 아이디어를 '심는' 방법은 나중에 보여드리겠습니다. 그는 영웅이 되고 싶었고, 영웅으로 죽고 싶었고, 영웅의 장례식을 치르고 싶었습니다. 요약하자면 그는 군에 입대하여 한국으로 가서 전투 중 전사했고 시신은 이 나라로 운구되었습니다. 어류되는 순간 "그가 백인이냐?"라는 질문이 나왔고, 그가 백인이 아니라는 것으로 밝혀지자, 목사는 이 작은 교회를 운영하는 방법대로 법을 집행했고, 그는 "미안하지만 여기서는 허용할 수 없다"고 말했습니다. 그러자 당시 재임 중이던 트루먼 대통령이 그의 부인에게 알링턴에 있는 땅을 제공했습니다. 전 국민이 이 사실을 알게 되었습니다. TV, 라디오, 신문, 모든 잡지에서 이 소식을 전했고 당시 커다란 이슈가 되었습니다. 그래서 그의 운명은 영웅이 되고, 영웅으로 죽고, 영웅으로 묻히는 것이었습니다. 이 모든 것은 그가 자의든 타의든 그 생각을 심은 아이디어에서 시작되었습니다. 그런 다음 그는 그 안에 살았고, 습관이 되었고, 그의 성격이 되었기 때문에 단지 그 자체로 성취되었습니다. 그는 행동으로 죽기를 원한 것입니다.

그렇다면 여기서 우리는 어떤 생각을 가져올 수도 있고, 고귀한 생각을 가져올 수도 있지만 어떻게 생각을 심을 수 있을까요? 우선, 사람이 행동으로 옮기지 않는 생각은 창의적이지 않습니다. 떠올리는 것은 그 자체로는 아무것도 하지 않고 아무 영향도 미치지 않습니다. 그렇다면 어떻게 하면 생각에서 행동으로, 습관으로, 성격으로, 운명으로 나아갈 수 있도록 생각을 심고 그 생각이 실제로 효과를 발휘하도록 만들 수 있을까요? 자, 성경은 이를 가르치고 있으며, 히브리서 4장에서 볼 수 있습니다.

저희와 같이 우리도 복음 전함을 받은 자이나 그러나 그 들은바 말씀이 저희에게 유익하지 못한 것은 듣는 자가 믿음을 화합지 아니함이라.
—히브리서 4:2

말씀은 듣는 사람들의 믿음에 부합하지 않았습니다. 같은 책 11 장을 보십시오.

"믿음으로 세상이 하나님의 세계로 말미암아 창조되었다는 것을 우리가 이해한다. 믿음으로 보이는 것은 나타난 것으로 말미암아 된 것이 아니니라."
— 히브리서 11:3

말씀이 세상을 창조했지만, 믿음과 섞이지 않으면 아무것도 창조할 수 없습니다. 믿음과 섞여야만 했습니다. 그러니 오늘 밤 어떤 아이디어를 떠올릴 때, 내가 생각할 수 있는 한, 이 고귀한 개념을 말하려면 믿음과 섞어야 합니다. 그렇게 자신을 설득할 수 있을까요? 글쎄요, 저는 제 개인적인 경험을 통해 제가 느낄 때 그렇게 해야 한다는 것을 발견했습니다. 저는 어떤 식으로든 느낌을 통해 스스로를 설득하기 때문에 "소원이 이루어졌다고 가정한다"라는 문구를 떠올렸습니다. 저는 항상 끝에서부터 시작하므로 끝이 시작점입니다. 그래서 저는 아이디어를 떠올릴 때 제 머릿속에서 그 아이디어가 실현되었다고 생각합니다. 저는 끝, 즉 성취된 상태를 점유하고 거기서 세상을 바라보고 그 세상이 사실이라면 내가 볼 수 있는 것처럼 정신적으로 세상을 봅니다.

따라서 나는 끝에서부터 시작하고, 끝은 내가 시작하는 곳입니다. 나의 끝은 나의 시작입니다. 그러다 보면 거의 습관처럼 생각하게 되죠. 다음 날은 더 쉬워 보이고, 그다음 날은 거의 제 성격이 되어가고, 마침내 제가 고안해낼 수 없었던 방식으로 그것을 성취하는 자신을 발견합니다. 어떻게 그런 일이 일어났는지 모르겠을 정도로 신비합니다. 단순히 제가 그 일이 이루어질 수 있는 수단을 고안해낼 수 있는 상태에 놓일 수 없었던 것 같습니다. 돌이켜보면 어차피 일어났을 일인 것 같았습니다. 하지만 그런 일은 꼭 일어나야 하는 일은 아니었습니다. 그래서 저는 제가 원하는 것을 정확히 알고, 끝을 점유하고, 끝에서부터 세상을 바라보고, 그것이 그대로 피어나는 것을 보고, 그것이 성취되는 것을 봅니다. 그러면 그것이 습관이 되고, 결국 그것이 제 운명입니다. 그래서 이 단계에서는 누구나 자유로워질 수 있습니다.

또 다른 차원이 있습니다. 그것은 하나님의 차원이며, 그것은 하나님의 관심사입니다. 그는 이 수준에서 우리에게 이 방법을 제공합니다. 그가 우리의 운명을 해결하는 동안 우리는 그가 하는 것

네빌 고다드의 삶과 가르침

과 동일한 방식으로 세상의 모든 압박을 수정하고, 장애물을 수정하고, 고통을 수정할 수 있습니다. 이것이 그가 하는 방식이기 때문에 동일한 다섯 가지 용어가 있습니다. 그러나 그가 하는 방식은 바뀌었습니다. 로마서 8장과 거기서 사용된 용어들입니다.

> 미리 아신 자 곧 그 아들의 형상을 본받게 하기 위하여 미리 아신 자들도 또한 그 아들의 형상을 본받게 하기 위하여 미리 아셨느니라. 또한 미리 아신 그들을 또한 부르시고 또한 부르신 그들을 또한 의롭다 하셨으며 의롭다 하신 그들을 또한 영화롭게 하셨느니라.
>
> - 로마서 8:29

따라서 예지부터 시작하여 영광으로 끝나는 다섯 단계가 여전히 존재합니다.

그렇다면 영광이란 무엇입니까? 요한복음에 계시되어 있습니다.

> 아버지여, 아버지께서 내게 주신 일을 내가 다 이루었사오니 이제 아버지 자신으로 나를 영화롭게 하옵소서.
>
> - 요한복음 17:5

그는 하나님께 자신을 달라고 간구하고 있습니다. 그것이 이야기입니다. 결국은 이 세상의 모든 존재에게 주어질 하나님의 선물이며, 당신과 나는 그것을 수정할 수 없고, 당신과 나는 그것을 바꿀 수 없기 때문에 인간에게 주어질 것입니다. 우리는 그분의 계획의 틀 안에서 순교자로 죽거나 위대한 영웅으로 죽거나 인류 역사에 남는 등 모든 종류의 일을 할 수 있습니다.

여기서 일어나는 모든 일은 연기처럼 사라지고 옷처럼 닳아 없어질 것이지만, 나의 구원은 영원하고 나의 구원은 절대 끝나지 않을 것이다.
– 이사야 51:6

그래서 그의 정해짐은 전체적입니다. 그의 목적 안에서 말했듯이요.

내가 정해진 대로 그렇게 될 것이다. 내가 정한 대로 반드시 이루어지리라.
– 이사야 14:24

아무도 그것을 바꿀 수 없으니 구원을 확신하십시오. 이 세상 그 누구도 이 일과 아무 관련이 없으니 여러분을 겁줄 수 없습니다. 그것은 모두 하나님의 이치입니다. 하나님이 실제로 인간이 되신 것은 인간이 하나님이 되게 하기 위해서입니다.

순환의 수레바퀴

이제 밤의 그림, 즉 밤이 펼쳐지는 '정해짐'에 대해 이야기해 보겠습니다. 매우 흥미로운 정해짐입니다. 저는 이 정해짐에 대해 제 경험을 바탕으로 말씀드리고자 합니다. 하지만 이 사건에 대한 특정 해석이 대중의 머릿속에 고정되면 그 의미를 바꾸기가 매우 어렵습니다. 그래서 우리는 그 정해짐을 읽습니다. 그 정해짐은 성경에 있고, 복음서에 기록되어 있습니다. 하나님이 실제로 그 역할을 하셨고, 그것은 복음서의 말씀이기도 합니다. 비유가 실행되었을 때만 인간은 성경을 여는 열쇠를 볼 수 있었습니다. 성경은 진리가 실행되기 전까지는 닫힌 책입니다. 그런 다음 우리는 성경으로 돌아가서 이해할 수 있었습니다. 전에는 이해하지 못했습니다. 그리고 성경의 진리가 우리에게 준 열쇠를 본 후에 우리는 그것을 적용할 수 있었습니다. 우리는 그것을 열 수 없고 그저 기다리기만 하면 그 일이 우리 안에서 펼쳐집니다. 이제 우리는 세상, 온 광활한 세상을 향해 "다음 증인을 데려오라"라는 부름을 받았습니다. 하나님은 신성한 원, 신성한 평의회에서 자신의 자리를 차지하셨고 그곳에서 심판에 서 계시기 때문입니다. 하나님은 누구도 가혹하게 심판하지 않으시고 보복으로 심판하지도 않으십니다. 그는 단지 자기 말씀의 진실에 대한 증인을 요구하실 뿐입니다.

"다음 증인을 데려오라" 그리고 "하나님은 신성한 공의회에서 자신의 자리를 차지하셨고, 신들 가운데서 심판을 내리십니다."

— 시편 82:1, 6

따라서 여러분은 이런 경험을 하며 신성한 평의회에 참가하게 됩니다. 그리고 그것은 이런 식으로 시작됩니다. 저는 당신처럼 미리 예정되어 있습니다. 그분이 예견하신 사람들, 모두는 위대한 사상가의 마음속 뇌세포처럼 그분 안에 갇혀 있습니다. 그런 다음 그는 하나씩 하나씩 꺼내십니다. 우리는 너무 귀중하므로 쌍으로, 묶음으로 꺼내지 않습니다.

"이스라엘 백성아, 내가 너희를 하나씩 모으리라."

모두가 짝을 지어 노래를 부르기에는 한 명 한 명이 다채롭습니다. 그러나 모두가 부름을 받을 것입니다. 어떤 목적으로 부름을 받을까요? 성경의 진리를 증명하기 위함입니다.

따라서 부름을 받으면 첫 번째 신앙 고백 외에 다른 말을 할 필요가 없습니다. 왜냐하면 여러분은 하나님의 존재 안에 있고, 그 존재를 고백하기 때문입니다. 세상에서 가장 위대한 것은 무엇인가요? 그것은 하나님이어야 합니다. 하지만 당신은 '하나님'이라는 단어를 사용하지 않습니다. 그렇다면 세상에서 가장 위대한 것은 무엇일까요? 성경을 보면 자연스럽게 떠오를 것입니다.

믿음, 소망, 사랑, 이 중 가장 큰 것은 사랑입니다.

- 고린도전서 13:13

그 순간 당신은 하나님의 몸에 통합되어 영원히 그곳에 있게 되며, 그때부터 당신의 몸입니다. 하나님께서는 당신을 품으시고, 당신은 융합하여 하나의 존재가 되므로, 여러분은 하나님과 하나가 됩니다. 그 순간 당신은 부름을 받는다는 것은 보냄을 받는 것과 같지만, 당신은 당신이 통합된 존재와 분리되지 않습니다. 하나님은 영이시고 하나님은 아버지이시기 때문에 말로써 노력은 하겠지만 여러분에게 보여줄 수는 없습니다. 그래서 여러분은 세상에 보내졌을 때 진리를 증명하도록 보내졌습니다. 예수님은 이렇게 말씀하셨습니다. "주의 말씀은 진리이니이다."

이제 이 단에서 한 번도 다루지 않았던 구절로 돌아가 보겠습니다. 누가복음에 나오는 구절인데, 이 구절을 읽으면 한 늙은 노인의 이야기라고 생각하실 겁니다. 그의 이름은 시므온입니다. 부름 받은 자, 시므온에게 이렇게 말합니다.

주님의 그리스도를 보기 전에는 죽음을 보지 못하리라.

— 누가복음 2:26

그러자 그는 성령의 감동을 받아, 성령에 의해 성전으로 들어갔습니다.

여러분은 살아 계신 하나님의 성전이며 하나님의 영이 여러분 안에 거하십니다.

—고린도전서 3:16

따라서 당신은 사람이 손으로 만든 성전에 들어가는 것이 아니라 여러분 자신의 성전으로 들어가는 것입니다. 그래서 성령의 감동을 받아 성전으로 이끌려 갔습니다. 여기서 시므온이라는 단어는 "똑똑하게 듣다, 이해력 있게 듣다"라는 뜻입니다. 무엇을 이해하여 들었나요? 느헤미야서 8장 8절로 돌아가 보겠습니다.

"그래서 그들은 성전에 들어와서 하나님의 율법을 하나님의 책에서 읽었고, 듣는 사람들이 읽는 내용을 이해할 수 있도록 명확하게 읽었습니다."

그들은 이해하면서 읽었습니다. 그래서 시므온이란 단어는 "이해력 있게 듣는 사람"을 의미합니다. 그리고 그는 하나님의 말씀과 주님의 그리스도를 보기 전에는 죽음을 보지 않겠다는 하나님의 약속을 들었습니다. 그래서 그는 성전에 들어와서, 여기 아기를 보고는, 아기를 손에 잡고 들어 올려 "이 아이가 표적이 될 것이다"라고 선언합니다. 그는 말합니다.

"그것은 반대하는 표징이 될 것입니다. 이스라엘의 많은 사람이 쓰러지고 일어날 것입니다. 주여, 이제 주의 종이 평안히 떠나가게 하소서…. 내 눈이 주님의 구원을 보았나이다."
– 누가복음 2:27,33

이 구절을 읽을 때 나 자신에 관한 글을 읽고 있다는 생각은 전혀 들지 않습니다.

오래전 어딘가에서 당신은 당신에 대한 하나님의 약속을 들었습니다. 성경에서 읽었거나 직접 들었거나 어떤 식으로든 그 약속을 들었을 것입니다. 이 모든 것이 당신에게 이루어졌습니다. 그리고 당신은 그것을 믿었습니다. 그것은 당신에 대한 믿음과 섞여 있었습니다. 그러나 당신은 본 것이 아니라 들었을 뿐입니다. "내가 귀로 주님에 대해 들었습니다."라고 말한 다음에는 눈이 멀어서 아직 보지 못했습니다. 그래서 시므온은 죽기 전 마지막 순간까지 보지 못했습니다. 이 몸의 죽음을 의미한다고 생각하십니까? 아니요, 그는 이제 윤회의 수레바퀴로 돌아가게 될 것입니다. 그는 마지막에 이르렀고 바울처럼 빨리 떠나기를 원합니다.

내가 떠날 때가 왔습니다. 나는 경주를 마치고, 선한 싸움으로
하며, 믿음을 지켰습니다. 그리고 이제 후로는 나를 위하여 의의
면류관이 마련되었으므로.

— 디모데후서 4:6

의는 믿음입니다. 시므온은 경건하고 의로운 사람으로 불렸습니
다. 아브라함에 대해 아브라함은 의로운 사람이라고 말했고, 그의
의는 믿음으로 설명되었습니다. 따라서 아이디어를 심으려면 믿음
과 혼합해야 합니다.

저는 당신의 패턴이 어떨지 알고 있습니다. 어떤 사람들은 그것
을 거부하고 어떤 사람들은 그것을 받아들일 것입니다. 그러나 거
부하는 사람들조차도 궁극적으로는 받아들이게 되어 있습니다. 왜
냐하면 시간이 지남에 따라 그것을 받아들일 준비가 될 것이고, 모
든 사람이 그것을 받아들여야만 성취할 수 있기 때문입니다. 여러
분이 먼저 그분의 약속을 받아들이기 전까지는 여러분에게 자신을
주시는 하나님의 목적을 이룰 수 없습니다. 그분의 약속은 인간에
대한 것이지만 인간은 그 약속이 구원의 말씀이 되려면 믿음과 혼
합되어야 합니다. 그래서 언제 어떻게 될지는 모르지만 그렇게 될
것입니다. 어쩌면 여기 있는 모든 사람이 이미 받아들였을 수도 있
습니다. 제가 육신의 눈으로 여러분을 볼 수 있는 방법은 없습니
다. 다만 신의 때가 되면 눈 깜짝할 사이에 일어난다는 것만 알 뿐
입니다. 누군가가 완전한 자유와 죽음으로 이어지는 일련의 사건

들을 겪으며 순환의 수레바퀴에 갇히게 될지도 모릅니다. 왜 우리가 윤회의 수레바퀴에 죽어야 할까요?

피조물이 허무와 무익에 종노릇하게 된 것은 자의가 아니라 피조물이 썩어가는 이 속박에서 해방되어 하나님의 아들들의 영광스러운 자유를 얻기를 바라면서 그를 복종시킨 자의 뜻으로 인한 것입니다.
– 로마서 8:20

하나님의 자녀로서 자유를 얻기 전에는 아무도 자유롭지 않습니다. 정말로요.
그렇다면 이것과 그것의 차이점은 무엇일까요? 저는 영에 사로잡히거나 영이 저를 사로잡은 순간, 갑자기 이 세상, 지금 제가 보고 있는 세상을 바라보면서 이 세상이 알지 못하는 힘을 그 순간 맛본 적이 있습니다. 우리가 저세상으로 부활할 때, 모든 것이 우리의 상상력에 따라 달라집니다. 나는 이 세상을 바라보았고 세상을 멈췄습니다. 모든 것이 마치 진흙으로 만들어진 것처럼 얼어붙었다가 내가 시작하자 움직이기 시작했습니다. 내가 멈추자 멈췄습니다. 그때 저는 이 세상의 어떤 것도 제 인식과 무관한 것이 없다는 것을 깨달았습니다. 모든 것이 죽어 있었습니다. 부활로 인간이 그 세상에 들어가는 저세상, 다가올 세상의 힘을 맛보기 전까지는 믿지 않았습니다. 그러면 이 성경 구절도 이해할 수 있습니다.

아버지께서 자기 안에 생명을 가지신 것처럼 자녀도 자기 안에
생명을 가지도록 허락하셨다.

　－ 요한복음 5:26

　그것이 생명입니다. 그리고 저는 생명의 기원이 제 상상력이라
는 것을 발견했습니다. 생명은 상상력의 활동에 지나지 않습니다.
제가 그 활동을 멈추면 사람들은 움직일 수 없었고, 그 활동을 풀
어주고 기능을 허용하면 사람들은 움직일 수 있었기 때문입니다.
새가 날고 있는데 내가 멈추면 새는 날지 못하고 떨어지고, 내가
놓아주면 새는 계속 날아갑니다. 저는 과학자는 아니지만 그 경험
에서 돌아왔을 때 세상의 모든 현자와 마찬가지로 우리가 중력이
라고 부르는 것은 상대적일 뿐이라는 것을 알았습니다. 그것은 이
구체에만 존재하며 거대한 착각일 뿐입니다.

　이제 설명하기 어려운 구절이 나옵니다. 바울이 고린도 교인들
에게 보낸 편지에서 발췌한 구절입니다. 신약성경의 첫 번째 책인
갈라디아서는 바울이 갈라디아 교인들에게 보낸 편지이며, 이 편
지에서 그는 이렇게 말합니다.

　나의 어린 자녀들아, 너희 안에 그리스도가 형성될 때까지 내가
다시 함께 수고하노라.

　－ 갈라디아서 4:19

나의 어린 자녀들아, 너희 안에 그리스도가 형성될 때까지 내가 다시 너희와 함께 고난을 받으리라. "그리스도 안에서"는 "그리스도 안에서 형성되는 것"입니다. "그리스도 안에" 있다는 것은 그리스도로 형성된다는 것입니다. 예수님은 그렇게 하셨나요? 그는 말씀하셨습니다.

"어린 아이들아, 너희 안에 그리스도가 형성될 때까지 나는 다시 고난을 받고 있다."

이제 고린도전서 4장에 나오는 이 구절을 들어보세요.

"너희에게는 많은 가정 교사가 있습니다."

그리스도 안에는 수많은 가정 교사가 있지만 아버지는 한 분뿐입니다. 나는 복음을 통해 그리스도 예수 안에서 여러분의 아버지가 되었습니다. 그러므로 나는 여러분에게 나를 본받는 자가 되기를 권합니다.

– 고린도전서 4:15

세상에서 가장 오만하고 거만한 말씀이 아닐 수 없습니다.

"나를 본받는 자가 되어라!"

한 남자가 여러분에게 말하고 있습니다. 그의 이름은 바울이며, 바울은 당신에게 그리스도 안에서 수많은 교사, 그리스도에 대한 개념에 대해 여러분을 인도하는 사람들이지만, 당신에게는 아버지가 한 명뿐이며, 그가 당신의 아버지라고 말하고 있습니다. 이는 한 남자의 대담함과 오만의 절정임과 동시에 진실한 주장입니다. 하지만 제가 읽은 바울서신 어디에도 그런 내용이 없으니 뭔가 빠진 게 틀림없습니다. 그가 여러분에게 말하거나 대담하게 말하는 것은 그가 떠날 때가 왔다는 것입니다. 그는 이 순환의 바퀴를 떠나 이제 그리스도 예수와 하나가 된 존재가 될 것입니다. 작은 그리스도 예수는 많지 않고 그리스도 예수는 오직 한 분뿐이기 때문입니다. 따라서 그의 몸에 통합된 모든 사람은 그리스도 예수이며, 그는 우주의 창조자이므로 이 움직이는 바퀴에서 자신을 끌어내고 있습니다.

하나님이 내 안에서 그의 자녀를 드러내기를 기뻐하셨을 때… 나는 혈육을 나누지 않았습니다.
– 갈라디아서 1: 16

내가 경험한 것을 설명하기 위해 누구에게 의지할까요? 사람들이 알지 못하는 사이에 제가 그들을 멈추게 하고 움직일 수 없게 하고 죽게 했다고 누군가에게 그 경험을 말할 수 있습니까? 그리고 나는 내 안에서 그들이 아닌 나를 풀어주었습니다. 예를 들어, 나는 날아가는 새를 멈췄는데 움직이지도 않고 떨어지지도 않았습니다. 그리고 상상 속에서 움직임을 풀어주었더니 제가 의도했던 대로 움직였습니다. 저는 새를 영원히 붙잡고 있을 수도 있었습니다. 이 세상의 어떤 과학자가 그 힘을 설명할 수 있겠습니까? 당장

네빌 고다드의 삶과 가르침

하나님께서 당신을 순환의 수레바퀴에서 끌어내어 그분의 몸, 곧 그리스도 예수 안에 편입시키실 때 당신의 힘이 바로 그 힘입니다. 그리고 당신은 그리스도 예수로서 이 바퀴를 돌릴 것입니다. 그러므로 당신은 내가 당신의 아버지가 되었다고 말합니다. 나는 당신을 꺼내서 태어나고 있으며, 내가 당신을 꺼내면 당신과 나는 하나입니다. 내가 '너희를 데리고 나올' 것이라고 바울은 말했습니다. 그러나 자녀가 나올 때, 그 영광스러운 자유를 가져올 때, 자녀는 아버지와 하나입니다.

"아버지께서 자기 안에 생명을 가지셨으므로, 자녀도 자기 안에 생명을 가지게 하셨으니."

특이한 구절인데, 학자들의 해석을 읽다 보면 그냥 미소만 짓게 됩니다. 교사가 누군가를 가르치고 자신의 사고방식으로 개종시키면 그는 그들의 아버지가 되었다는 것이 그들의 최선입니다. 어떤 사람이 누군가를 자신의 사고방식으로 바꿀 수 있고 당신이 그의 사고방식을 받아들인다면, 그는 당신의 사고의 아버지가 된 것입니다. 그것과는 아무 상관이 없습니다. 당신은 완전히 다른 세계와 하나가 되고, 모든 것이 당신의 상상력에 따라 달라지기 때문에 자유롭고 영원히 자유로워질 것입니다. 그리고 당신은 바퀴를 돌릴 것입니다. 제가 말하는 바퀴는 순환의 바퀴입니다. 당신은 자녀를 낳기 위해 당신의 정해짐 내에서 모든 자유를 허용할 것입니다. 당신은 아버지이기 때문에 자녀를 낳고 있습니다. 그는 이렇게 말씀하셨습니다.

"나는 복음을 통해 그리스도 예수 안에서 너희의 아버지가 되었다."

그리고는 담대하게 주장합니다.

"나는 너희에게 권하노니 나를 본받는 자가 되라."

그 말씀은 에베소 교인들에게 보낸 다음 편지에 나오는데, 그는 오직 하나님이라고 부릅니다. 그는 자신이 누구인지 말하고 있습니다. 그는 말씀하셨습니다.

"너희는 사랑하는 자녀들처럼 하나님을 본받는 자가 되라."

이제 그는 이 편지에서 "내가 복음을 통해 그리스도 예수 안에서 너희의 아버지가 되었다"고 말한 다음 말합니다.

"너희는 나를 본받는 자가 되라."

오직 하나님 한 분뿐입니다. 따라서 여러분이 이 순환의 수레바퀴에서 일어났을 때, 여러분은 우주를 날아다니는 작은 존재가 아니라 하나님입니다. 신은 자신을 낳고, 이 미리 정해진 놀이에서 자신을 끌어내고 있습니다. 당신이 나올 때 하나님의 몸에 통합되면 당신은 신입니다. 작은 신들이 돌아다니지 않을 것입니다. 정체성을 잃지 않고도 당신은 여전히 신입니다.

믿음과 수용

지난 일요일, 조간신문을 읽고 한가해져 TV를 켰습니다. 여기한 뛰어난 철학자가 나와서 오늘날 전 세계 대다수가 신을 믿지 않는다고 말하고 있습니다. 그들은 불멸에 대해 아무런 느낌이 없습니다. 그는 개인적으로도 "나는 신을 믿지 않는다. 죽음은 끝이다." 명석한 두뇌를 가진 그에게 어떻게 경전만이 세상의 유일한 실재라고 설명할 수 있을까요? 그리고 수 세기를 거슬러 올라가는 이 랍비적 원칙에 따르면, 경전에 기록되지 않은 것은 존재하지 않는다고 합니다. 전에는 존재하지 않았던 시대에 살고 있다는 것을 알고 있는 그에게 어떻게 그 말을 전할 수 있을까요? 그런 일이 항상 일어났다고 어떻게 설명할 수 있을까요? 현재가 과거로 후퇴하는 것이 아니라 미래로 전진하고 있다는 것을 어떻게 설명할 수 있을까요? 과거는 지나간 것이 아니라 다가오는 것이라고요? 그리고 이 거대한 바퀴는 돌고 있습니다. 하지만 인간은 기억력이 너무 짧아서 아주 작은 시간의 일부분 이상을 기억하지 못합니다. 그는 과거에 대한 지식이 없습니다.

그래서 전도서에서 인용한 구절을 이야기해보자면,

"해 아래 새로운 것은 없다. '보라, 이것이 새롭다'고 말하는 것이 있는가? 내가 너희에게 말하노니 모든 것이 이미 옛날에 있었다. 그러나 옛일은 기억할 것이 없고 장차 올 일은 장차 올 사람들 가운데 기억할 것이 없으리라."

과연 누가 믿을까요? 우리는 지금 아무도 알지 못했고 꿈도 꾸지 못했던 시대, 즉 원자 시대에 살고 있다고 생각합니다. 그리고 인간에게 모든 것이 영원히 신에게 존재한다고 말하기 위해 모든 것이 항상 일어났다고 말합니다. 그러나 순환의 수레바퀴를 타고 있는 여러분과 내가 그 수레바퀴에 종속되었을 때, 이 말씀을 다시 들어보십시오.

"피조물이 허무한 것에 종속된 것은 자기의 뜻이 아니라 소망으로 종속시키신 이의 뜻에 따라 이 부패의 종살이에서 해방되어 하나님의 자녀의 영광스러운 자유를 얻으려 함이라."

저는 그들이 이 세상에 관한 1장의 말씀을 한마디도 믿지 않는 것을 보았습니다. 그들은 아직 이곳에 도착하지 않았고, 이 세상을 지구가 아니라 우드랜드라고 말했고, 우드랜드에서 돌아온 사람이 있다는 것을 믿지 않았어요. 그들에게 이는 한계였고 죽음이었죠. 그리고 그것은 죽음이지만, 우리는 여기서는 믿지 않습니다. 성경 에베소서 5장에 나옵니다.

잠자는 자여 깨어나라, 죽은 자들아 일어나라. 그리스도께서 너희에게 빛을 주실 것이다.
– 에베소서 5: 14

이는 부르심입니다.
"잠자는 자여, 깨어나라"

이 깊은 잠을 죽음과 연관시킵니다.
"잠자는 자여, 잠에서 깨어 죽음에서 일어나라."

이렇게 말씀하셨기 때문에 바로 그런 일이 일어납니다. 처음 깨어나면 먼저 자신이 있는 곳을 찾게 되고, 그곳은 죽은 자들만 있는 무덤입니다. 무덤에는 죽은 자들만 있고 당신은 무덤에 있지만 사실 그것은 당신의 머리뼈입니다. 하지만 당신이 먼저 머리뼈안에서 깨어나, 당신이 무덤에 완전히 봉인되었다는 것을 알면, 그것이 당신의 머리뼈입니다.
에베소서 5장에서는 이렇게 말합니다.

"잠자는 자여 깨어나 죽은 자 가운데서 일어나라. 그리스도께서 너희에게 빛을 주시리라."

그 빛이 뭔가요? 이 말씀을 들어보세요.

그분은 생명이었고 그 생명은 사람들의 빛이었으니
— 요한복음 1:4

그래서 그분 안에 있는 생명은 여러분에게 빛을 주시고 생명을 주십니다. 그리고 그는 아버지이시므로.

"아버지께서 자기 안에 생명을 가지신 것처럼 자녀도 자기 안에 생명을 가지도록 허락하셨습니다."

당신이 깨어 있다면. 그러나 내가 당신에게 말하건대, 당신은 깨어날 것입니다. 그것이 세상에서 가장 강력한 행동이기 때문입니다. 그분은 당신을 깨우시고, 당신은 그분이 당신을 깨우실 때 평생 그런 힘을 느껴본 적이 없을 것입니다. 당신은 깨어나서 죽은 자들만 있는 무덤에 있는 자신을 발견하고 밖으로 나옵니다. 그리고 시므온의 이야기가 나옵니다. 당신이 시므온을 손에 들었으니 그는 징조입니다. 그는 이 위대한 사건이 영원 속에서 일어났다는 표징입니다. 그리고 여러분은 이 징조들을 차례로 통과하여 이 수

214 네빌 고다드의 삶과 가르침

레바퀴에서 완전한 구원에 이르게 됩니다.

따라서 성경은 처음부터 끝까지 사실입니다. 여러분은 직접 경험하게 될 것입니다. 모든 사람은 성경이 얼마나 완벽하게 경이로운지 이해하려면 성경을 경험해야 합니다. 그는 성경을 경험했습니다. 그리고 이 짧은 글이 끝날 때, 당신은 시므온, 들은 사람입니다. 당신은 지옥을 통과하여 이제 보는 시점에 이르렀고, 욥과 함께 말합니다.

"내가 주를 먹는 자의 귀로 들었으나 이제는 내 눈으로 주를 보나이다."

그것이 바로 당신이 반복의 수레바퀴에서 떠나는 것입니다. 그러나 그 수레바퀴를 타는 동안은 하나님의 다섯 가지 조건을 명심하십시오. 이 다섯 가지 조건을 가지고 예정 이외의 다른 결론에 도달할 수 없습니다. 따라서 당신은 그의 아들의 형상을 따르도록 예정되어 있습니다. 당신이 살인자였다면 이 세상에서 무슨 짓을 했든 상관없이 앞으로의 상태가 살인자라면 살인자가 될 것이고, 도둑이었다면 도둑이 될 것이고, 당신이 무슨 짓을 했든 상관없이 당신은 하나님의 형상을 닮도록 예정되어 있습니다.

하지만 그동안 이 공식을 기억하세요. 생각을 심으면 행동을 거두고, 행동을 심으면 습관을 거두고, 습관을 심으면 성품을 거두고, 성품을 심으면 운명을 거둔다. 영웅의 죽음이나 순교자의 죽음을 원하지 말고, 이 세상에서 온전하고 은혜롭게 살기를 원하고 사랑스럽게 살기를 원하길 바란다. 돈을 원한다면 아무도 돈을 가지면 안 된다고 말하지 말고, 자신을 확장하고 이 세상에서 위대한 예술가가 되고 싶다면 아무도 위대한 예술가가 되어서는 안 된다고 말하지 마십시오. 가장 먼저 생각을 심는 방법을 안다면 이 세상에서 원하는 것은 무엇이든 될 수 있습니다. 생각 그 자체로는 뿌릴 수 없고, 생각을 심어야 하고, 믿음으로 생각을 심어야 합니다. 그것은 믿음과 섞여 있어야 하며 저는 그 느낌이라고 부릅니다. 소원이 이루어졌다는 느낌을 받으면 그 생각이 심어진다고 생각합니다. 그 이상은 아무것도 하지 않습니다. 제가 그렇게 했다면 지금 생각해보면 습관처럼 보이지만 시간이 조금 지나면 그냥 제 성격인 것 같다고 말할 것입니다. 제 오랜 친구 압둘라가 말하곤 했습니다. 바로 이 말입니다.

"저는 그렇게 하려고 했고, 지금도 그렇게 할 것이며, 내가 의도한 것이 완벽하게 표현될 때까지 그렇게 할 것입니다."

나는 내가 원했던 것을 잊지 않았다고 그는 말했습니다. 저는 여전히 그렇게 할 것입니다. 저는 제가 의도한 바가 완벽하게 표현될 때까지 계속 그렇게 할 것입니다. 그래서 저는 저를 되고 싶은 존재라고 가정할 것입니다. 나는 여전히 내가 그런 사람이라고 가정합니다. 저는 제가 가지고 있고 여전히 가정하고 있는 것이 바깥으로 표현될 때까지 계속해서 내가 그것이라고 가정할 것입니다.

이 모든 것은 우리를 향한 하나님의 목적의 틀 안에 있으며, 그분의 목적은 다른 사람이 아닌 그분 자신을 우리에게 주시는 것입니다. 그분은 그것을 드러낼 수 있는 유일한 방법을 가지고 계십니다. 그분은 이 세상에서 자신이 하나님임을 증명할 수 있는 유일한 존재, 즉 자신의 자녀를 우리에게 주셨습니다. 그분의 자녀는 우리 세상에 오셔서 우리를 "아버지"라고 부르십니다. 그것은 인간이 하나님과 하나라는 것을 확신할 수 있는 세상에서 유일한 상징입니다. 요한복음 1장 18절의 말씀입니다.

하나님을 본 사람은 아무도 없으되 아버지의 품속에 있는 독생자만이 하나님을 알려 주셨기 때문입니다.
—요한복음 1:18

하나님은 영이시므로, 갑자기 자녀가 나타나서 당신을 아버지라고 부릅니다. 당신은 거울에 비친 당신의 얼굴을 보지 못하지만 당신은 영입니다. 그러나 당신은 실재합니다. 당신은 광활한 세상 전체보다 더 실재하지만 영입니다. 그리고 자녀는 당신을 자신에게 드러내십니다. 그래서 아버지의 품 안에 있는 사람은 그를 알려줍니다. 아무도 하나님을 본 적이 없지만 아버지의 품 안에 계신 자녀가 그를 알려줍니다. 그래서 그는 나타납니다.

그 품은 어디입니까? 그것은 당신 자신의 위대한 인간의 상상력입니다. 그것은 한순간에 폭발하고, 폭발하면서 여기 다윗이 서서 당신을 "아버지"라고 부릅니다. 그래서 블레이크는 인간이라는 이 위대한 존재에 대해 이렇게 말했습니다.

"인간이란 하나님의 품에서 끊임없이 확장되는 상상력이다."

그래서 우리는 가슴 속에 있습니다. 그러다가 어느 날 폭발하여 하나님의 자녀가 되소서고 그분이 나를 아버지라고 부르시거나, 당신을 아버지라고 부르실 것입니다. 그러므로 우리는 하나입니다. 우리는 하나이며, 하나의 존재이며, 모두 한 몸으로 통합되어 있고 그 몸은 그리스도 예수입니다. 그러니 생각에서 습관, 성품, 운명에 이르기까지 이 공식을 적용해보십시오.

이제 현재 상태와 비교하여 그것이 무엇이든 우리에게 최고의 이상이 되기를 바라며 우리의 존재를 스스로 초월할 수 있도록 합시다. 우리는 생각을 뿌리는 간단한 방법이면 됩니다. 그러나 그 생각은 반드시 당신의 수용이 있어야 하며 믿음과 혼합해야 합니다. 바울은 그 메시지가 듣는 사람들의 믿음과 만나지 못했기 때문이라고 말했습니다.

"믿음 없이는 그를 기쁘시게 할 수 없습니다."

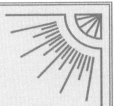

제10장

영원한 상태

아무도 판단하지 않는다

영원한 상태는 의식의 상태를 의미하며 이는 조건화되어 있습니다. 조건 없는 약속과는 달리, 의식 상태는 모두 조건이 있습니다. 한 가지 의식 상태에 있으면서 다른 상태의 열매를 기대할 수는 없습니다. 어떤 상태의 열매를 거두려면 그 상태를 점유해야 하며, 이 세상의 모든 상태를 점유할 수 있습니다. 상태와 상태를 자유로이 이동할 수 있지만 인간은 그것을 인식하지 못합니다. 성경은 우리에게 그 방법을 가르쳐 줍니다.

여호와의 율법을 즐거워하는 자는 복이 있나니 그가 하는 모든 일에서 형통하리로다.
—시편 1:3

하나님의 율법을 지키는 방법을 안다면 인간이 하는 모든 일에 형통할 것입니다. 말씀하신 것만큼 어렵지 않습니다. 이 세상의 모든 예술과 마찬가지로 특정 방법이 있어야 하고 이에 대한 특정 연습과 지속적인 연습이 있어야 실제로 상태에서 상태로 이동하는 기술을 습득할 수 있습니다.

한 이야기가 있습니다. 실제로 전투를 시작하고 정복한 첫 번째 사람은 여호수아였습니다. 여호수아는 예수님입니다. 철자도 똑같습니다. 히브리어로 여호수아로 표기하고 영어로 번역하면 예수님이 됩니다. 예수와 여호수아는 같은 여호와입니다. 그래서 전투는 정말로 여호와와 함께 시작됩니다. 여호수아는 성경의 여섯 번째 책입니다. 이 개념이 성경에 처음 등장하는 것은 창세기 13장에서 찾을 수 있습니다. 아브라함과 롯이 헤어질 때입니다. 아브라함은 롯에게 말했습니다.

"네가 오른쪽으로 가면 나는 왼쪽으로 가고, 네가 왼쪽으로 가면 나는 오른쪽으로 가겠다. 선택은 당신의 몫이다. 그러니 네가 먼저 선택해라."

그리고 골짜기를 바라보니 요단강 골짜기였습니다. 물이 풍부하고 비옥했기 때문에 롯은 요단 골짜기를 선택했습니다. 그리고 아브라함은 가나안으로 들어갔고 모든 것이 아브라함에게 주어졌습니다.

이제 "요단 골짜기"를 읽으면 요단강이라는 장소와 그 강에 의해 물이 잘 흐르는 마법의 계곡을 떠올리게 될 것입니다. 이 단어의 뜻은 "내려오는 것, 또는 하강자"입니다. 그러나 우리는 "내려가다, 낮은 지역으로 내려가다, 경계선, 해안, 적에게로 내려가다"로 받아들일 것입니다. 이것이 요르단이라는 단어에 대한 제임스 스트롱의 동의어 사전의 정의입니다. 사복음서에서 예수의 사역, 즉 그의 모든 사역은 요단강에서 시작됩니다. 그는 바로 요단강으로 내려가 세례를 받습니다.

제 눈을 통해 보시면 바로 지금 이 방이 바로 요단강입니다. 주변에 물은 없지만 여기가 바로 요단강입니다. 제가 여러분을 제 자신감 속으로 데려가서, 제가 은행에 얼마를 가지고 있고, 이와 비교해서 삶에 대한 나의 의무가 무엇인지, 내가 몇 년 동안 수입이 얼마이고 지출이 얼마인지, 나의 사회적 배경과 지적 배경, 나의 모든 배경을 보여주고 이 모든 삶의 사실을 고백한다면, 저는 여러분을 바로 저의 요단강으로 인도한 것입니다. 그것이 나의 요르단입니다. 이를 초월하려는 야망이 있습니까? 요단강을 넘어설 수 있습니까? 요단강을 넘어가고 싶은 욕망이 있습니까? 그것은 상태에서 상태로 넘어가는 움직임입니다. 이 모든 것은 요단강에서 시작됩니다. 내 세상을 바라보고 내가 가진 것과 이 세상에서 원하는 것을 정확히 보는 것입니다. 내가 가진 것을 정직하게 바라봄으로써 내가 가진 것을 정확히 알 때 나는 요단강에 바로 서 있는 것입니다. 그래서 문제를 회피하지 않고 요단강, 하나님 자신 속으로 바로 들어와서 육체의 모든 한계를 받아들이고, 자신의 모든 것을 완전히 눈감고 모든 약점, 육체의 모든 한계를 스스로 짊어지는 것입니다. 그래서 나의 이성은 삶의 사실을 지시하고 나의 감각은 그것을 긍정하거나 확인합니다. 여기 나의 요르단이 있습니다. 그리고 나는 나라는 인간을 넘어서고 싶은데, 요단강을 넘어설 수 있을까요? 그게 여기서의 이야기입니다.

자, 우리는 모세가 요단강을 넘어갈 수 없었다고 말합니다. 신명기 3장에 보면 모세는 요단강을 건널 수 없었습니다. 주님께서 그에게 말씀하셨습니다.

"내 종 여호수아가 하리라."

여호수아에게 요단강을 건너 주님께서 약속하신 땅으로 가라는 명령이 주어졌습니다. 이제 이 말씀은 수천 년 전에 살았던 어떤 존재가 아니라 여러분에게 하신 말씀이며, 여러분이 모두에게 하신 말씀입니다.

"너희 발바닥이 밟는 곳마다 내가 너희에게 주었다."
"네 발바닥이 밟는 곳마다 내가 가지고"–시제를 들어보세요–"내가 너희에게 주었다."

움켜쥐고 있는 것이 아니라 밟는 순간 내가 그것을 너희에게 주었다는 뜻입니다.

너희는 사흘 안에 이 요단강을 건너 나 여호와 너희 하나님이 너희에게 주는 땅을 차지할 것이니, 식량을 준비하라.
  — 여호수아 1:10

여호수아서의 첫 번째 장입니다. 마지막 24장은 이렇게 끝납니다.

"너희 조상들이 요단강 건너편에서 섬겼던 신들 중 너희가 섬길 신을 오늘 너희가 택하라, 아니면 너희가 지금 살고 있는 땅 아모리 족속의 신들 중 너희가 섬길 신을 택하라."
그리고 그들은 결정을 내렸습니다.

요단강 건너편에서 우리 조상들이 섬겼던 신들을 섬기기로 했습니다.
  — 여호수아 24: 15

그것이 그들의 결정이었습니다. 그러자 여호수아가 그들에게 말했습니다.
"너희는 스스로의 증인이다. 너희는 너희 조상들이 섬기던 신들을 섬기기로 선택했다."

그러자 그들은 대답하기를,
우리가 증인입니다.
  — 여호수아 24:22

여러분이 원하는 이름을 말하세요. 더 많은 돈을 원한다면 그 돈의 액수가 얼마든 상관없습니다. 하나님은 당신을 판단하지 않으십니다. 또한 누구도 심판하지 않으십니다. 인간은 판단하는 존재지만 하나님은 무한한 자비이시기 때문에 아무도 판단하지 않으십니다. 따라서 여호와의 선물은 여러분이 요단을 되돌리기 위해 어떤 일을 하느냐에 달려 있지 않습니다. 왜냐하면 여호와께서는 죄를 대가 없이 지속적으로 용서하시기 때문입니다. 그래서 한 사람이 당신 앞에 서서 자신의 한계를 고백하고 자신의 요단을 보여줍니다.

그는 자신이 가진 것 대신에 원하는 것이 무엇인지 말하고 요단 너머의 땅에 대해 이야기합니다. 당신은 그에게 내 스승 압둘라가 나에게 했던 말, "이제 당신이 바로 그것입니다."라고 말합니다. 이전보다 더 많은 보수를 받는 멋진 직장을 원하시나요? 지금이 바로 그때입니다. 그는 당신의 얼굴을 보고 당신이 미쳤다고 생각하겠죠. 저는 제 스승 압둘라에 대해 그렇게 생각했습니다. 하지만 저는 그를 너무 존경해서 말할 수 없었습니다. 그를 사랑했기 때문에 당신이 미쳤다고, 미쳤다고 말할 수 없었습니다. 그를 존경했기 때문입니다. 그래서 저는 멍청하게 "여긴 바베이도스예요!"라고 말하며 그를 떠났습니다. 그리고 저는 주머니에 동전 한 푼 없이 뉴욕의 거리를 걸어 75번가에 있는 제 아파트로 돌아갑니다. "저는 바베이도스에 있습니다!" 그리고 제가 상상도 할 수 없었던 방식으로 6주 만에 바베이도스에 도착했고, 이 모든 것이 선물처럼 다가왔습니다. 그 섬에서 천국 같은 석 달을 보낸 것은 완전한 선

네빌 고다드의 삶과 가르침

물이었으며, 약간의 대가도 치르지 않고 3개월을 보냈을 뿐만 아니라 배를 탈 때 그들이 준 수백 달러의 현금을 가지고 이 나라로 돌아왔죠. 하지만 저는 그들에게 단 한 푼도 요구하지 않았습니다. 제가 요르단을 넘어 소원을 이룬 상태에서 살았기 때문에 모든 것이 주어졌습니다.

그러니 오늘 밤, 여러분이 원하는 것이 무엇인지 알았다면 요단강 너머로 가세요. 물가 바로 아래에 있다면 "낮은 지역으로, 경계선까지, 해안까지 내려가는 것"이라는 정의를 듣고 마지막 단어인 "원수"를 찾아보십시오. 나의 적은 누구인가요? 누가복음에서 예수님이 요단강에서 나오실 때 가장 먼저 만나는 것이 요단의 화신이며 마귀라고 불립니다. 그래서 여기서 요단은 적입니다. 그래서 그는 이제 의인화되고 요단의 의인화는 마귀라고 불리는 괴물, 사탄의 형태를 취합니다. 그는 말합니다.

"당신이 하나님의 아들이라고요? 그렇다면 이 돌들 중 하나를 돌로 만들어 빵이 되게 해보십시오."

사람은 떡으로만 살 것이 아니라 하나님의 입으로부터 나오는 모든 말씀으로 살아야 합니다.
– 마태복음 4:4
"네가 만일 하나님의 아들이라면, 이 산꼭대기에 서서 네 자신을 내려놓으라."

그런 다음 성경 구절을 인용합니다,

"주께서 천사들에게 너희가 돌에 부딪히지 않도록 붙들라고 명하지 아니하셨느냐? 너는 네 하나님 주를 시험하지 말라."

그런 다음 그는 자신의 소원을 위해 왕국 전체를 바칩니다. 육신의 모든 한계를 스스로 짊어지셨기 때문에, 그의 감각의 구체화는 그가 무엇인지 정확히 말하고 있습니다. 그는 영원을 볼 수 있는 작은 구멍 하나도 남기지 않았고, 따라서 자신이 진정한 존재가 되기 위해 영원에 대한 문을 완전히 닫고 육체의 모든 한계와 약점을 취했습니다. 그런 다음 그는 내면에서부터 자신의 율법, 즉 신성한 법을 지혜롭게 적용하기 시작했습니다. 바울이 디모데에게 보낸 편지에서 다음과 같이 말합니다.

"율법은 정당하게 사용하면 선합니다."

정의롭게 사용하면 선합니다. 여러분은 이 세상의 모든 존재를 용서할 수 있고, 사랑의 틀 안에서 모든 요청을 들어줄 수 있습니다. 누군가가 당신을 위해 다른 사람을 다치게 해달라고 부탁한다면, 당신은 그것을 듣지 말아야 합니다. 누군가를 다치게 하려는, 들을 귀가 없어야 합니다. 그러나 그들이 자신에 대한 가장 끔찍한 이야기를 들려준다면, 그들은 단지 어떤 상태에 있기 때문에 그 상태를 표현한 것이므로, 용서할 수 있습니다. 그들은 방금 도둑질한 곳에서 왔어요. 그들은 끔찍한 일, 절대 하지 않았으면 하는 일, 어떤 친구도 하지 않았으면 하는 일을 했지만 그런 일을 했다고 해서 가혹하게 판단하지 않습니다. "원하는 게 무엇입니까?"라고 물어봅니다. 친구들은 요단강 너머에서 이 그림에서 벗어나고 싶어 합니다. 당신은 그들이 있는 곳에서 그들을 데려갑니다. 마음의 눈으로 그들을 요단강 너머로 데려가서 다른 사람을 이용한다는 생각조차 할 수 없는 즐거움의 상태로 만듭니다. 그리고 당신은 그런 눈으로 그들을 요단강 너머의 상태로 보게 됩니다.

블레이크는 이러한 무한한 상태와 인간의 무한한 가능성을 본 후 이렇게 말합니다.

> "나는 이제 아무도 판단하지 않습니다. 왜냐하면 나는 악한 자나 선한 자나 모두 최고의 상태에 있다고 생각하지 않고, 영혼이 선과 악의 치명적인 꿈에 빠질 수 있는 잠의 상태에 있다고 생각하기 때문입니다."

이것은 어떤 상태에 빠지는 것입니다. 예를 들어 독자 여러분과 저는 종일 하나님의 법을 알지 못한 채 물가, 바닷가에서 요단강을 바라보고 있다고 칩시다. 우리는 요단강을 넘어갈 수 없습니다. 요단강은 너무 넓고 깊어서 도저히 넘어갈 수 없을 것 같습니다. 하지만 오직 여호수아에게만 그 명령이 주어졌습니다. 이야기를 주의 깊게 읽으면, 다윗 시대까지 전투는 마무리되지 않았고, 완전히 끝나지 않았습니다. 그래서 우리는, 정복하는 자에게, 내가 정복하고 아버지의 보좌에 함께 앉은 것처럼 그에게 내 보좌에 나와 함께 앉도록 허락하겠다고 말합니다. 그래서 결국 하나님 이외의 것에 대한 이러한 모든 믿음을 완전히 파괴하는 것은 다윗입니다. 그가 괴물의 머리를 벗을 때 그는 천국에서 아버지를 자유롭게 합니다.

저는 오늘 여러분의 요단강이 바로 지금 여러분이 있는 곳이라고 말씀드립니다. 여러분이 사막에 있다면 바로 물가에 있고, 그곳이 바로 여러분의 요단강입니다. 사막에서 목이 말라 죽어가고 있다면 메마른 땅을 넘어 오아시스를 만나고 싶을 것입니다. 마치 그곳에 있는 것처럼 실제로 오아시스에 들어가서 하나님을 암묵적으로 믿고 신뢰하면서 지금 있는 곳에서 현재 있는 곳으로 이동할 방법을 고안해야 합니다. 그리고 아무도 당신이 그곳에 갈 것이라고 알지 못하지만, 알고 있다는 듯이 나아가야 합니다. 저는 항상 요단강 너머의 여정을 떠나고 있습니다. 그래서 아침에 일어나면 요단강이 저를 마주합니다. 매일 아침 우편물에는 도움 요청, 건너편 친구들의 소식, 청구서 등이 들어 있습니다. 피할 수 없고 마주해야 합니다. 가스를 사용하고, 조명을 사용하고, 백화점을 이용하고, 카드가 있기에 청구서를 받습니다. 그러다 갑자기 증거와 마주해야 하는 순간, 청구서가 날아오는 겁니다. 그게 바로 제 요단강입니다. 이제 저는 그것을 넘어서서 모든 것을 지불한 채로 살아야 합니다. 찢어버리지 않고, 던져버리지 않고 모두 지불한 채로요. 그래서 저는 매일 요단강에 있습니다.

네빌 고다드의 삶과 가르침

그래서 매일 누가 요단강에 가서 이 세상에서 그의 놀라운 일을 시작할까요? 바로 예수 그리스도입니다. 그리고 예수 그리스도는 바로 여러분 자신의 위대한 인간의 상상력, 그 예수 그리스도입니다. 그래서 "나는"이라고 말할 때 하나님의 이름을 부르는 것입니다. 당신은 듣습니다.

"그분의 이름으로 무엇이든 지구하는 것은"

내가 그분의 이름으로 요구할 때는 그분의 이름으로 요구하는 것입니다. 그분의 이름으로 부를 구하는 것입니다. "나는 부자입니다." 말이 아니라 내가 부유하다고 느끼는 상태입니다. 나는 옷을 입듯이 그것을 입고 느끼고, 내 세상에서 부화하도록 내버려둡니다. 불안하다고 해서 쌓아두려는 욕망이 아니라 언제든 요단강을 건널 수 있다는 것을 느낍니다. 하나님의 법을 안다면 비 오는 날을 대비해 쌓아둘 필요가 없습니다. 아니, 하나님의 법을 안다면 언제든 요단강을 건널 수 있습니다. 요단강을 건널 때마다 밤에 있던 곳에서 바로 지상으로 내려오기 때문입니다.

밤에는 하늘의 환상, 멋진 꿈, 하나님과 자신 사이의 놀라운 대화, 하나님께서 꿈이라는 매체를 통해 당신에게 지시하고 조언하는 것일 수 있습니다. 하지만 잠에서 깨어나면 익숙한 것들이 벽에 붙어 있고 자신이 어디에 있는지 알게 되면 다시 땅으로 돌아와 요단강으로 내려옵니다. 거기서 하루를 시작하고 거기서부터 요단강을 넘어야 합니다. 그래서 저는 오늘 당신에게서 약속을 받아내려 합니다. 누구를 섬기겠습니까? 당신 조상들의 신을 섬겨야 한다고 말하지 않겠습니다. 아모리 족속의 신을 섬겨도 좋습니다. 그것은 당신의 선택입니다. 반드시 선택해야 한다고 말하는 것이 아니라 선택의 특권을 주시는 것입니다. 당신 조상들이 요단강 너머에서 섬겼던 신들 중 누구를 섬길지, 아니면 지금 당신이 살고 있는 땅 아모리 족속의 신들을 섬길지, 오늘 당신은 누구를 섬길지 선택하십시오. 당신은 아침에서 일어날 때마다 항상 아모리 족속의 땅에 있고 요단강이 있습니다. 그러나 당신 조상들의 신들은 요단강 너머에 있습니다.

무한한 상태

　지금의 가진 직업으로 일정 금액의 돈을 모아야 한다면, 당신은 판매원이라 가정한다면 두 배로, 세 배로 원하는 액수를 올리십시오. 당신이 하는 게 아니라 하나님이 하십니다. 실제로 그분을 믿으시면 아까 말씀드린 대로 "아멘"이라고 말할 수 있습니다. 갑자기 어떤 생각이 떠오릅니다. 월말에 보고서가 들어올 때, 영업 관리자가 그 보고서를 보고 당신은 칭찬받는 사람이 됩니다. 당신은 그가 이 일을 할 그 시간에 자신을 그 앞에 놓습니다. 그리고 하루를 시작합니다. 당신은 그 결말에 충실합니다. 그 결말을 보았으니까요. 그런 다음 모르는 방식으로, 백 개의 작은 계좌에 가입하는 대신, 하나의 계좌에 만족할 수도 있습니다. 그것은 마지막 날까지 오지 않을 수도 있지만, 당신의 가장 거친 꿈 너머에 있는 수백 개를 왜소하게 만들 것입니다. 수치화되지 않아도 됩니다. 한 달의 가장 마지막 날에 올 큰 꿈을 원하니까요.

그러니 요단강을 건너 약속의 땅으로 나아가십시오.

"네 발바닥이 밟는 곳마다 내가 너에게 주었다."

이 얼마나 큰 축복입니까! 실제로 그 안에서 자신을 느낄 수 있다는 것이! 내가 "내가 있다"라고 자신에게 말하지 않으면 저곳을 밟을 수 없고, 저곳이 곧 이곳이 됩니다. 나는 그곳을 밟기 위해 여기를 만들어야 합니다. 바베이도스를 이곳으로 만들어야 해요. 바베이도스가 뉴욕시에 겹치지 않는다면 뉴욕시는 바베이도스를 기준으로 움직여야 합니다. 따라서 제가 실제로 바베이도스를 여기로 가져왔다면 로스앤젤레스를 옮긴 것입니다. 제가 바베이도스 위에 서서 밟고 있다면 제 마음속에서 로스앤젤레스는 어디에 있을까요? 글쎄요, 제 서쪽, 약 5,000마일 떨어진 곳에 있을 것 같습니다. 북서쪽은 5,000마일이 아니라 3,000마일이고 대서양과 남쪽으로 2,000마일 더 떨어져 있습니다. 그래서 제 생각에 LA는 서쪽으로 4,000마일 떨어진 곳에 있습니다. 그래서 나는 바베이도스에서 당신의 발바닥이 밟을 곳 어디든 내가 당신에게 준 곳을 밟고 있습니다.

그래서 나는 세상을 바라보며 잠을 잘 것입니다. 내가 세상을 바라보면서 양식을 준비했고, 이것이 나만의 잔치입니다.

"셋째 날에 땅이 깊은 데서 일어나."

8은 새로운 시작, 새로운 요일을 의미합니다. 따라서 여덟째 날에 예수님은 부활하셨지만 그날은 새로운 시작이었습니다. 새로운 주, 새로운 시대의 첫 번째 날이었습니다. 그러나 창조력의 시작에서, 3은 부활입니다. 환상의 셋째 날은 보이지 않는 것이 깊은 곳에서 올라오는 것을 의미합니다.

그래서 당신의 요단강은 잠깐만 당신 뒤에 있을 것입니다. 내일 아침이면 똑같은 요단강이 돌아올 것이고 당신의 감각은 삶의 사실이 무엇인지 당신에게 지시할 것입니다. 따라서 이 옷을 벗을 때까지 매일 매일 당신의 감각과 이성은 매일 요단강, 물가에서 시작됩니다. 그래서 요단강을 넘어 요단강 너머의 땅으로 나아가는 방법을 배우게 됩니다. 여호수아는 예수라는 영어 단어의 히브리어 형태입니다. 예수님은 여호와이시고, 예수님은 하나님이시며, 요한이나 마리아, 네빌 또는 다른 이름을 말하기 전에 "나는"이라고 말할 때, 작은 꼬리표를 붙이기 전에, 예수님은 무엇이든 할 수 있으므로 예수님은 예수님이십니다.

그래서 '나'는 어디에 있습니까? 세상을 보고 내가 어디에 있는지 확인해보세요. 세상을 보면 내가 어디에 있는지 알 수 있기 때문입니다. 정신적으로 보는 것은 나를 찾는 것일 뿐입니다. 내가 당신을 보고, 내가 당신의 얼굴에서 당신이 보았으면 하는 사람을 본다면, 당신은 내 마음의 눈에서 내가 어디에 있는지 말하고 있는 것입니다.

"너희 하느님이 너희에게 주는 땅으로 너희를 데려가겠다. 사흘 안에 내가 그것을 가져올 것이니, 지금 너희가 밟고 있는 것은 너희의 하나님 나 여호와가 너희에게 준 땅이다."

밟기 시작하는 순간 모든 것이 끝납니다.

이것이 바로 무한한 상태입니다. 그리고 합당하다는 당신의 기준이 아니라, 소위 세상이 말하는 죄를 잊어버리십시오. 그는 당신을 판단하지 않습니다. 예수님의 정신은 끊임없는 죄의 용서입니다. 인간이 단지 상태를 점유하고 있다는 것을 알면 당신은 쉽게 용서할 수 있습니다. 그가 무슨 일을 했던지 그는 상태에 있었고, 그 상태에 있었기 때문에 그 상태의 내용을 표현해야 했습니다. 인간은 자신에게 미안하다고 느낍니다. 그는 상태이며, 그가 자신에게 미안할 만한 충분한 이유가 있다는 것을 더욱 확신하게 만드는 일들이 그의 삶에서 일어나야 합니다. 왜냐하면 모든 사람이 그에게 등을 돌리고 그가 이 세상에서 원치 않는 존재라고 느끼게 만들어야 하기 때문입니다. 왜냐하면 자신의 마음의 눈이 그가 원치 않는 존재이거나 자신이 원치 않는 존재라고 느꼈기 때문입니다. 그러나 그것은 단지 상태일 뿐입니다. 그는 이 땅을 걸어온 그 어떤 존재와 마찬가지로 하나님의 사랑을 받고 있기에, 원하고 있습니다. 따라서 자신이 상태에 불과하다는 것을 알면 누구나 상태에서 벗어날 수 있습니다. 하지만 이상하게도 우리가 이런 상태에 있을 때는 그 상태만이 유일한 현실인 것처럼 느껴집니다. 어떤 상태에 있든, 기분이 좋든 나쁘든, 어떤 상태에 있든, 그 상태만이 유일한 현실이라고 생각합니다. 그 밖의 모든 것은 단지 구름과 같아서 실체가 없는, 단지 자신이 점유하고 있지 않다는 이유만으로 실체가 있는 것이 아니라고 생각합니다. 그래서 저는 항상 세상의 가장 큰 약점 중 하나가 건설은 계속되지만 점유는 미뤄진다는 점이라고 생각했습니다.

네빌 고다드의 삶과 가르침

'상태'의 점유자

제 경험으로 말씀드리자면, 1933년도에 제 스승 압둘라와 토론을 시작하려고 몇 번이고 시도했지만, 그는 저를 등지고 작은 서재로 들어가서 저와 토론하려 하지 않았습니다. 그런데 나중에 그가 이 세상에서 가장 놀라운 교훈을 가르치고 있다는 사실을 알게 되었습니다. 당신은 믿는다고 말했고, 실제로 하나님을 믿는다고 말했고, 그의 말을 정직하게 받아들였습니다. 신명기 4장에는 이 말씀을 바꾸지 말라는 말씀이 나옵니다.

더하지도 말고 빼지도 말라.

– 신명기 4:2

"네 발바닥으로 밟는 곳마다"
–다른 것이 아니라–
"내가 네게 준 것이다."

"네빌, 당신이 제게, 당신은 바베이도스에 있다고 했잖아요. 바베이도스에 있다고 동의하지 않았나요? 제가 요단강 건너편에 살던 당신 조상들의 신을 섬길 것인지, 아니면 지금 당신이 사는 아모리 족속의 신을 섬길 것인지 물었을 때 당신이 대답하지 않았습니까? 지금 당신은 가난해서 배는커녕 버스도 탈 수 없는데, 바다에서 열흘이나 걸리고 하루에 세 번씩 먹여주고 좋은 배의 모든 안락함을 제공하는 배를 타고 바베이도스까지 가고 싶다고요. 그러려면 돈이 필요합니다. 그래서 이런 것들이 없다고 말씀하시는군요. 당신은 요르단에 있잖아요. 이제 바베이도스에 왔어요. 이제 요르단 너머에 있는 바베이도스를 밟게 될 겁니다. 당신 조상들이 섬기던 신들에게 충실할 것입니까, 아니면 지금 당신이 사는 땅에서 아모리 족속의 신들에게 충실할 것입니까? 당신은 아무것도 없다고 말했으니 지금 그곳에 살고 있겠지요. 그럼 아무것도 없으니 그 자리에 그대로 계십시오." 그는 우리 중 누구에게도 동정심이 없었습니다. 믿거나 믿지 않거나 둘 중 하나였습니다.

그는 우리에게 상태에서 상태로 이동하는 이 놀라운 방법을 가르쳐 주려고 했어요. 그리고 그 방법을 익히면, 왼쪽이나 오른쪽으로 방향을 틀지 않아요. 다른 동지들이 먼저 선택하게 하세요. 그래서 롯은 첫 번째 선택권을 가지고, 이 비옥한 땅, 너무 푸르고 물이 잘 나오는 땅을 갖고자 했습니다.

"요단강 계곡의 땅, 이걸 가져가겠습니다." "좋다, 그건 당신이 가져가십시오. 다른 하나는 제가 가져가겠습니다. 보이지 않는 땅. 저는 당신의 요단강 너머 가나안 땅, 젖과 꿀이 흐르는 땅에 거할 것입니다. 나는 모르지만, 주님으로부터 젖과 꿀이 흐르는 땅이라고 들었습니다. 제가 그 땅을 차지하겠습니다."

그렇게 신실한 아브라함은 사람의 눈에는 보이지 않는 땅을 차지했고, 그 땅에서 살다가 모든 약속이 성취되는 장엄한 순간이 찾아왔습니다. 하지만 그 순간은 롯에게 오지 않았습니다. 그래서 인간은 이곳에서 안전을 원했고, 소위 피할 수 없는 비 오는 날에 대비해 더 많은 것을 짓고 싶어 했습니다. 그래서 그는 비 오는 날을 맞이합니다.

매일 눈을 뜨면 항상 해안가에 있고, 그 해안은 항상 요단강입니다. 여기가 바로 요단강입니다. 하지만 이 이야기를 읽을 때 신비주의자의 눈으로 읽지 않으면 거대한 물가에 한 남자가 와서 모두 침례교도이고 모두 침례를 받고 있다고 생각할 것입니다. 그래서 그들은 모두 나가서 거의 익사할 뻔했습니다. 오늘날에는 바베이도스에도 수백만 명의 사람들이 무리를 지어 물놀이를 즐기고 있습니다. 일요일 아침 바다에 백 명이 모두 물에 빠지거나 밀려들어가는 모습을 보면 모두 사랑스러운 흰옷을 입고 물에 빠진 쥐처럼, 모두 사랑스러운 흰옷을 입고 나옵니다. 그건 요단강과는 전혀 상관없는 일이죠. 요단강은 인간이 현실을 직시하고 어디로 도망쳐야 할지 모르는 모든 순간입니다. 갈 곳은 없습니다. 여기에 한 가지 사실이 있습니다. 아무것도 없으면 만날 수 없지만 요단강을 건너면 만날 수 있습니다. 그 땅은 언제나 좋은 땅입니다. 블레이크는 그의 멋진 시에서 이렇게 말했습니다.

"아버지, 오, 아버지, 불신과 두려움의 땅에서 우리는 무엇을 할 수 있을까요? 꿈의 땅은 샛별보다 훨씬 더 좋은 곳이에요." 상상해 보세요, "꿈의 땅은 멀리 있는 것이 더 낫습니다."

그래서 저는 꿈을 꿨습니다. 저는 잠들지 않고 꿈을 잃지 않았습니다. 바로 그 자리에 서서 꿈을 꾸고, 꿈을 깨고, 어머니의 집 꼭대기에서 코코넛 잎이 떨어지는 소리를 듣고, 실제로 그 소리를 들었습니다. 상상력은 영적인 감각이거든요. 그래서 제가 그 방에서 자면 코코넛 잎사귀 소리가 들리고, 창문이 열려 있고, 창문을 통해 들어오는 열대 냄새를 맡을 수 있을 거라는 걸 알아요. 바베이도스에 있어야만 볼 수 있는 것들을 보곤 했죠. 그리고 얼마 전까지 뉴욕에서 살았던 곳을 떠올리며, 북쪽으로 2,000마일 떨어진 그곳을 보곤 했죠. 그리고 그 땅을 밟으며 잠이 들었습니다. 어떻게 그곳에 갈 것인지, 어떻게 갈 것인지, 어떤 길을 갈 것인지에 대해 논쟁하지 마십시오. 당신은 바베이도스에 있습니다.

이제 온 세상에 그리스도에 대해 이야기하고, 그리스도에게는 모든 것이 가능하다고 이야기하십시오. 하나님의 법을 아는 사람은 바람처럼 자유롭다는 것을 세상에 알리는 데 지치지 마십시오. 하나님의 법을 사용하는 데 누구의 허락도 구하지 않아 간단합니다. 주님의 율법을 즐거워하는 사람은 몇 가지가 아니라 그가 하는 모든 일에서 번영합니다. 그러나 명심하십시오. 내일 아침에 일어나서 침대에서 일어나서 요단강 물에 발을 담그고 있는 자신을 발

　　　　　　　　　　　　　　네빌 고다드의 삶과 가르침

견해도 놀라지 마십시오. 다시 거기에 있을 것입니다. 그러나 당신은 당신이 한 일을 알고 있으므로 다시 가십시오.

저는 바베이도스에 있는데, 바베이도스에서 출발하는 배가 없어서 나갈 수가 없었어요. 전쟁이 끝난 해였거든요. 1945년 말에 전쟁이 발발했고, 저는 그곳을 떠나는 첫 번째 배를 탔습니다. 돌아올 생각은 하지 않았고, 이 나라에 다시 들어올 수 있는 허가도 받지 못한 상태였습니다. 이런 것들은 하나도 없었지만 저는 바베이도스로 떠났습니다. 그런데 바베이도스에는 9월까지 배가 한 척도 없고, 1945년 5월 1일부터 뉴욕에서 강연하기로 했는데 나갈 수 없다는 말을 들었습니다. 그래서 다시 물을 밟기 시작했습니다. 그래서 만에서 보았던 배의 갑판 위를 걸어 올라갔어요. 그날은 아니었지만 저는 걸어 올라갔습니다. 그들은 저를 전체 명단에서 뛰어넘어 맨 위에 올려놓았고, 왜 그렇게 했는지 이유를 밝히지 않았습니다. 하지만 저는 혼자가 아니라 아내와 딸을 데리고 갑판을 올라갔고, 우리 모두 그 배에 탔습니다. 그래서 저는 요단강을 넘어섰습니다. 제 요단강에는 이 작은 섬을 운항하는 배는 두 척뿐이었고, 다른 섬도 30개나 있었는데 이 섬의 수요만 해도 앞으로 몇 달 동안 배를 타고 나갈 수 있는 양을 초과했습니다. 트리니다드, 세인트 빈센트, 세인트루시아, 도미니카 등 모든 섬을 이 두 척의 작은 배로 운송해야 했죠. 그래서 그들의 모든 요청에도 불구하고 바베이도스에서 제 이름이 이 모든 것을 제치고 1순위에 올라갈 수 있었습니다. 그리고 저는 뉴욕에서 제 시리즈 강연을 하기 위해 제 시간에 맞춰 항해하고 도착했습니다.

그러니 실패할 리가 없습니다. 그래서 요르단에 도착할 수 있었습니다. 주님께서 질문하십니다.

"너희 조상들이 섬겼던 신들, 즉 요단 저편이 신들을 섬기겠느냐, 아니면 지금 너희가 사는 땅 아모리 족속의 신들을 섬기겠느냐?"

그래서 그들은 모두 당신에게 바베이도스에 갇혀서 빠져나올 수 없다고 말합니다. 바로 그곳이 아모리아인들이 있는 곳이고, 당신은 그들의 땅에 있는 것이니까요. 그러나 이제 당신 조상들의 신을 섬기면 나갈 수 있고, 그들은 요단강 너머에 살고 있습니다. 이 장벽 너머에는 뉴욕이라는 곳이 있었어요. 그래서 저는 배를 타고 올라가서 뉴욕에 내렸습니다.

그래서 저는 당신에게 당신도 할 수 있다고 말합니다. 이 세상에서 한 사람이 다른 사람보다 하나님의 사랑을 더 많이 받는다고 생각하지 마십시오. 왜냐하면 오늘날 너무 친절하고 훌륭해 보이는 사람은 단지 한 상태에 있을 뿐입니다. 그는 친절의 상태에 있으며, 이는 사랑스러운 상태입니다. 배려의 상태, 그것이 바로 그 상태입니다. 공포의 상태, 그것은 단지 상태일 뿐입니다. 그러나 공포의 상태에 있는 사람도 사랑의 상태에 있는 사람과 마찬가지로 하나님의 눈에는 완벽합니다. 이것들은 단지 상태일 뿐입니다. 그래서 점유자는 신성하고 점유자는 그리스도 예수입니다. 언젠가 사람 안에서 깨어나고 그 깨어난 사람은 그와 하나가 될 것입니다.

네빌 고다드의 삶과 가르침

그가 우리 안에서 일어날 때 우리는 그와 같고 그는 우리와 같다.

-요한3:2

그래서 여기, 이러한 것이 상태입니다. 오늘 밤 잠자리에 들 때, 솔직하게 당신의 요단강을 보세요. 마음에 든다면 그대로 있어도 괜찮습니다. 요단강이 만족스럽다면 바꿀 이유가 없습니다. 그러나 오늘 하루가 만족스럽지 않다면, 오늘의 환영 너머에 오늘의 문제를 해결할 수 있는 상태가 있으니, 오늘 밤 그 상태에 머무르십시오. 그러면 '음식을 제공하거나 준비하라, 사용할 음식을 준비하라'라는 말씀이 나옵니다. 그리고 음식은 단순히, 모두 정신입니다. 그래서 당신은 세상을 바라보고, 지금 당신이 지금 가정하고 있는 사람이라면 볼 수 있는 것처럼, 세상을 봅니다. 그 상태에서 잠이 들고, 세상이 사실이라서 보이는 그대로 세상을 보면, 당신은 깊은 곳에서 세상을 들어 올리는 자신을 발견하게 됩니다. 사흘 안에 이 강을 건너서 그분이 주시는 땅으로 들어가게 될 것이고, 그 땅은 부활하여 여러분이 밟고 있는 깊은 땅, 큰 땅에서 나오게 될 것입니다.

이제 기도라는 단어를 읽었을 때 기도가 무엇인지 명심하십시오. 우리가 동의어로 정의하는 기도는 "무언가를 향한 움직임"으로 정의되지 않습니까? "가까이, 접근, 또는 그 부근에 있는 것"으로 정의되지 않습니까? 그래서 저는 무엇인가가 되고 싶었고 이름을 지었습니다. 그래서 점점 더 가까이 다가서고 마침내 그 안에 있다는 느낌이 들었습니다. 내가 그 안에 있다는 것을 어떻게 알 수 있을까요? 세상을 정신적으로 바라보고 내가 어딘가에 제대로 위치하는지 확인해보십시오. 당신이 그 안에 있다면, 세상은 기준이 되는 틀이며 당신이 어디에 있는지 알려줄 것입니다. 바로 이 순간 갑자기 눈앞에 엠파이어 스테이트 빌딩이 보이기 시작하고, 오른쪽을 보니 34번가에 길이 보이고, 저기가 메이시스 코너이고, 이스트사이드 쪽을 보니 이 거대한 빌딩이 보이고 느껴진다면, 내가 그곳에 있는 것이 틀림없습니다. 그렇다면 내가 그곳에 있는지 어떻게 알 수 있을까요? 로스앤젤레스를 생각하면, 남서쪽으로 3,000마일 떨어진 곳에 있는 로스앤젤레스가 머릿속에 그려집니다. 그리고 다른 무언가를 떠올리면 마침내 그곳에 도착합니다. 그러니 다른 모든 것이 그곳에 있다면 그곳에 있어야 합니다. 그리고 잠이 듭니다. 그러면 갑자기 일이 일어나기 시작합니다. 그 여정을 강요하는 급진적인 변화가 당신의 삶에서 일어납니다. 그러니 가볍게 생각하지 마세요. 왜냐하면 반증하기 위해서라도 가볍게 생각하면, 증명하게 될 것이기 때문입니다.

저에게도 그런 일이 있었습니다. 1941년 어느 해에 바베이도스에 가고 싶지 않았는데 마침 뉴욕에 순식간에 12인치의 눈이 내렸어요. 그래서 눈을 치우기 위해 바베이도스에서 잠을 잤습니다. 바베이도스의 따뜻함을 느꼈습니다. 다음 날 아침에 일어나 보니 눈이 20인치나 쌓여 있어서 저는 여전히 요단강과 함께 뉴욕에 있었습니다. 그리고 완전히 잊고 있었죠. 그러다 여름이 왔고 아내와 저는 메인주에서 한 달 동안 휴가를 보내기로 했습니다. 수표를 보내고 메인주에서의 휴가 요청을 보냈더니, 바베이도스에서 어머니가 죽어가고 있으며 낭비할 시간이 없으니 당장 오라는 전화가 왔습니다. 그래서 아내와 저는 24시간 동안 항해했습니다. 1941년에 배가 철수하고 있었는데 전쟁 중이었기 때문에 영국 배도, 다른 배도 가지 않았어요. 아직 전쟁이 끝나지 않은 8월 말이었기 때문에, 우리는 미국 배인 로열 매코믹 호에 탔고, 아르헨티나 호라는 멋진 큰 배도 탔습니다. 밤에는 크리스마스의 트리처럼 불을 밝혀서 어떤 잠수함도 우리를 영국 함정으로 착각하지 못하도록 했어요. 측면과 양쪽에 커다란 성조기를 달고 밤새도록 배의 모든 불빛을 밝게 비춰서 잠수함들이 우리가 어둡다고 핑계를 대고 영국 배라고 착각하고 침몰시킬 수 없도록 했습니다. 그래서 4일 반 만에 우리는 바베이도스에 도착했습니다.

저는 그곳에 가고 싶지 않았습니다. 저는 메인주로 가서 돈을 보내고 메인주에서 할 일을 다 끝냈어요. 하지만 2월에 눈이 내렸을 때 저는 할 일을 하느라 정신이 없었고, 그 사흘 반이 아름답게 다가왔지만 8개월이 걸렸어요. 8개월 만에 약속의 날이 왔고 제가 저는 바베이도스로 가야만 했어요. 바베이도스에 갔다가 돌아왔지만 제 계획은 아니었습니다. 제 계획은 아내와 함께 메인주로 가서 멋진 한 달을 보내는 것이었습니다. 하지만 2월에 바베이도스의 따뜻한 기후를 밟고 마치 사실인 것처럼 잠을 잤기 때문에 모든 것이 취소되었습니다.

그래서 저는 경험에서 우러나오는 말을 하니까 가볍게 생각하지 말라고 말합니다. 눈을 피하려고 가벼운 기분으로 갔다가 그런 일이 생겼어요. 제가 가장 원했던 것은 메인주에 가는 것이었습니다. 메인주에서의 계획에서 벗어날 수 있었던 유일한 이유는 바로 그런 긴급 상황이기 때문입니다. 다른 요청과 달리, 어머니가 더 이상 우리와 함께 있을 시간이 없으니 지금 오라는 전화는 거절할 수 없었습니다. 비행기가 없으니 비행기를 탈 수도 없었고요. 배를 타고 가야 했는데 운 좋게도 이 사랑스러운 큰 배가 24시간 만에 출항했습니다. 그래서 우리는 떠날 수 있었습니다.

그러니 해보십시오. 시도하고 하나님의 법을 현명하게 사용하는 방법을 습득하세요. 당신이 다른 사람에게 사랑스러운 상상력을 발휘할 때마다 이 법칙을 현명하게 행사하는 것입니다. 오늘 밤, 살인이거나 누군가를 다치게 하는 것이 아닌, 어떤 것이라도 여러분에게 요청이 들어온다면 괜찮습니다. 그리고 상대방이 누구든 그들의 요청이 받아들여질 자격이 있으니 함부로 판단하지 마십시오. 그들은 자기 입장을 자백한 것뿐이니까요. "나는 이것저것을 원해요"라고 말하는 것은 요단강 바로 아래, 물가에 있는데 요단강을 건널 수 없다는 것을 말하는 것이니까요. 마음속으로 요단강을 건너는 상상을 해보세요. 그 상태에서 그들을 꺼내서 당신의 마음의 눈에서 소원이 성취된 상태로 바꾸고, 당신은 그들을 위해 그 상태에서 잠을 청합니다. 그런 다음 요단강을 건너게 하세요. 그러

네빌 고다드의 삶과 가르침

면 사흘이 지나면 소원을 이루게 됩니다. 그리고 그 사흘이 지나면 부활하여 깊은 곳에서 나오게 될 것이고 그들은 그것을 갖게 될 것입니다. 하지만 바로 다음 날에도 그들은 여전히 요단강에 있을 것입니다. 여러분은 매일 아침에 일어나 하늘의 환상을 본 후 내려와 요단강에서 하루를 시작하게 될 것입니다.

세상에는 항상 이렇게 말하는 사람들이 있을 것입니다.

"그렇다면 이 돌을 나를 위해 떡이 되게 하소서"

저는 이번 마라톤에서, 뉴욕에서 그런 생각을 했어요. "상상이 현실을 만든다고 하셨죠? 그럼 저 노란 연필을 빨간 연필로 바꿔 주세요." 그래서 항상 이렇게 말하죠. 이 전문 철학자인 그에게 "인간은 빵만으로는 살 수 없다"고 말했다면 뭐라고 했을까요? "오만하군. 왜 자신이 실제로 그런 말을 한 것처럼 성경을 인용하는 거죠?" 그리고 제가 그렇게 말했다면 그는 죽었을 것입니다. 예수 그리스도 외에는 누가 그런 말을 할 수 있었을까요? 예수 그리스도는 누구일까요?—여러분의 위대한 인간의 상상력입니다. 하지만 당신이 그것을 모른다면, 어쨌든 그는 여전히 그 말을 했을 때, 당신은 잠을 자고 있었습니다. 당신이 그 말을 한 것을 모른다면, 몽유병으로 말한 것입니다.

하지만 언젠가는 당신이 그 말을 했다는 것을 알게 될 날이 올 것입니다. 이 책 전체가 당신에 관한 것이니까요. 이 방대한 책 전체가 처음부터 끝까지 모두 당신에 관한 이야기입니다. 하나님 외에 다른 존재에 대해 말하는 것은 없습니다. 그리고 오직 하나님에 대해서만 말하고 있는데, 당신은 당신이 벌레라고 생각하십니까? 모든 끝은 기원에 충실합니다. 당신의 시작이 벌레라면, 당신의 끝도 벌레입니다. 그리고 과학자들의 말이 맞다면, 작은 벌레가 당신을 잡을 것입니다. 그래서 당신은 벌레, 구더기일 뿐입니다. 그러나 당신의 시작이 신이라면 모든 끝은 기원에 충실하기 때문에 끝도 신입니다. 그러므로 시작이 신이라면 끝도 신이며, 시작이 신이라면 당신은 신으로 깨어날 것입니다. 그러나 당신의 시작이 벌레라면 다른 이름, 여전히 정자라고 부르더라도 결국은 벌레입니다. 그러나 나는 당신의 기원이 신이고 당신의 끝이 신이라고 말해야 합니다.

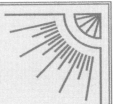

제11장

카발라

카발라에 대한 편지

지난 수요일에 저는 제 오래된 성경을 보러 갈 기회가 있었는데, 그곳에서 제 스승 압둘라의 편지 두 통을 발견했습니다. 1930년이나 1931년에 받은 편지라서 오랫동안 잊고 있었습니다. 이제 그 편지는 낡아서 떨어져 나갈 정도로 읽었습니다. 그건 카발라에 대한 지침이었어요. 히브리어로 된 매우 전문적인 내용이라 첫 부분은 흥미를 느끼지 못하겠지만, 다른 부분은 흥미를 느낄 수 있을 겁니다. 그리고 그가 한 말이 바로 이것입니다.

"피조물은 겉으로 보이는 잘못에 대해 결코 죄를 짓지 않습니다. 주님께서 모든 행위를 제정하셨고, 그분만이 모든 행위를 행하십니다."

그것이 시작입니다. 모든 사람이 주님의 명령을 이행하고 그분의 봉사를 수행했기 때문에 주님은 아무도 악을 비난하지 않으십니다.

악이 있다면, 오직 주님만이 악하시다.

- 이사야 45:7

어느 정도 인식이 있는 상태에서 이 구절을 처음 읽으면 깜짝 놀라게 됩니다. 여러분이 소중히 여기는 모든 것과 충돌하기 때문입니다. 여기서 멈추지 않고 그는 요한복음 4장에 나오는 아주 작은 구절, 예수님과 사마리아 여인 사이의 대화를 인용합니다.

여인이여, 나를 믿으라, 네가 예루살렘의 이 산 놀에서도 아버지께 예배하지 않을 때가 오고 있느니라. 너희는 알지 못하는 것을 숭배하고 우리는 아는 것을 숭배하니, 구원은 유대인에게서 왔느니라.

- 요한복음 4:21

그리고 거기서 멈춥니다. 이 구절을 읽으면 무슨 내용인지 궁금해집니다. 이제 이 위대한 노인의 해석을 들어보십시오. 그는 예후다를 유대인으로 번역하지만, 우리는 예후다라는 단어를 영어화하여 '유다'라고 부릅니다.

유다의 철자는 주님의 이름인 요드 헤 바우 헤의 철자와 같지만, 단어에 "D"라는 문자 달레스를 넣을 뿐입니다. 유다는 야곱의 넷째 아들이었으며, 야곱의 모든 아들 목록에서 그는 넷째의 지위를 부여받았습니다. 예수님의 족보, 즉 마태복음에 나오는 족보에서 그는 아브라함, 이삭, 야곱, 유다 및 그의 형제들 중 네 번째입니다.

그는 열두 사람 중 네 번째입니다. 신약 성경에서는, 요한계시록 7장(5절)에 나오는 것처럼, 그는 바다에 있는 자들 중 첫 번째입니다. 여기서 그는 영원히 구속받은 사람 중에서 가장 먼저 인봉된 사람입니다. 그리고 이것이 예후다라는 단어의 의미입니다. "구원은 유대인에게서 온다."

아브라함의 육신을 따라 태어난 유대인은 무엇을 의미합니까? 아니, 아브라함의 믿음을 따라 태어난 유대인, 아브라함에게 주신 약속, 그 약속이 성취된 그 약속, 그 자식에 대한 약속에서 절정에 이르는 유대인(창 17:15; 18:14)입니다.

이 노인의 말을 다시 인용합니다.

"너희는 알지 못하는 것을 숭배한다"

다음, 이렇게 번역합니다.

"당신은 섬기지만, 당신이 섬기는 것에 대해 눈이 멀었습니다. 당신은 왜 섬기는지 모르지만 섬기고 있습니다."

우리는 우리가 무엇을 섬기고 무엇에 예배하는지 알고 있습니다. 우리는 영원한 원리를 아는 자이며, 어린아이를 아는 자입니다. 예후다는 '그분의 찬양의 임재'를 의미합니다. 그분의 임재의 중심은 입, 즉 왕이며 왕은 어린아이입니다. 온 하늘이 어린아이에게 순종하고, 온 땅이 하늘이 순종하는 것을 나타내도록 강요받으며, 오직 어린아이의 목소리에만 순종합니다. 여러분은 항상 그리스도를 영원히 어린 아이로 생각해야 합니다. 이것이 바로 아브라함의 말씀입니다. 저는 그 편지를 오랫동안 잊고 있었습니다. 거의 언급할 기회가 없는 낡은 성경책에 34년이나 보관하고 있었습니다.

그런 다음 돌아가서 잠언 8장을 읽고 22절부터 시작해서 31절까지 읽어보십시오.

주님께서 나를 처음 지으실 때, 즉 옛날의 첫 번째 행위에서 나를 창조하셨습니다. 오래 전에 나는 주님께서 땅을 창조하시기 전에 처음에 세워졌습니다. 그분이 땅의 기초를 놓으셨을 때 나는 어린아이처럼 그분 곁에 있었습니다. 나는 매일 그분의 기쁨이었고, 항상 그분 앞에서 기뻐했으며, 그분이 사는 세상을 기뻐하고 사람의 아들들을 기뻐했습니다. 나를 찾는 자는 생명을 얻고, 나를 그리워하는 자는 자기를 해치고, 나를 미워하는 자는 죽음을 사랑한다.

- 잠언 8:22~31

여기 지혜의 의인화가 있습니다. 히브리인들은 모든 추상적인 아이디어와 원리를 의인화했습니다. 그래서 하나님의 첫 번째 창조는 지혜, 첫 번째 발산이었습니다. 나를 "창조"했다는, 동사로도 번역될 수 있으며, 아마도 나를 "소유"했다는, 이전 정의보다는 새로운 정의에 훨씬 더 큰 의미를 부여할 수 있습니다. 킹 제임스 버전에서는 이렇게 되어있습니다.

"주님께서 태초에 나를 소유하셨다."

개정 표준판에서는 이렇게 되어있습니다.

"주님께서 나를 창조하셨다."

네빌 고다드의 삶과 가르침

그러나 이 히브리어 동사에서는 둘 다 정확합니다. 하나님의 창조 능력과 지혜를 자신과 분리할 수는 없지만, 어린아이로 의인화되어 있습니다. 이제 그는 말했습니다.

"그는 기뻐하신다."

기뻐하신다고요? 킹 제임스 버전과 개정 표준 버전을 모두 읽으면 어린아이가 기쁨의 원천이라고 생각할 것입니다. 히브리어 본문에서는 그렇지 않습니다. 히브리어 본문에서 "그는 기뻐한다"는 의미는 지혜는 기쁨의 감정을 경험하는 사람이고, 창조력은 기쁨의 감정을 경험하는 사람이라는 뜻입니다. 이 모든 것은 주님으로부터 나오며 주님은 우리에게 "나는 나다"로 정의됩니다.

그것이 근원입니다. 그러나 그의 창조적 힘과 지혜는 기쁨의 감정을 경험하는 것, 즉 어린아이라 할 수 있습니다. 그래서 아브라함은 항상 그리스도를 어린아이로 생각하라고 말했습니다. 그리고 예후다라고 불리는 우리, 우리 유대인들은 육신의 출생의 우연이 아니라 아브라함의 믿음으로, 인종적 배경과 상관없이 약속을 듣고 그 약속에 충실한 사람들, 세상의 모든 공포에 믿음으로 나아간 사람들, 정죄하지 않고 오직 하나님의 뜻을 행한 사람들, 그 약속의 어린아이에 이르렀다고 말씀하셨다. 이제 우리는 "어린아이를 아는 자"입니다. 어린아이를 아는 사람은 모두 "유대인으로부터의 구원"이라고 불리는 사람들에 포함됩니다.

모든 사람은 어린아이를 알기 때문에 그 상태에 들어갑니다. 블레이크가 말했듯이요.

"죽은 자들이 아이의 음성을 듣고 잠에서 깨어나기 시작했습니다. 만물이 아이의 음성을 듣고 생명으로 깨어나기 시작했습니다."

아이의 목소리요? 네, 그분은 바로 숨결입니다.

"그는 하나님의 숨결이며 하나님의 숨결은 사람을 살게 하느니라."
— 전도서(3:19)

그가 사람에게서 숨을 거두면 사람은 죽습니다. 그런데 이 숨은 무엇일까요? 호흡이라고 합니다. 호흡은 바람입니다. 히브리어에서 바람과 영은 같은 단어이지만 '루와흐'라는 단어의 주된 의미는 실제로 바람입니다.

그래서 그들은 아이를 발견했을 때 말했습니다.

"나는 목소리를 듣지 못했습니다."

그건 아이의 목소리였습니다. 그것은 영원한 잠에서 죽은 자를 부르는 아이의 목소리였습니다. 그래서 여러분은 바람 소리를 듣고 깨어나기 시작했고, 죽음의 잠에서 깨어난 것입니다. 그리고 결국 모든 사람이 아이의 목소리인 바람을 듣고 모두 생명으로 깨어나게 될 것입니다.

제가 당신에게 말한 모든 말은 사실입니다. 당신은 아이를 약속받았습니다. 당신은 그 아이를 얻게 될 것입니다. 당신이 태어난 아이를 얻은 후에는 완전히 다른 아이, 즉 "아들을 주신다"에 따라 또 다른 아이가 올 것입니다. 이는 곧 말씀입니다.

"한 아기가 우리에게 났고 한 자녀를 우리에게 주신다."
— 이사야 9:6

같은 것이 아닙니다. 아이가 태어나고 당신이 그 아이를 손에 잡는 것, 그 아이가 태어나는 것, 그것이 바로 탄생의 징표입니다. 그러나 다음 아이는 태어난 것이 아닙니다. 그것은 하느님에게서 나셨고, 하느님께서 자신을 당신에게 주기로 결정했을 때 당신에게 주셨습니다. 이처럼 인간에게 자신을 주시는 것이 하느님의 목적입니다. 세상에 다른 사람이 없는 것처럼, 오직 하나님과 당신만 있는 것처럼 인간 자신을 주시는 것이 하느님의 목적입니다. 그리고 그분이 당신 자신을 주신 목적에 성공했다는 것을 증명하기 위해 하나님이 아버지라면 자녀가 있습니다. 그가 자신을 당신에게 주었다면 당신은 그 아이의 아버지입니다. 그래서 이사야 9장에 나오는 이 말씀의 두 번째 부분은 다음과 같습니다.

"한 자녀를 우리에게 주신 바 되셨다."

먼저, 아이가 태어나는 것이 먼저입니다. 이 단계에서는 자녀는 줄 수 없기에 자녀는 영입니다. 혈과 육은 줄 수 없습니다.

"혈과 육은 하나님 나라를 유업으로 받을 수 없나니."
– 고린도전서 15:50

그리고 다윗은 선물로 오십니다. 그분은 여러분에게 자신을 주시고, 자신을 주실 때 다윗은 여러분의 세상에 나타나서 여러분을 아버지라고 불러야 합니다. 그가 당신을 아버지라고 부르지 않고 다른 관계라면, 하나님은 다윗의 아버지이기 때문에 하나님은 당신 자신을 당신에게 주신 것이 아닙니다.

"너는 내 자녀니라 오늘 내가 너를 낳았다."

다윗은 세상, 여러분의 세상에 개별적으로 오셔서 당신을 아버지라고 부릅니다. 이 세상의 모든 사람이 그런 경험을 하게 될 것입니다. 그러면 하나님의 아버지와 인간의 형제애를 알게 될 것입니다. 당신이 내 자녀의 아버지라면, 당신과 나는 하나이기 때문입니다. 내가 당신 자녀의 아버지이고 당신 자녀가 내 자녀와 같은 자녀라면, 누가 우리 둘이 하나임을 부정할 수 있겠습니까? 이렇게 세상에서 하나님의 하나 됨을 알 수 있는 유일한 방법은 그의 자녀를 통해서입니다.

이 광활하게 움직이는 세상은, 바로 당신이 움직이고 있습니다. 그리고 당신이 이를 증명하기 위해 당신은 자신의 활동을 스스로 제어합니다. 그리고 그 순간 모든 것이 얼어붙습니다. 당신이 그들

네빌 고다드의 삶과 가르침

을 관찰하고, 그들에게 다가가서 자세히 살펴보면 그들은 모두 죽어 있습니다. 그러나 그들 스스로를 풀어주면 그들은 다시 살아나서 자신의 의도를 계속 수행합니다.

의도를 바꿀 수 있다고 가정해 봅시다. 그 의도는 위에서 내려온 것이므로, 그들은 단지 당신의 의무를 이행하는 것일 뿐이며 모두 강박에 시달리고 있습니다. 이제 당신은 "하나님의 입"이 무엇인지 알았습니다. 그가 말했고 입은 어린아이이기 때문입니다. 입 또는 왕, 그리고 왕은 하나님의 숨결인 어린아이입니다.

당신은 당신이 한 일을 정확히 알고 있습니다. 당신은 자신의 존재에서 활동을 스스로 절제했고, 그 제어는 당신의 숨을 되찾은 것입니다. 그리고 그들은 죽었습니다. 당신이 모든 것을 움직이고 있는데, 어떻게 이 세상의 어떤 인간을 정죄할 수 있겠습니까? 당신은 영 안에 있을 때 만물을 움직였습니다.

따라서 당신이 당신의 영원한 원리에 대한 이야기를 전하기 위해 세상에 오면, 당신은 위로부터 온 세상을 지배하는 것과 동일한 일을 겪습니다. 그것은 당신 자신의 창조력을 확장하기 위한 대가입니다. 세상에는 오직 하나님만 존재합니다. 하나님이 모든 역할을 하시고 하나님 외에는 아무것도 없습니다. 그는 지혜로운 사람의 역할과 어리석은 사람, 사랑하는 사람, 미워하는 사람의 역할을 하십니다.

이제 돌아가 봅시다.

"나를 찾는 자는 생명을 찾는다."

어떻게 그것을 멈추고 시작할까요. "나를 그리워하는 자는 자기를 해친다." 그는 계속 바퀴를 굴리고 배고픈데, 그 배고픔을 채우지 못해 나를 찾지 못합니다.

"나를 미워하는 자는 죽음을 사랑한다."

광활한 세상을 보고도 그들은 정죄하지 못하고, 어린아이를 모르고, 그리스도 예수라는 하나님의 창조적 능력을 모르고, 세상을 사랑하고 있습니다. 그들은 고통스러운 이 작은 일을 하루 더, 한 달 더, 일 년 더 연장하고 싶어 합니다. 그들은 집이 두 채이지만 더 안정감을 느끼기 위해 네 채를 원합니다.

양복이 12벌인데, 두 벌은 다른 양복보다 더 질이 좋기를 원합니다. 이 세상은 이미 죽었고 사람들은 그것을 모르기 때문에 그들은 더 많은 죽음을 원하며 살아갑니다. 저는 그것을 멈추고, 시작했습니다. 이 부분에서, 나는 그것을 두 번 이상 해왔기 때문에 처음에는 실수가 아니었습니다. 그래서 저는 이 말씀이 무슨 뜻인지 압니다.

"나를 찾는 자는 생명을 찾는다."

하나님의 창조력은 어린아이로 의인화됩니다. 바울은 고린도전서 1장 24절에서 하나님의 창조적 능력을 그리스도 예수라고 말합니다.

"유대인이나 헬라인이나 부르심을 받은 자들에게는 하나님의 능력이요 하나님의 지혜이신 예수 그리스도시니라."

따라서 하나님의 능력은 예수 그리스도로 의인화됩니다.

항상 예수 그리스도를 어린아이, 항상 아버지 앞에서 기뻐하셨던 어린아이, 항상 기쁨의 감정을 경험하신 분으로 생각하세요. 창조적 힘은 그것을 경험합니다. 그는 기쁨의 원천이 아니라 기쁨의 감정을 경험하는 사람입니다. 이 깨달음에 이르러 위로부터 자신의 탄생을 상징하는 어린아이를 발견하면, 그 후 인간은 주어진 자녀를 발견합니다. 그리고 그 자녀는 그에게 자신이 누구인지 드러내고 죽음의 수레바퀴를 끊습니다. 이것이 죽음을 통한 생명의 신비입니다.

"한 알의 씨앗이 땅에 떨어져 죽지 아니하면 한 알 그대로 있고, 죽으면 많은 것을 맺느니라."
— 요한복음 12:24

이처럼 하나님이 창조의 능력으로 사람이 되신 것은 사람이 하나님이 되게 하려 하심(빌립보서 2:7)이므로, 모든 명령은 하나님에 의한 하나님에 대한 명령입니다. 우리가 이 세상에서 보는 인간은 우주의 영원한 구조의 일부입니다. 네빌이라고 불리는 이 존재는 이 세상에 나타난 순간부터 그 순간에 남겨진 사람들에게 사라지고 없어지는 그 순간까지 그 모든 단계는 결코 지나간 적이 없으며 실제로 존재하지도 않았습니다. 언제나 우주 구조의 일부였습니다.

우리가 창조적인 힘으로 이 세상의 모든 것을 움직이고 있듯이,

나는 그것을 움직이고 있습니다. 나는 세상을 영원히 떠날 것입니다. 여전히 우주의 영원한 구조의 일부가 될 것이며, 움직이지 않는다면, 모든 작은 측면에서 죽은 상태로 남아있을 것입니다. 엄마를 수유하던 아기, 미지못해 학교에 가는 어린아이, 인생이 길을 찾으려는 소년, 남자, 그 모든 것은 당신이 움직여서 만든 옷일 뿐입니다. 그리고 여러분과 나는 모든 용광로를 통과하고 하나님이라는 창조력을 경험하고 깨어날 날이 올 것이며, 우리는 하나님의 창조력이자 하나님과 하나가 될 것입니다. 그러면 우리는 예후다라고 말할 수 있습니다.

우리는 구원을 받았고 죽음의 세계에서 구원을 받았습니다. 갑자기 모두가 깨어나고 하나님과 그분의 창조력인 자녀가 하나가 됩니다.

새로운 모험과 동일한 캐릭터로 새로운 연극이 시작됩니다. 왜냐하면 그들은 우주의 영원한 구조의 일부로 남아있기 때문입니다. 우리는 완전히 다른 드라마를 구상합니다. 오늘 밤 연극에 가서 배우들을 본다면 그들이 연기하는 배역에 대해 비난하시겠습니까?

비난은 작가를 향해야 하지 않을까요? 작가가 연극을 구상했습니다. 작가는 그 세계에서는 신입니다. 그리고 신 외에는 캐릭터에 생명을 불어넣을 사람이 없었고, 그는 자신이 구상한 경험을 실제로 지나야 했습니다. 하지만 이 모든 것들은 죽어 있었습니다. 믿어주세요, 저는 그들이 죽은 것을 보았습니다. 모든 것이 죽었습니다.

그리고 세상의 위대한 과학적 발견과 관련하여 우리가 발견한 모든 것이 그렇지 않을 날이 올 것입니다. 우리가 지금 보는 것이 아닐 것입니다. 학교에 다니는 아이들은 우리가 중력이 있다고 믿는 것을 배웠습니다. 그리고 그들은 건물 꼭대기에서 뛰어내리지 않음으로써 그것이 얼마나 사실인지 증명합니다. 우리는 바닥으로 떨어질 것을 알고 있습니다. 하지만 모든 것을 멈추게 하는 내 안의 활동을 멈추었기 때문에 떨어져야 할 것들이 떨어지지 않았습니다. 날아가는 새는 떨어지지 않고 우주에 정지한 채로 남아있었습니다.

그렇다면 중력은 어디에 있을까요? 그리고 내일 우리는 오늘 우리가 발견했거나 발견했다고 생각하는 모든 것을 바꾸고, 우리의 창의력을 발휘할 수 있도록 완전히 재배치하고, 동일한 캐릭터를 사용하여 창의력을 확장한 것 이상으로 확장할 수 있는 훨씬 더 큰 놀이를 할 것입니다. 그것이 바로 예수 그리스도입니다.

그래서 그는 말씀했습니다.

"우리는 예후다, 어린 아이를 아는 자이다. 우리는 영원한 원리를 아는 자들이므로 우리는 예후다이다. 너희는 무엇을 섬기고 왜 섬기는지 알지 못하지만, 섬기고 있기 때문에 모르는 것을 숭배하는 것이다."

인간은 각각의 배역을 연기하지만 자신이 왜 그런 일을 하는지 알지 못합니다. 그는 자신이 아닌 다른 힘의 작용에 의해 세상에 태어났다는 것입니다. 이에 의해 육체적으로 확실히 태어났습니다. 그리고 그는 자기도 그 이유를 모른 채 자기 자신이 가족에 속해 있음을 발견합니다. 그는 이유도 모른 채 세상을 떠돌아다니는 자신을 발견합니다.

그리고 이러한 경험을 즐기고 있는 어린아이가 말하는 위로부터의 강박을 따르고 있습니다. 우리는 언젠가 위에서 태어납니다. 우리는 그 창조적 세계에 들어가서 그 상징인 어린아이를 안고 모든 권능을 행사할 수 있을 때까지 하나님과 구속의 말씀을 전할 것입니다. 왜냐하면 그는 단지 자신을 구속하고 인간은 세상의 영원한 구조의 일부로서 그가 있는 곳에 남겨두기 때문입니다.

그래서 결국 아무것도 정죄를 받지 않습니다.

"아버지여, 저들을 사하여 주옵소서 자기들이 하는 것을 알지 못함이나이다."

–누가복음 22:34

그들은 모릅니다. 그래서 재판 마지막에 이 말씀이 나옵니다.

"너희에게 십자가에 못 박는 권세와 석방하는 권세가 있는 줄을 알지 못하느냐?"

예수께서 말씀하시기를,

"위로부터 너희에게 주어지지 않았다면 너희는 나를 다스릴 권

네빌 고다드의 삶과 가르침

세가 없다."

−요한 19:10

어떤 사람이 감히 카이사르의 대리인에게 당신은 내게 권세가 없다고 말합니까? 이 사람은 사마리아인에게 이렇게 말했으므로 그는 자신이 무슨 말을 하는지 정확히 알고 있었습니다.

"우리는 우리가 무엇을 숭배하는지 알지만 당신은 무엇을 숭배하는지 모릅니다."

그래서 저는 자기가 안다고 생각했고, 시저의 팔인 빌라도는 자기가 예수를 놓아주거나 십자가에 못 박을 권세가 있다고 생각했기에, 말했습니다.

"위로부터 너희에게 주어지지 않았다면 너희는 나를 놓아주거나 십자가에 못 박을 권세가 없으니 나를 너희 손에 넘겨준 자가 더 큰 죄를 지었느니라."

아무도 죄가 없습니다. 모두 연극이기 때문입니다. 우리는 성경에서 예수 그리스도로 의인화된 창조적 힘을 발휘하기 위해 잘 구성된 무대에 올라 우리가 맡은 배역을 연기했습니다. 우리는 시작하기 전에 모든 것을 들었습니다. 그 아름다운 시 '새집'에서요.

문을 닫자마자 새집에 혼자 남았고 바람이 신음하기 시작했습니다. 집은 한순간에 낡았고 저는 늙었습니다. 폭풍의 밤, 끝없는 안개의 날, 태양이 헛되이 보이는 슬픈 날, 오래된 슬픔, 아직 시작되지 않은 슬픔 등 예언된 것에 대한 두려움으로 내 기가 놀람을 받았습니다. 모든 것이 나에게 예언 되었고, 내가 예측할 수 있는 것은 아무것도 없었지만, 나는 이러한 일들 이 일어난 후에 바람이 어떻게 들릴지 배웠습니다.

-에드워드 토마스

모든 일이 끝난 후에 당신은 그 아이의 바람 소리를 듣습니다. 그래서 포대기에 싸여 있는 어린아이가 발견되고 바람 소리를 들 었을 때, 사람들은 그 바람이 무덤에서 사람을 부르는 하나님의 음 성이라고 의심하지 않습니다. 그래서 그는 무덤에서 저를 불렀습 니다.

나는 해골 무덤에 묻혀 있었는데, 바람이 와서 내게 숨을 불어넣 었습니다. 바람이라니! 모두 저에게 예언되었지만, 배역을 연기하 는 동안 저는 그 배역에 너무 빠져서 그것을 예측할 수 없습니다. 그러나 그것은 나에게 예언되었습니다. 그리고 약속, 종말은 나에 게 예언되었습니다. 그가 내게 아이를 주실 것이고, 그 아이는 내 가 늙었음에도 불구하고 나의 탄생을 의미할 것입니다. 그때 아브 라함은 나이가 백 살이었고 이 말을 들었습니다.

"너는 이제 사백 년 동안 유배될 것이다."

사백은 히브리어 알파벳의 마지막 글자의 숫자이고, 그 마지막

네빌 고다드의 삶과 가르침

글자의 상징은 십자가이며, 그 글자는 타우입니다. 그래서 제가 육신의 십자가를 지고 제 본향에서 유배되어 이 세상을 떠돌며 제 권력을 확장하는 동안, 마지막에는 제 본향에서 유배되어 제 권력을 확장하는 약속을 지키고, 마지막에는 약속을 지키고 저에게 아이를 주실 것입니다. 그리고 그것이 제가 죽음의 세계에서 벗어나는 출구가 될 것입니다.

나는 그분의 약속을 받고 돌아올 것입니다. 그리고 그가 옷을 벗기 전에, 즉 십자가를 지기 전에 그는 자신을 제게 주실 것이며, 그것은 그의 자녀의 모습으로 내게 주어질 것입니다. 그는 그의 자녀 다윗을 내 자녀로 내게 주실 것입니다. 그분이 나를 다시 부르시기 전에 나는 사람들이 하나님이라고 부르는 나의 아버지가 나에게 다윗을 자녀로 주심으로 여기 그림자 세계에 있는 나에게 그것을 주실 때 나와 나의 아버지가 하나라는 사실을 완전히 의식하게 될 것입니다. 그런 다음 그는, 내가 다시는 그것을 차지하지 못하도록, 모든 것을 찢어 버리고, 이 성전을 위에서 아래로 찢어 버릴 것입니다.

불타는 뱀의 모습으로 저를 들어 올리셨습니다. 그런 다음 그는 비둘기의 몸으로 내게 내려와서 자신과 맺은 거래를 봉인하고, 입맞춤으로 나를 질식시켜, 그가 약속을 지켰고 이제 끝나는 여행에 만족한다는 것을 알게 될 것입니다.

그러나 그것을 가진 사람은 누구나 아래에서 일하기보다는 높은 곳에서 그 창조적 힘과 하나가 되기를 갈망하지만, 그 욕구는 여전히 육신에 머물러 있습니다. 그래서 당신은 그것을 말하고 그것을 듣기 위해 그가 보낸 사람들에게 말할 수 있습니다. 모든 것이 질서정연하니 어긋난 것은 없습니다. 오늘 밤 여기 있어서는 안 되는 사람은 한 명도 없고, 없어진 사람도 한 명도 없습니다. 오늘 밤에 말하는 것은 오늘 밤에 듣는 사람들이 들어야 했습니다. 그가 나를 보낸 것처럼 당신을 보냈습니다. 하나도 어긋난 게 없습니다. 블레이크가 오늘 부활한 상태에서 말했듯이요.

네빌 고다드의 삶과 가르침

압둘라의 편지

세상의 공포에 겁먹지 마세요. 모든 것은 질서 있고 정확하며 완벽한 지점에 도달하기 위해 운명을 완수해야 합니다.

이 과정을 따르면 자신의 자아로부터 자연의 영원한 아름다움에 대한 더 깊은 인식을 받게 될 것입니다. 또한 지금 당신에게 보이는 모든 것에서 점점 더 많은 해방을 받게 될 것입니다. 너무 슬프고 끔찍합니다.
   -현대 회화의 블레이크는 환상 속에서 맥스 베크만에게 말했다.

이 단계에서는 그렇습니다. 누가 그것을 부인할까요? 모든 것은 질서 있고, 모든 것이 정확합니다.
이제 처음 들었을 때 원망하고 저항하게 됩니다. 제가 오랜 스승 압둘라를 처음 만났을 때 그는 이에 대해 단호했습니다. 그리고 지난 수요일에야 오래된 성경을 펼쳤는데 다시 성경으로 돌아갔더니 나뭇잎 사이에 압둘라가 보낸 편지 두 통이 있었습니다. 의심할 여지 없이 다른 책 어딘가에 묻혀 있는 다른 편지 이삼십여 통이 더 있습니다. 그들이 어디에 있는지 모르겠습니다. 그러나 여기시 다시 읽으면서 그는 "기발라"라는 단어 자체를 네 가지 멋진 상태로 가져와서 그것이 실제로 무엇을 의미하는지 보여줍니다. 여러분과 저는 이 단어가 실제로 '기록되지 않은 신비', 즉 이 위대한 신비를 살리기 위해 아버지가 아들에게, 아들이 그 아들에게 말하는 등 구전으로 대대로 전해 내려오는 구전 전통을 의미한다고 배웠습니다. 히브리어로 그 이름을 구성 요소로 나누면 그 이름에 어떻게 도달하게 되는지 정확히 보여줍니다. 성경의 모든 문자를 가져와서 모두 영원한 상태의 의인화입니다. 모든 추상적인 아이디어와 원리를 가져와서 개인화하는 것이 히브리인의 습관이었습니다. 그래서 그는 열두 아들의 아버지인 위대한 아버지 야곱으로 시작하여 이 열두 명을 열두 투명체, 열두 수정, 계명을 받은 열두 돌로 보여주고, 이 모든 것을 뉴마나라고 부르고, 이를 현상이라고 불렀습니다. 그리고 현상에는 어떤 명령도 주어지지 않았으며, 현상에는 강박이 작용합니다. 모든 명령은 뉴마나에서 신에게 주어지고 그것이 이 현상계에서 표현됩니다.

하지만 여기서 이 정통 랍비는 계시가 오기 전까지, 환상이 오기 전까지 평생 그렇게 살았기 때문에, 그렇게 생각하지 않을 것입니다. 식단, 옷차림, 모든 것, 모든 습관 등 정통 유대인이라고 생각하는 모든 것에 엄격한 유대인인 그는 오늘날 어린아이에 대해 이야기합니다. 매우 엄격한 정통 유대인이었던 바울에게 일어난 것과 같은 일이 그에게 일어나지 않았다면 그는 그것을 할 수 없었을 것입니다. 그러나 계시가 일어나면 저항할 수 없습니다. 이전에 어떤 사람이었든 계시를 받은 후에는 그 흐름을 따라가야 합니다. 그래서 그는 와서 이렇게 말합니다.

"우리는 이제 예후다. 우리는 어린 아이를 아는 사람이기 때문에 똑같습니다."

그전에는 단순히 모든 사람을 핍박했습니다. 모든 사람이 명령 받기 때문에 그렇게 했습니다. 위에서 내려온 명령이었고, 대본에 쓰인 대로, 그가 연기해야 했던 배역이었으니, 비난할 필요는 없습니다. 그리고 그가 박해하러 가는 도중에 어린아이의 계시가 나옵니다. 그리고 그때부터 전체 과정이 바뀌고 완전히 다른 방향으로 나아갑니다. 그래서 다시 그분의 말씀을 인용하자면,
"피조물은 그들이 행하는 것처럼 보이는 잘못으로 인해 심판이나 정죄를 받지 않느니라. 주님 자신이 모든 행위를 제정하였다. 그들이 행하는 것처럼 보이는 잘못으로 인해 심판이나 정죄를 받지 않느니라. 주님 자신이 모든 행위를 제정하였다. 주님 자신이 모든 것을 수행하셨기다. 악이 있다면 나 주님만이 악이라."

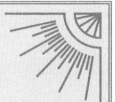

지혜를 찬양하며

지혜의 두 가지 측면

성경은 완전히 다른 두 가지 유형의 지혜에 관해 이야기합니다. 하느님 보시기에 미련하다고 주장하는 이 세상의 지혜와 사람이 보기에 미련한 하나님의 지혜입니다. 그러나 하나님의 지혜에 이르는 길은 하나님의 위대한 비밀입니다. 그것은 어떤 입문서나 철학적 가르침을 통해서가 아니라 사랑이라는 영의 가장 높은 선물을 통해서입니다. 이것을 지침으로 삼으면 잘못 갈 수 없습니다. 경전에서 지혜는 어린아이로 의인화되어 있으며, 잠언 8장 22절부터 36절까지를 읽게 됩니다.

나는 그분이 아무것도 낳기 전에, 하늘이 만들어지기 전에, 땅이 만들어지기 전에 그분의 소유였습니다. 나는 어린아이처럼 그분 곁에 있었으며, 매일 그분의 기쁨이 되어 그분의 사람이 사는 세상을 기뻐하고 사람의 아들들을 기뻐했습니다. 내 아들들아, 내 말을 듣고 내 길을 지키라. 나를 찾는 사람은 생명을 얻고 하나님의 은혜를 얻는다. 나를 그리워하는 자는 자기를 해치고 나를 미워하는 자는 모두 죽음을 사랑하느니라.

- 잠언 8:22-36

여기 지혜의 의인화, 어린아이가 있습니다. 성경에서 말합니다.

"지혜는 그 자녀로 말미암아 의로움을 얻느니라."

— 누가복음 7:35

여기서 우리는 지혜가 이제 부모가 되어 어린아이로 의인화된 자신을 낳는 것을 볼 수 있습니다. 따라서 완전히 다른 세계에서 자신을 낳을 때 이 지혜는 완전히 달라집니다. 그 아이는 1초 전의 모습과 전혀 다르지 않습니다. 그가 대학에 가지 않았다면 그는 대학에 갔다고 생각할 수 없으며, 이 시저의 세계에서 그가 알고 있던 것은 더 이상 알 수 없습니다. 그가 봉투에 도장을 찍기 시작했을 때 엄지손가락이 전부였다면 그는 여전히 엄지손가락으로 남아 있습니다. 그는 자신에게 일어난 일이 완전히 다른 세계로 그를 이끌고 이 세상의 눈에는 어리석은 것처럼 보일 것이므로 카이사르 사람들의 눈에는 현명하지 않은 이 세상의 지혜와 어떤 대화도 나눌 수 없습니다. 그리고 그가 발을 들여놓은 것은 빠르게 확장되기 시작하고 그는 논의조차 할 수 없는 모든 종류의 일에 들어갑니다. 그는 이에 대해 논의하지만 그를 이해할 수 있는 사람은 소수에 불

네빌 고다드의 삶과 가르침

과할 것입니다. 그가 논하는 것은 이 세상의 지혜를 넘어서는 지혜일 뿐만 아니라 이 세상의 권력을 넘어서는 힘입니다.

예를 들어 우리는 전기가 위험할 수 있다고 해서 전기 사용을 중단하지 않을 것입니다. 잘못 사용하면 치명적이라는 것을 우리는 알고 있습니다. 매년 고속도로에서 자동차에 치여 사망하는 미국인만 5만 명에 달하지만, 여러분과 저는 운전을 멈추지 않을 것입니다. 수십만 명이 부상을 입고 일부는 매우 심각하게 다칩니다. 그중 상당수가 그렇지만 우리는 여전히 자동차를 운전합니다. 따라서 우리가 시저의 수준에서 사용하는 힘은 잘못 사용하면 치명적이고 위험해지지만 우리는 사용을 멈추지 않습니다. 제가 말하는 이 힘은 훨씬 더 위험하지만 우리는 실험을 해야 합니다. 그리고 위험하다고 해서 사용을 멈추지 않을 것입니다. 그래서 오늘 밤 우리는 당신을 해칠 수 없는 한 가지의 힘으로 내려갑니다. 이 힘으로 가는 길이 하나님의 지혜로 가는 길이며, 사랑이라는 영의 가장 높은 선물을 통해서 갈 수 있다는 것을 깨닫는다면 여러분을 해칠 수 없습니다.

지혜와 관련된 이야기들

제 친구는 이야기를 쓸 때 상상력을 사용하는 것과 같은 방식으로 다른 사람을 위해 상상력을 사용하라는 환상을 들었습니다. 그는 전문 작가이고 매일 이야기를 쓰고 있습니다. 시저 수준의 이야기를 쓸 때는 모든 배역을 자연스럽게 연기해야 하죠. 그래서 그는 러브신을 만들거나 러브신을 극화할 때 스스로 사랑을 해야 해요. 그가 저에게 보낸 편지에서 말했듯이 상황에 따라서는 자신의 뺨을 때리고 얼굴을 때리기도 하죠. 그래서 그가 이를 염두에 두고 (모두 꿈속에서), 시도해 보겠다고 했습니다. 그가 언급한 두 가지를 시도해 보았고, 그는 이 사람들이 누구인지 모르겠다고 말했습니다. 이것들이 성공하면, 많은 사람이 그와 친해져서 실험에 당신을 사용할 수 있기를 바랍니다.

그는 저에게 편지를 써주었습니다. 당신에게 언급했지만, 그 끝을 말하지 않았습니다. 대본의 맨 마지막에 쓰인 내용이 편지의 일부인지 몰랐습니다. 그래서 그는 저에게 또 다른 편지를 썼고, 저는 하루가 지난 후에 그것을 받았습니다. 그의 경험에 따르면, 그는 자신의 몸을 떠나 연극에서 하듯이 자신이 돕고 싶은 사람의 몸을 맡았습니다. 그가 돕고 싶은 사람은 젊은 여성이었기 때문에 그는 이제 다른 사람이 된 것뿐만 아니라 성별도 달라졌습니다. 이때 그녀의 가장 시급한 필요는 자동차였습니다. 그래서 그는 젊은 여자의 모습을 하고 거울을 들여다보며 자신이 아름답다고 –이제 그는 남자가 아니라 젊은 여자이기 때문에– 선언한 후 새 차가 대기하고 있는 거리로 나가서 차에 올라타서 바람을 맞으며 여자의 모습으로, 이 여자의 모습으로 앉아 차를 몰고 떠났습니다. 그러다 하이힐이 익숙하지 않아 잠시 불편함을 느낀 그는 차를 타고 가다가 연석에 차를 세우고 주차를 했습니다. 이제 여자의 몸에서 내려 운전석에 앉은 여자를 바라보더니 그녀는 환하고 영광스러운 미소를 지었습니다. 그게 바로 그 장면이었어요. 바로 다음 날, 그는 이 젊은 여성이 일하는 식당에 갔고, 그녀는 흥분한 순간에 그와 그의 아내를 데리고 나가 차를 보여주었습니다. 차의 제조사, 차의 색깔, 상단이 내려져 있었습니다.

이런 차를 가진 모든 사람은 그녀가 어떻게 이 차를 얻었는지 알고 싶어 했습니다. 사실 그녀는 차가 없었어도 어머니를 찾지 않았습니다. 어머니는 딸이 자신을 찾지 않는 이유가 차가 없어서라는 것을 알고 예상치 못한 돈을 선물로 보내주었고, 친구는 새 차를 구입할 수 있었습니다. 어머니는 그 친구에게 "내가 보고 싶은 만큼 자주 보지 못했기 때문에, 나를 더 자주 볼 수 있는 수단인 자동차를 가질 수 있도록 돈을 준 것"이라고 정말 이기적인 선물이었다고 말했습니다. 그래서 그들은 항상 카이사르의 수준에서 이러한 일들을 정당화합니다. 하지만 이 모든 것이 그 수준에서 시작되었습니다. 그는 그녀에게 힘도 믿음도 없는 것을 그녀에게 주었습니다.

이제 그녀는 차가 생겼기 때문에 같은 레스토랑에서 음악을 연주하고 일하는 사람과의 관계에서 벗어나고 싶어 합니다. 그는 음악가이고 그녀보다 훨씬 나이가 많은 남자지만 친절하고 배려심이 많았습니다. 그는 결혼을 제안했지만 그녀는 거절하고 사귀기만 하자고 했습니다. 하지만 그는 매일 밤 야근하는 그녀를 집에 데려다주고, 낮에는 그녀가 사는 아파트에 데려다주고, 낮에는 차를 사용할 수 있게 해줬어요. 그런 다음 몇 주에서 몇 달, 몇 달에서 또 몇 달이 지나면서 그는 그녀를 집에 데려다줄 뿐만 아니라 잠시 들어와서 앉아서 쉬자고 제안했고, 실제로 그렇게 했습니다. 그리고 그것은 습관이 되어 그녀가 부재중에도 아파트를 사용할 수 있도록 여분의 열쇠를 받을 정도였습니다.

하지만 이제 차가 생기고 새로운 자유를 얻게 된 그녀는 이런 일이 계속되기를 원하지 않았습니다. 그래서 그녀는 이 일에 성공한 제 친구에게 "그가 상처받는 건 원하지 않아요. 그가 내 인생에서 사라졌으면 좋겠지만 상처받지는 않았으면 좋겠어요. 그는 친절하고, 다정하고, 관대하고, 모든 것이 사랑스러웠기 때문에 이 사람이 상처받지 않고 이 일이 끝났으면 좋겠어요."

네빌 고다드의 삶과 가르침

이 옷을 입은 사람은 동물의 옷을 입고 있다는 것을 말씀드려도 될까요? 이 세상의 누구든, 아무리 거룩한 사람이라 할지라도, 소위 거룩한 사람이 자신이 얼마나 거룩한 사람인지 말할 때, 그를 믿지 마십시오. 이 옷을 입는 동안 당신은 동물의 힘에 지배되기 때문에 단 한 순간도 그를 믿지 마십시오. 그래서 그는 저에게 보낸 편지에서 "저는 당신이 딸 비키를 사랑하는 것과 같은 방식으로 그녀를 사랑합니다"라고 말했습니다. 글쎄요, 그건 정말 대단한 일입니다. 왜냐하면 누군가가 자신의 식탁에서 기다리는 완전히 낯선 사람을 데려다가 제가 비키를 사랑하는 것과 같은 정도와 애정으로 그녀를 사랑할 수 있다면 저는 그에게 모자를 벗고 경의를 표할 수 있기 때문입니다. 그녀의 모든 아픔을 제 아픔으로 받아들입니다. 그리고 아들 중에서 딸을 둔 아버지라면 대체로 아들은 잊어버리고 딸에 관해서 더 그렇습니다. 그래서 그는 "이 관계를 들었을 때, 나는 너무 짜증이 났고, 당신이 비키에게 하는 것처럼 이상한 방식으로 그가 이 소녀에 대한 시간과 애정을 독점하는 것을 질투했겠구나, 하는 생각이 들었어요. 그래서 그녀가 부탁한 대로 그녀를 자유롭게 해줘야겠다고 생각했어요."

이제 기억하세요, 그녀는 상처 없이 그가 자기 삶에서 떠나기를 원했습니다. 그녀는 그의 애정, 부드러움, 배려, 관대함, 이 모든 것에 감사했습니다. 그러나 그가 그녀의 몸에 들어가서 그 존재가 되었을 때 그는 두 부분을 연기하지 않았습니다. 그는 자신의 몸에서 자신을 단절하고 그녀의 인격과 가면을 소유했습니다. 그리고 이 관계를 끊을 때 그는 그녀의 몸에 들어갔을 때 큰 사랑을 느꼈습니다. 그는 "나는 사랑으로 누구의 몸에도 들어갈 수 있습니다. 그것은 걱정에서 가장 쉬운 일입니다. 그래서 나는 이 몸에 들어갔고 이 관계에서 완전한 자유를 요청했습니다. 그 순간 저는 친절하게 대하는 대신 그를 쓰레기처럼 대했어요. 심지어 어느 날 식당에서 한 남성이 불쾌감을 주려고 할 때 코를 치켜들고 손을 튕기는 신체적 제스처를 사용하기도 했어요." 그게 무슨 뜻인지는 모르겠습니다. 그것은 그녀가 단순히 불쾌한 무언가처럼 그를 그녀에게서 추방했다는 것을 암시했습니다.

"이 여성(저는 남자가 아니라 이 존재입니다.)으로서 저도 똑같은 일을 했어요. 그녀가 원한 것은 아니었지만 저는 그렇게 했어요. 나는 그가 불쾌한 사람인 것처럼 그를 내 인생에서 완전히 추방했습니다. 하지만 이제 여기에 공포의 공포가 왔습니다. 거기서 벗어날 수 없었습니다. 나는 그녀에게서 벗어날 수 없습니다. 그리고 6시간 동안 저는 아내가 '당신 누구야'라고 말할 정도로 제 자신과 씨름했습니다. 저는 패닉에 빠졌어요. 제가 여자라고 생각해서 정신병원에 갇히게 될까 봐 죽을 만큼 무서웠어요. 제가 이걸 만들기 위해 무슨 짓을 했는지 아무도 모를 거예요. 하지만 저는 베스에게서 벗어날 수 없었어요. 나는 이 젊은 여성입니다. 마침내 어떻게 알 수 없지만 마침내 6시간의 노동과 투쟁 끝에 어떻게든 빠져 나왔습니다. 어떻게 했는지 모르겠습니다. 나는 너무 지쳐서 잠에 빠져 열두 시간 동안 쉬지 않고 잠을 잤습니다. 하지만 마지막에 가

네빌 고다드의 삶과 가르침

장 천상의 사랑의 음성이 제게 들려왔고 '내 영혼이 회복되었다'고 말해주었기 때문에 그만한 가치가 있었어요. 이제 나는 사랑과 아름다움과 기쁨으로 내 자신을 모으고 있다고 말해주었습니다. 그리고 그게 다였습니다."

그는 나에게 보낸 편지에서 "네빌, 이런 경험을 했으니, 나는 당신이 수업에서 주의를 주고, 그들이 사랑으로 상상력을 발휘하지 않는 한 어떤 경우에도 상상력을 발휘하지 말라고 말해주기를 바랍니다. 왜냐하면 그들은 내가 갇혔던 것처럼 갇힐 것이기 때문입니다. 나는 사랑을 통해 기꺼이 그리고 열심히 그 안으로 들어갔지만, 한 번 그 안에 들어갔을 때 그녀가 허락하지 않았습니다. 내가 두 사람의 이혼을 요구했을 때 그녀는 모든 것이 우호적으로 단절되기를 요청했어요. 아주 다정한 태도로요. 그가 그 역할을 하면서 한 일에 대해 충분히 감사했지만, 그는 앞으로 내 인생에서 더 이상 역할을 하지 않을 것입니다. 그는 또 다른 악의에 감동하여 그녀의 몸에 악의를 행사하고 그 안에 갇히게 되었습니다. 그래서 그는 충분히 크고 관대한 자신의 경험을 저와 공유할 수 있을 만큼 충분히 커서 여러분과 공유하고, 다른 사람을 위해 이 엄청난 힘을 행사할 때 이 상태가 아닌 사랑으로 하면 절대 잘못되지 않을 것이라고 경고할 수 있습니다.

예레미야서 9장에 나오는 말씀처럼 완전히 다른 이야기입니다. 우리는 이 말씀을 읽어봅시다.

지혜로운 자는 그의 지혜로 자랑하지 말며, 힘센 자는 그의 힘으로 자랑하지 말며, 부유한 자는 그의 재물로 자랑하지 말고, 오직 영광을 돌리는 자는 이것으로 자랑하라. 나는 인애와 공의와 정의를 행하는 여호와라는 것을 그가 깨닫고 아는도다. 이런 기쁨으로 말미암아 그가 영광을 돌리라.

- 예레미야 9:23

이제 그는 사람 외에는 이것을 실천할 수 없습니다. 인간이 그의 대리인입니다. "나는 인애와 공의와 정의를 행하는 사람을 기뻐한다." 우리가 이렇게 할 때마다 그는 우리에게 기뻐하고 또 즐거워하십니다. 그러므로 이 세상의 지혜는 하나님 보시기에 어리석은 것입니다. 이 세상의 권세도 하나님 앞에서는 아무것도 아닙니다. 이 세상의 부귀도 하나님 보시기에 아무것도 아닙니다. 그러나 여러분은 이러한 자질과 친절을 취하고 정의를 취하고 올바른 생각을 가지고 인의를 취하면 자신은 이것을 기뻐하신다고 주님은 말씀하십니다.

오늘 밤 여러분은 주님이 취하신 것처럼 그것을 취할 수 있습니다. 그리고 그는 다른 것들을 저와 나누겠다고 약속했습니다. 그는 저에게 보낸 편지의 말 중에서, 다른 것들을 가져가느라 무섭게 바쁠 것입니다. 이 환상적인 결과가 나타나면 제가 그들에 대해 알려 줄 것입니다. 그들은 이미 나타나기 시작했습니다. 그는 다른 사람의 개성을 입는 데 얼마나 강렬했는지를 말입니다. 제가 아는 사람 중 그가 그 안에서 악의적인 방식으로 행동한 것을 아는 유일한 사람입니다. 그러나 그가 행동하지 않으면 그는 그렇게 해서는 안 된다는 것을 알고 있습니다. 그 안에 갇히고, 완전히 갇힐 수 있기 때문에. 그래서 그는 말했습니다.

"사랑으로 하면 어떤 성격이든 쉽게 들어갈 수 있습니다."

그것은 정자와 같습니다. 정자는 하나님의 창조력 외에는 무엇이 있습니까. 정자는 껍질 표면을 쉽게 통과하지만 껍질 표면에는 수정 전이나 후에 구멍이 없습니다. 열림이 없습니다. 그래서 그는 하나님의 정자처럼 들어갑니다. 하나님의 정자는 무엇입니까? 바로 예수 그리스도입니다. 그것은 씨라고 불립니다.

그리고 당신의 씨, 예수 그리스도는 누구입니까?
– 갈라디아서 3:16, KJV

그래서 그는 당신의 씨앗, 당신의 창조력에 관해 이야기합니다. 당신의 창조력은 당신만의 위대한 인간이 기본적으로 가지고 있는 상상력입니다. 그리고 그것은 달걀의 표면을 통과한다고 생각하면 너무 쉽습니다. 이 경우의 알은 이 여성, 또는 인간 에디, 또는 당신, 나, 또는 그가 선택한 사람, 즉 이성적인 마음으로는 알 수 없는 방식으로 부화하는, 새로운 자아 개념으로 수정하기 위해 선택한 사람입니다. 그가 당신을 너무 사랑해서 이 세상에서 당신을 들어 올리고 싶다면, 이 힘을 행사한 후 사랑이 그를 움직여 당신의 인격을 소유하게 되면, 매우 쉽게 발견할 것입니다. 그리고 당신은 그가 당신에게 원하는 것을 당신 자신으로 가정하는 동안 당신을 위해 당신 자신을 가정합니다. 그것이 사랑으로 이루어지면 그는 당신에게 갇히지 않을 것이며, 그는 그것을 비옥하게 하고 그것을 부화하도록 내버려 둘 것입니다. 그것은 부화할 것입니다. 세상의 어떤 힘도 그것을 막을 수 없습니다.

이것이 바로 제가 말하는 능력, 곧 그리스도 예수입니다. 이 세상에 그것에 필적할 만한 힘은 없습니다. 핵에너지에 관해 이야기하고, 이 힘과 저 힘에 관해 이야기하는 것과 비교할 수 있는 것은 없습니다. 이 세상의 지혜에 대해서도 마찬가지입니다. 지혜의 목록을 가지고 성경에서 지정한 것과 비교해 보면, 고린도전서 12장에서는 높은 데에서 내려오는 모든 상태를 언급하고 있습니다(28절). 첫째는 사도, 둘째는 선지자, 셋째는 교사, 넷째는 기적의 일꾼, 다섯째는 병 고치는 자, 내려오는 자, 행정가, 마지막은 많은 방언을 말하는 자라고 하셨습니다. 오늘날 사람들이 말하는 용어집이 아니라 세계의 학자들, 세계에서 가장 뛰어난 지성인들이 "많은 방언"이라는 제목 아래에 나옵니다. 이것이 여덟 번째 부분입니다.

그러므로 당신이 부활하신 그리스도의 존재 앞에 서서 '보냄을 받았다'고 하여 이전보다 더 현명해졌다는 의미는 아닙니다. 그것은 단지 당신이 이제 보냄을 받았으며 '많은 방언'을 말하는 사람들은 알지 못하는 엄청난 권능을 가지고 정상에 서 있다는 것을 의미합니다. 당신은 당장 자각하지 못하지만, 당신이 지금 아는 것은 그들이 지금 아는 것 이상입니다. 그리고 임무를 수행하기 위해 그 것들은 당신 안에 들어 있지만, 지금 이 모든 다른 차원을 차단하여, 당신이 위에서 태어나 이 순간 세상에 내려올 때 의도적으로 그것들을 차단했어야 했습니다. 그들은 모두 돌아옵니다. 그 위에 있는 것에는 율법이 들어 있고, 또 그 위에 있는 것에는 두 가지가 들어 있고, 그리고 그 위에 있는 것에는 세 가지가 들어 있고, 마지막으로 사도 안에 모든 것이 들어 있기 때문입니다.

저는 압둘라와 함께 수업에 참여할 때 히브리어를 한 마디도 몰 랐습니다. 압둘라는 히브리어로 수업한 지 몇 달밖에 안 된 저를 칠판 앞으로 데려와서 히브리어를 가르쳤습니다. 히브리어를 구사 하고 히브리어를 가르치는 압둘라는 누군가 자신의 시간을 빼앗는 다고 비난하자, 압둘라는 "당신은 그가 누군지도 모르잖아요. 그 도 자신이 누군지 기억하지 못하죠. 그가 누군지만 알았다면 지금 당장 그의 발 앞에 앉았을 것입니다. 그러나 당신은 그가 누구인지 모릅니다. 그도 자신이 누군지 기억하지 못합니다." 그리고 6개월 후, 저는 히브리어를 가르치는 한 남자를 가르치고 있었습니다. 그 말이 떠올랐어요. 제 영혼 깊은 곳에서 들려오다가 다시 한번 조용 해졌죠. 그건 제가 해야 할 역할이 아니었어요. 제가 여기서 연기 해야 했고, 또 연기하게 된 역할은 예수 그리스도에 대한 이야기, 즉 예수 그리스도가 여러분의 위대한 인간의 상상력이라는 이야기 를 들려주는 것이었습니다.

상상력이 실제로 꿈틀거리기 시작하면, 그것은 인간의 가장 거친 꿈을 뛰어넘는 힘이라 할 수 있습니다. 지구상의 그 어떤 사람도 그 힘을 채 알지 못합니다. 누군가를 데려가서 자신의 존재를 벗는다면 다른 사람의 인격을 취할 수 있다고 말하면 믿겠습니까? 그리고 당신이 지금 그 인격과 하나가 된 상태에서 도로변에서 당신을 기다리는 차로 이동하고, 이전에는 남자였던 당신이 치마를 입고 소녀의 인격을 입고 차에 탄다면? 그리고 바람을 머리에 맞으며 그 차를 운전해서 연석에 차를 세우고, 그 인격에서 내려 인도에서 그 차를 바라보며 손을 흔들고 그녀의 얼굴에 영광스러운 미소를 보았으면, 다음날 그 차가 그 차, 그 차종, 그 색깔이고 컨버터블이고 톱이 내려간 것을 발견하였으면? 지구상에 그런 권력이 존재한다는 사실을 알고 있습니까? 이 세상에 그것과 비교할 만한 권력은 없습니다.

"모두 어리석은 일이다."

- 고린도전서 1:23

그래서 어떤 이들은 듣지도 않고 시도조차 하지 않았습니다. 그들은 세상의 거인이고, 모두 영광을 받고, 그래서 가슴에 영광을 온통 달고 있지만, 고린도전서 12장에 나오는 사람들 목록의 맨 아래, 많은 방언을 말하는 자들의 위치에 있습니다. 그들은 세상의 위대한 해석자, 세상의 위대한 번역자, 세상의 위대한 학자이며,

원래의 의미를 정확하게 말할 수 있을 정도로 학식이 풍부하고 놀라운 것을 알려줄 수 있으며, 그들은 모두 구조의 일부입니다. 그들이 어떤 목적을 위해 뽑힌 사람에게 주지 않는다면 그는 현재 형태의 고대 문자를 알지 못했을 것이고, 특정 시점에 이곳에 있을 때는 어떤 언어를 사용하지 않았을 것입니다. 그래서 그들은 그에게 지금 그가 이야기를 전할 수 있는 언어, 즉 그리스도의 이야기를 전해줍니다.

그래서 저는 여러분에게 말합니다. 그의 말을 주의 깊게 듣고 사랑스럽게만 사용하십시오. 그렇지 않으면 당신은 갇힐 뿐만 아니라 오늘 밤 세상의 기관에서 얼마나 많은 사람이 다른 사람들에게 자신이 나폴레옹이고, 이것, 저것, 그리고 이 성격에 빠져 갇혀있다고 말하는 사람들이 얼마나 많은지 궁금합니다. 그들은 사랑으로 빠져들지 않았거나, 그렇게 했다면 나폴레옹 중 한 사람처럼 악의의 성격을 취했습니다. 그는 파리에 있는 여자 친구 조세핀에게 보낸 편지에서 "오늘 1,200명의 병사를 잃었지만 중요한 사람은 한 명도 없었다"라고 썼을 뿐입니다. 그런 태도, 그 인격을 빼앗는 태도, 당신은 확실히 당신이 느낀 대로 되지 않을 것이고 그 안에서 길을 잃게 될 것이며, 악의만 남게 될 것입니다. 그 안에 갇혀서 세상 사람들에게 당신이 나폴레옹이라고 말하고 있으므로, 그들은 당신을 정신병원에 넣을 것입니다. 그래서 지금 얼마나 많은 사람이 완전히 길을 잃고 갇혀서 빠져나올 수 없는 상태일까요?

하지만 전기의 오용이 위험하다고 해서 전기 사용을 포기하시겠습니까? 가끔 추락사고가 발생하고 모두 추락한다고 해서 비행기 타기를 포기하시겠습니까? 바다에 있는 배가 더 안전할 수도 있지만, 배가 침몰하고 수백 명이 목숨을 잃기도 합니다. 그렇다면 바다를 건너거나 비행기를 타는 즐거움을 포기하시겠습니까? 사고가 날 수 있기 때문에 자동차에 앉아 있고, 오늘 전기 설비에 문제가 생겨 집이 불타버릴 수 있기 때문에? 하지만 합선으로 인해 불이 났다고 해서 집을 다시 짓는다고 해도 포기하지 않을 것입니다. 다음번에는 더 나은 단열재 등으로 더 나은 작업을 할 수 있기를 바라며 다시 집을 지을 것입니다. 이것도 마찬가지입니다.

그는 자기 경험을 다시 우리에게 공유했는데, 그것은 문을 통과하는 것처럼 세상의 어떤 성격에도 쉽게 들어갈 수 있다는 것입니다. 그가 당신의 성격을 가정하는 것은 너무 쉽습니다. 그러나 그는 이제 당신이 사랑으로 무언가를 요청할 때 그것을 변경해서는 안 된다는 것을 알고 있습니다. 그는 반드시 당신의 사건을 받아들이고 그것을 할 것입니다. 이를 주에서는 기적의 일꾼이라고 부릅니다. 고린도전서 12장의 구절을 읽으면 네 번째, 매우 높은 순위에 있는 것을 볼 수 있습니다. 그렇다고 해서 선생님이 세 번째이기 때문에 가르칠 수 없다는 뜻은 아닙니다. 그는 그녀가 차를 가지고 있었기 때문에 그녀가 그 차를 얻을 것이라는 것을 내면으로 알고 있었기 때문에 선지자도 거기에 있습니다. 그리고 사도는 그는 부활하신 그리스도 앞에 서서 부활하신 그리스도 앞에 서는 순

네빌 고다드의 삶과 가르침

간을 기다립니다.

아무도 육체적인 손을 얹어 사도 계승을 위해 줄을 서지 않습니다. 따라서 이 세상의 특정 그룹이 베드로부터 내려오면서 우리가 대통령을 뽑는 것과 같은 방식으로 폐쇄된 문에 들어가 투표를 하고 스스로를 사도 계승자라고 주장한다면, 잊어버리십시오. 부활하신 그리스도께서는 먼저 그분의 존재 앞에 서지 않는 사람이 아닌 이상 아무도 보내지 않으십니다. 그분의 존재 앞에 설 때 그 질문에 대한 답은 언제나 사랑입니다. 무한한 사랑의 면전에 서서 그분이 "세상에서 가장 위대한 것이 무엇이냐?"고 물으시면 "사랑"이라고 대답할 것입니다. 그분은 당신을 포옹하실 것이고 당신은 무한한 사랑의 몸, 사랑의 몸과 융합할 것입니다. 그리고 그분 곁에는 무한한 힘의 의인화가 있습니다. 사랑보다 더 위대한 것은 없기에 당신은 사랑하는 만큼 힘을 행사할 수 있다는 것을 알게 될 것입니다. 사랑은 가장 위대하지만 여기에는 무한한 힘의 화신인 힘이 바로 거기에 앉아 있습니다.

그러니 이를 진지하게 받아들이고 이 능력에 불가능한 것이 없다는 생각을 한순간도 믿지 마십시오. 사랑에는 불가능한 것이 없습니다. 그러니 여러분에게 요구되는 것이 무엇이든 받아들이고, 사랑으로 실험하십시오. 사랑으로 하면 자신뿐만 아니라 상대방도 다치지 않을 것입니다. 대가를 바라지 말고 오직 당신이 하는 일의 성공만을 기대하십시오. 한 푼의 돈을 위해서도, 이 세상의 어떤 것을 위해서도 하지 말고, 그저 그 일을 한다는 기쁨을 위해서 하십시오. 그의 기쁨은 무엇 때문이었나요? 그는 이렇게 말했습니다.

"나의 기쁨은… 친절, 정의, 의로움, 그 자체입니다."

그러니 부자가 되었다고 해서 재물에 기쁨과 영광을 두지 마십시오. 그것은 여러분을 위해 실제로 준비된 것에 비하면 아무것도 아닙니다. 세상의 모든 부는 여러분을 위해 실제로 준비된 것에 비하면 아무것도 아닐 것입니다.

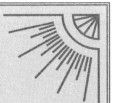

제13장

당신의 미래

나에게 주어진 진정한 미래

점성가, 수비학자, 찻잔 잎, 원숭이 뼈 등 이 모든 것을 이용해 미래를 예언하는 시간입니다. 하지만 우리는 성경에 기반하여 당신은 바로 여기 시저의 세계에서 가장 실용적인 것을 발견하게 될 것입니다. 성경은 어떤 사람에게도 카이사르의 세계에서 미리 정해진 미래가 있다고 말하지 않습니다. 이곳의 모든 것은 조건부입니다. 성경은 당신에게 궁극적인 미래가 있다고 가르치는데, 그것은 바로 신으로 깨어나는 것, 즉 무조건적으로 주어지는 진정한 미래입니다. 성경에서는 이를 "은혜"라고 부릅니다. 하나님이 모든 역할을 하시고 결국 그분이 깨어나고 여러분이 그분이 되시기 때문에 누구나 성공할 운명입니다. 이 단계에서 모든 것이 조절됩니다.

"무엇이든지 기도하는 마음으로 구하는 것은 무엇이든지 믿음이 있으면
받으리라."

- 마태복음 21:22

당신이 당신에게 좋은 것을 구한다고 말하는 것이 아닙니다. 무
엇이든지 기도로 구하는 것은 믿음이 있으면 받을 것입니다.

블레이크가 렉스포드 주교에게 말한 것처럼 현대적 의미의 선지
자는 존재한 적이 없습니다. 요나는 니느웨에 대한 예언이 실패했
기 때문에 현대적 의미의 예언자가 아니었습니다. 정직한 모든 사
람은 선지자입니다. 우리는 블레이크의 의견을 사적이든 공적이든
이렇게 소중히 여깁니다. 당신이 원하는 대로 하도록 내버려 두십
시오. 그는 자의적인 독재자가 아니라 선견자이기 때문에 결코 그
렇게 말하지 않을 것입니다. 점쟁이를 찾아가면 그들은 당신에게
그렇게 될 것이라고 말하며 그 사이에 당신이 원하는 무엇이든 될
수 있게 해줄 것입니다. 그것은 사실이 아니라 거짓말입니다. 그것
이 실현되거나 실현될 수 있는 유일한 방법은 당신이 출발할 때 들
은 것을 믿는 것입니다. 찻잎이든 커피 찌꺼기든 별이든 또는 다른
무엇이든 그 사람이 한 말의 진실을 완전히 확신하고 그것을 믿는
다면 당신의 미래는 당신의 손에 달려 있습니다. 한 가지 의식 상
태에 있으면서 다른 의식 상태에 있지 않은 결과를 겪지 않을 수는
없습니다. 현재 상태가 그대로 유지되는 한 미래의 삶의 과정을 바
꿀 수는 없습니다. '상태의 변화는 세상의 변화입니다.' 이 광활한

세계 전체는 무한한 반응입니다. 그것은 당신에 대한 반응입니다. 당신은 작동하는 힘입니다. 이 성경의 말씀을 들어보세요.

"그가 먼저 우리를 사랑하셨기에 우리가 사랑한다."

- 요한복음 4:19

그가 먼저 우리를 사랑하셨기 때문에 우리는 사랑합니다. "그"가 누구일까요? 하나님입니다. 하나님은 저 밖에 있는 존재입니까? 아니요, 하나님은 인간의 위대한 상상력으로서 인간 안에 계십니다. 그럼 이제 세상이 반응해야 합니까? 이제 제 예시를 들어보겠습니다. 저는 1966년에 내가 되고 싶은 것을 선택하고, 내가 그것이라고 가정하고, 이 세상의 어떤 것도 내가 그것이라고 제안하거나 될 수 있다고 말하지 않았습니다. 그러나 지금 내가 그것이라고 스스로를 설득하고, 내가 스스로 설득하는 만큼 세상이 반응할 것입니다. "왜냐하면"이라는 작은 단어는 인과관계를 암시합니다. 그분이 우리를 처음 사랑하셨기 때문입니다. 당신은 그것에 머물러 있습니다.

몇 주 전에 남편과 함께 이곳에 온 한 여성이 있었습니다. 그녀의 남편은 목사입니다. 그녀는 열한 가지 사례를 기록하여 가져갔습니다. 그중 아홉 가지가 이루어졌습니다. 그녀는 열한 가지 중 두 가지는 아직 실현되지 않았다는 의미에서 예언적이라고 썼습니다. 그날은 작년 7월 27일이었습니다. 그녀는 목사인 남편 다니엘에게 말했습니다. "이 음반을 귀로 듣지 말고 마음속으로 재생하게 되면 좋겠어요. 조용히 앉아 내 목소리로 들으면 그렇게 들리게 될 거야.", "대니, 당신이 노래를 팔아서 연 10만 달러 이상의 수입을 얻게 되어 정말 행복해.", "지금 내가 당신에게 말할 때처럼 상상 속에서 내 목소리가 당신에게 자연스러워질 때까지 반복해서 재생해 봐."라고 말했습니다. 한 달 후인 8월 29일, 이제 저는 연극계에서 이 사람들을 모릅니다. 저는 몇 년 동안 연극계에서 벗어났습니다. 저는 뮤지컬 세계의 용어를 모릅니다. 하지만 그녀는 이 여성과 그녀의 이름을 불렀습니다. 이름은 글로리아 우드, 그녀가 누구든지 들어 본 적이 없습니다. 그녀는 9개의 골드 스타 레코드가 있다고 말했습니다. 그녀는 광고 아티스트이며 30분짜리 광고 징글 한 편에 5만 달러의 출연료를 받습니다. 그녀는 대니의 목소리를 좋아하고 그의 노래를 좋아하며 예배가 끝난 후 대니에게 그를 돕고 싶다고 말했습니다. 그리고 그녀는 저에게 보낸 메모의 맨 마지막에 "이것은 예언입니다. 제가 말씀드린 아홉 가지가 이미 우리 과거에 있는 것처럼 이것은 현실이 될 것이라고 확신합니다."라고 말했습니다.

크리스마스 주간에 대니가 전화를 걸어와서 '내 아내가 내 노래를 앨범에 담고 싶다고 말한 것을 알고 있는데, (이 여성의 이름을 부르며) '명성이 자자하다'라며 – 그녀의 이름이 그와 연관되면서 앨범이 순식간에 팔렸습니다 – '우리가 앨범을 만들었습니다. 그녀를 9개 골드 레코드로 승격시킨 회사에서 배포합니다!' 이제 10만 달러로 막 시작되었습니다. 하지만 앨범에 수록된 음반에는 자신의 노래만 실렸고, 그는 피아노만 연주했습니다. 사실 그는 오르간도 연주하고, 코러스도 하고, 목사도 하고, 음반을 만드는 것 말고는 모든 걸 다 하는 원맨쇼였습니다. 마태복음 21장 22절에 나오는 구절에 근거하여 생각하면 여러분의 미래는 여러분의 손에 달려 있습니다.

> "무엇이든지 기도하는 마음으로 구하는 것은 무엇이든지 믿음이 있으면 받으리라."
>
> – 마태복음 21:22

우선, 이 구절을 읽으면 당신은 목사로부터 소리 내며 무릎을 꿇고 기도하라고 배웠을 것입니다. 교회에 가면 각각 거대한 큰 기도로 시작됩니다. 십만 명이 앉아 있는데 한 사람이 기도로 그들을 이끌고 있죠. 그는 내가 원하는 것을 믿기 시작할 수 없었습니다. 당신이 있었다면 어떻게 그가 당신을 기도로 이끌 수 있었을까요? 기도는 개인적입니다. 오늘 밤 이 방에 있는 두 사람은 같은 것을 원하지 않는데, 그는 10만 명의 기도를 이끌고 있어요. 여러분은 그런 식으로 하지 않습니다. 성경에서 사용되는 기도라는 단어는 "무언가를 향한, 접근하는, 가까이 다가가는, 가까이 있는 동작"을 의미합니다. 이것이 기도라는 단어의 의미입니다. 그래서 저는 소망이 있습니다. 그 소망을 이루기 위해 어떻게 움직여야 할까요? 어떻게 가까이 갈 수 있을까요? 오늘 밤 내 욕망이 나를 동쪽으로 데려간다고 가정할 때, 3,000마일 떨어진 곳에 어떻게 가까이 갈 수 있을까요? 나는 모든 것을 상상할 수 있으므로 모든 것이 쉽습니다.

> "인간은 모든 상상력이고 신은 인간이며 우리 안에 존재하고 우리는 신 안에 존재합니다. 인간의 영원한 몸은 상상력이며, 그것은 바로 신 자신입니다."
>
> – 블레이크, 버클리에 대한 주석

신에게는 모든 것이 가능합니다. 상상할 수 없는 무언가가 있나요?

하나의 이야기가 있습니다. 그녀는 우아하고 훌륭한 여성이기 때문에 이름을 사용하겠습니다. 단순히 이름을 밝히기 위해서가 아니라 그녀가 누구인지, 그리고 그녀의 엄청난 배경에도 불구하고 기도하는 법을 몰랐다는 것을 알려드리기 위해서입니다. 그녀는 뉴욕 성공회의 기둥, 교회의 기둥입니다. 그녀의 이름은 고 테디 루즈벨트 대통령의 며느리인 아치볼드 루즈벨트 여사입니다. 사실 그녀는 몇 년 동안 적어도 한 달에 한 번씩 저를 찾아왔습니다. 그녀는 "네빌, 저는 매년 마을에 있는 집을 임대했고, 그 임대료를 미리 지불한 덕분에 롱아일랜드에 제 카운터 하우스를 열 수 있었어요. 올해는 20년 만에 처음으로 아무도 관심을 보이지 않았어요. 같은 사교계에서 같은 부동산 중개업자를 통해 집을 구하고 있지만, 올해는 시즌이 끝나고 여름 한철만 임대하는 것이기 때문에 임대도 끝날 것입니다. 제 아파트에 관심을 보이는 사람이 한 명도 없고, 임대하지 않으면 롱아일랜드에 있는 집을 열 수 없습니다."라고 말했습니다.

"저희는 사회적 지위와 종교적 지위를 가지고 있지만 부유한 사람은 아닙니다. 남편은 월급을 받고 일하죠. 우리는 부유한 루즈벨트 부부가 아닙니다. 우리는 루즈벨트이고 우리의 이름은 정치계와 사회계에서 강력한 힘을 발휘합니다. 저와 남편은 연말에 우리 이름에 대한 기대 때문에 자선단체에 기부해야 하는 부담이 너무 커서 다음 기부금이 어디에서 나올지 걱정합니다. 저희는 자녀가 많고 전 세계의 모든 어머니처럼 자녀가 우선입니다. 그래서 항상 누군가에게 도움이 요청하게 됩니다. 그럼 어떻게 해야 하죠?" 저는 말했습니다. "몇 년 동안 여기 오셨잖아요. 과거부터 저에 대해 알고 계시죠. 다시 한번 말씀드리죠. 오늘 집을 빌렸다면 오늘 밤 어디에서 자겠습니까?" 그녀는 말했습니다, "어젯밤에 잤던 곳에서요." 제가 "어디였어요?"라고 물었더니 "제 뉴욕 아파트에서요." 저는 "아니, 당신이 빌린 거죠. 하숙생을 받는 게 아니라 세를 놓은 거잖아요."라고 말했어요. 그녀는 "하지만 예전에는 항상 3일, 4일, 5일 정도 준비할 시간을 주고 이사한 후에 들어왔어요."라고 말했죠. "저는 안 된다고 했어요. 이건 긴급 상황이라고요. 그들은 집을 임대하기로 하여 선불로 지불했고 오늘 입주하고 싶다고 했어요." 그녀는 "그러면, 이런 상황에서는 호텔에 가서 돈을 낭비하지 않고 가족을 맞이할 준비가 되지 않았더라도 롱아일랜드에 있는 집으로 바로 가겠습니다"라고 말했어요. 저는 말했죠. "그곳이 오늘 밤에 주무실 곳입니다!" "아, 그건 실용적이지 않아요." 그녀가 말했어요.

나는 당신이 그곳에서 실제로 잠을 잘 거라고 말하는 것이 아니라 당신의 상상 속에서 잠을 잘 거라고 말했죠. 당신의 상상이 진짜 당신입니다. 루즈벨트 여사님. 가면을 보고 있어요. 만약 내가 가면을 벗길 수 있다면 가면을 벗은 하나님을 볼 수 있을 것입니다. 하지만 여기서 저는 카이사르의 세계에서 저명한 한 여성을 보고 있습니다. 나는 지금 이 여인 안에 있는 신, 당신 자신의 놀라운 인간 상상력에 대해 말하고 있습니다. 그리고 당신의 상상 속에서 당신은 오늘 밤 롱아일랜드에 있는 당신의 집에서 잠을 자고 있습니다. 당신이 그곳에 있다는 것을 증명하려면 이 아파트를 생각해야 하며, 당신 아래, 주변 및 당신 위에 보지 않도록 해야 합니다. 맨해튼의 이스트 강 건너편이 보이고, 롱아일랜드에 있는 집의 자연스러움을 느껴야 합니다. 그녀는 저에게 "이게 성공하면 전화할게요"라고 말했습니다. 저는 "만약"이라는 단서를 달았어요. 당신이 해내면 내게 전화할 거야. 하지만 당신은 성경에 나오는 9명 중한 명입니다. 열 명도 아니고 당신과 한 명만 감사하기 위해 돌아왔고, 돌아온 사람은 나그네, 사마리아인이었다고 하셨어요. 다른 아홉 명은 같은 결과를 얻었지만 돌아오지 않았어요. 당신은 수년 동안 이곳에 왔고 종종 신문에서 이 그룹에서 당신의 요청에 대한 답을 읽었습니다. 나는 당신에게서 그것을 얻지 못했습니다. 하지만 작동하지 않으면 다른 모든 사람들처럼 전화로 알려주세요. 작동하게 하십시오. 어쨌든 그는 알아야합니다. 저는 작동하거나 작동하지 않는 것에 무관심 해졌습니다. 나는 율법이 실패 할 수 없다는 것을 압니다. 나는 그것을 성경에서 가져 왔고 하나님의 말씀은 참되고, 영원히 참되며, 그 문장은 참입니다. 그래서 오늘 밤 롱아일랜드에있는 집에서 상상 속에서 잠을 자십시오.

목요일이었어요. 그녀는 그날 밤 9시쯤 일찍 잠자리에 들었습니다. 그녀는 남편과 가족에게 "긴급한 일이 아니면 방해받고 싶지 않아요. 다른 어떤 이유로도 전화하지 마세요."라고 말했습니다. 9시에 은퇴한 그녀는 자신이 롱아일랜드에 있는 집에 있다는 것을 증명하기 위해 맨해튼에 있는 집을 생각했고 맨해튼의 이스트 강 건너편에 있는 집을 보았습니다. 그녀는 상상 속 침대에서 내려와 문을 통해 롱아일랜드에 있는 집에 있어야만 들어갈 수 있는 옆방으로 걸어 들어갔습니다. 그녀는 이런저런 작은 일들을 하며 상상 속에서 가능한 모든 감각적 생생함과 현실의 모든 색조를 부여했습니다. 그런 다음 그녀는 깊은 곳으로 미끄러졌습니다. 다시 말해, 제가 여러분을 위해 믿음을 정의한다면, 믿음은 하나님의 영에 대한 단순한 항복입니다. 하나님은 당신 자신의 위대한 나다움이지 않습니까? 그것이 나의 영원한 이름입니다. "그래서 저는 침대에 누워 있습니다. 제가 롱아일랜드에 있는 제 집에 있다는 것을 증명할 수 있는 일들을 방금 했습니다. 그리고 제가 여기 있는 이유는 제 집이 임대되었고 세입자가 있어서 매우 행복합니다." 목요일이었습니다.

금요일 정오쯤에 전화가 걸려왔고 에이전트가 "아파트에 관심이 있는 사람이 있는데 데려가도 될까요?"라고 물었습니다. "물론이죠!" 한 남자가 찾아왔고, 그는 필요한 모든 추천서와 자격을 갖추고 있었으며, 여름 내내 아무런 말싸움 없이 그녀에게 수표를 제시했습니다. 하지만 한 가지 조건이 있었습니다. 바로 금요일인 그날 즉시 입주를 원했습니다. "오늘 나갈 수 있다면 받아주겠지만, 오늘 이사하는 조건으로만요." 그녀가 말했습니다. 그녀는 "전에는 이런 일이 없었지만 이런 조건이라면 나가겠습니다." 라고 말했습니다. 그녀는 남편에게 전화를 걸어 무슨 일이 있었는지 물었고 남편은 "괜찮아요. 최대한 빨리 짐을 챙겨요. 내가 바로 가서 도와줄 테니 롱아일랜드에 있는 집으로 갑시다."라고 말했어요. 이것이 금요일이었습니다. 토요일 아침 9시에 루스벨트 여사가 전화로 "네빌, 루스벨트 여사예요." 라고 말했어요. 저는 "네?"라고 물었죠. "어젯밤 롱아일랜드에 있는 제 집에서 잤어요."라고 하더군요. 그녀는 제가 흥분할 거라고 예상했습니다. 저는 놀랍지 않다고 했죠. 제가 하라는 대로 했으면 어젯밤에 거기서 자야 했잖아요! 그녀는 지금이 기적이고, 내가 기뻐할 것이라 생각했기 때문에 약간은 놀랐습니다. 다른 사람들도 모두 기적이었지만, 제가 발을 내려놓을 때까지 전화 한 통 없었고 당신도 다른 아홉 명과 똑같다고 말했죠.

네빌 고다드의 삶과 가르침

모션으로 향하는 상상력

이것이 바로 "모션을 향한" 이야기입니다. 어떤 방식으로든 집에서, 집안에서, 집 근처에서 상상했고 그녀는 해냈습니다. 자신을 찾고 자연스럽게 보이기 위해 그녀는 강 건너편에 있는 집을 떠올리고 상상 속에서 저 멀리 있는 집을 보았지만, 집 아래도 아니고 집 주변도 아니며 집 위도 아니었습니다. 그 이야기는 제가 말씀드렸듯이 모든 작은 장소를 추가하여 실제로 일어난 일처럼 더욱 아름답게 만들 수 있습니다.

여러분의 미래는 별에도, 찻잔의 잎사귀에도, 여러분의 의식 상태 밖의 어떤 것에도 존재하지 않다고 말씀드리고 싶습니다. 모든 것이 여기에 있습니다. 당신은 그것을 적절히 활용하고, 그 안에서 살고, 세상에서 그것을 정복합니다. 이 말씀을 들어보세요.

"믿음으로 세상이 하나님의 말씀으로 창조되었으니 보이는 것은 보이지 않는 것들로부터 만들어졌다."

- 히브리서 11:3

그녀의 상상력 밖에서 나타난 것이 있었나요? 그녀는 눈에 보이는 것들로 무엇을 했나요? 아무것도 하지 않았습니다! 그날 밤 맨해튼에 있는 그녀의 방에 누군가 들어왔다면, 아이라면 아이 엄마를, 남편이라면 남편의 아내가 잠든 것처럼 보이는 것을 보았을 것입니다. 그녀는 세상을 향해 잠들어 있었습니다. 그녀는 명백한 것을 차단했습니다.

"너희는 기도할 때 문을 닫고 안으로 들어가라 은밀한 중에 보시는 너희
아버지께서 공개적으로 갚으시리라."

- 마태복음 6:6

예수님은 몰래 무엇을 보셨을까요? 그는 롱아일랜드에 있는 그녀의 집에서 그녀가 사는 것을 보았습니다. 그는 그녀가 뉴욕의 집을 임대했기 때문에 행복해하는 모습을 보았습니다. 그 집은 불에 타지 않고 그녀는 행복했습니다. 하지만 누가 그 여자를 바라보며 이 장면을 구성하는 데 사용한 눈에 보이는 것들을 볼 수 있었을까요? 그래서 여기에 보이는 것은 보이지 않는 것들로 만들어집니다. 이제 이해가 되지 않나요? 그렇다면 제 미래는 어디에 있을까요? 내 안에 있습니다.

종교에는 항상 시험이 필요합니다. 시험이 없으면 모든 종교는 신조로, 어떤 의식으로 왜곡됩니다. 많은 사람들이 이 책을 읽고 충격을 받을 것이기 때문에 충고하는 것입니다. 그러나 많은 사람들이 이런 책들에 관심을 가질 것이고 나는 항상 다른 사람들을 대신하여 당신의 상상력을 사랑스럽게 사용하고 결코 증오하는 방식으로 사용하지 말라고 반복해서 말할 것입니다. 다른 결과는 없고 오직 자기 자신만 다칠 뿐입니다. 항상 다른 사람을 위해 사랑스럽게 사용하세요. 그런데도 다른 사람의 상처를 보고 기뻐하고, 다른 사람 앞에서 "저 사람이 죽었으면 좋겠다. 내 눈앞에서 죽어가고 있다."라고 말하는 사람들이 있는데, 실제로 그렇게 느낀다면 여러분은 자신을 자유롭게 할 수 있는 이 위대한 법에서 스스로 더 묶는 것이 됩니다.

그래서 나는 그것을 한 당신에게 말할 것입니다. 당신은 내 시간 전에 나를 떠나게 할 수 없습니다. 세상의 그 누구도 내 시간보다 1초 전에 나를 떠나게 할 힘이 없습니다. 서두를 수도 없고 늦출 수도 없습니다. 그리고 그가 자신의 이야기를 전하라고 부른 사람에게 감히 손가락을 대는 것보다 차라리 그의 목을 맷돌에 달아 바다에 던져지는 것이 더 나을 것이라고 확신합니다.

여기 운송 조합의 수장인 마이크 퀸이 있습니다. 그는 뉴욕시 전체를 선동했습니다. 그는 카메라 앞에 끌려와서 이렇게 말했습니다. 그는 카메라스 앞에 서서 자신을 감옥에 보낸 판사에 대해 말하면서 "보안관이 오기를 기다리고 있습니다. 그가 우리 중 9명을 데려갔고, 판사가 검은 옷을 입고 우리를 썩어서 죽게 할 것입니다."라며 '이 파업을 철회하겠다'라고 말했습니다. 보안관이 문을 열고 들어와서 그를 태우고 마차에 태워 시립 감옥으로 보냈습니다. 거기서 그는 두 시간 정도 있다가 심장마비로 쓰러졌습니다. 구급차가 와서 그를 담요로 감싸고 대기 중인 구급차로 옮겨 벨뷰로 데려갔습니다. 판사가 원했던 것은 두 시간 만에 도착했고 그에게 일어났습니다. 그러니 모두를 대신해 사랑스럽게 상상력을 발휘하세요. 다른 결과는 존재하지 않으니, 바로 당신 자신뿐입니다. 이 광활한 세계 전체가 여러분 자신이 밀어낸 것입니다.

여러분의 미래는 여기 시저의 세계에서 여러분의 손에 달려 있습니다. 하지만 당신이 그것을 사랑스럽게 사용하지 않으면 당신이 용광로 같은 삶에서 나오기까지 얼마나 오래, 얼마나 광대하고, 얼마나 심한 고통을 겪을지 저는 결코 말할 수 없습니다. 여러분은 하늘에 계신 아버지께서 완전하신 것처럼 여러분이 완전해질 때까지 용광로에서 나와 '하나님의 나라'라는 세상에 들어가지 못할 것입니다. '무엇이든지 남에게 대접받고자 하는 대로 너희도 남을 대접하라', 이것이 바로 영원한 법칙입니다. 그리고 내가 똑같이 당하고 싶지 않다면 절대 복수하거나 상처를 주려는 마음을 품지 마십시오.

이 이야기는 사실입니다. 영원처럼 광활한 무엇이든, 여러분이 기도로 구하는 것이 무엇이든, 기도가 무엇인지 기억하십시오. 소원 성취를 향한 움직임, 그것은 상상 속의 모든 것을 향한 움직임입니다. 믿음이 있다면 당신은 그것을 받을 것입니다, 이는 약속과도 같습니다. 그러니 오늘 밤 제가 드리는 믿음의 정의, 즉 "하나님의 영에 대한 단순하고 단순한 자아의 항복"을 받아들여 보세요. 여러분은 자신을 그 상태에 놓아두고 잠을 자면서 영을 내어주는 것입니다. "내 영을 주의 손에 맡기나이다."라고 기도합니다. 그 상태를 점령한 후, 그 상태에서 휴식을 취하기만 하면 하나님께서 여러분의 상태를 보시고, 온 세상이 여러분이 한 일에 반응합니다. 당신은 그들에게 아무것도 물어볼 필요가 없습니다. 루즈벨트 여사는 나가서 어떤 사람에게 다가와서 "당신은 수년 동안 항상 내 집을 빌려주었는데 왜 그러세요?"라고 말하지 않았습니다. 그녀는 불평하지 않았습니다. 그녀는 그저 집에 가서 제 말을 믿고 그대로 적용했습니다. 바로 다음 날 집이 임대되었고, 그녀는 몇 달 치 수표를 미리 받았습니다. 그 돈으로 그녀는 집을 열고 멋진 여름을 보낼 수 있었습니다.

그러니 미래는 이미 여러분을 위해 쓰여 있고, 미래가 별에 있다는 말로 여러분에게 젖은 담요를 씌우지 마십시오. 카시우스가 브루투스에게 했던 그 멋진 말, "친애하는 브루투스, 잘못은 별에게 있지 않습니다. 그러나 우리 자신 안에 있습니다." 별이 아닙니다! 원한다면 거기를 찾아보지 마십시오. 전혀 찾을 수 없을 것입니다.

이 세상을 떠난 한 사람에 관한 이야기를 들려드리겠습니다. 작년 가을 뉴욕에서 제가 도착하기 얼마 전에 그녀가 세상을 떠났다는 소식을 들었습니다. 그녀는 펜실베이니아주 스크랜턴에 있는 고등학교의 교사였습니다. 그녀는 미망인이었고 철도에서 받는 미망인 연금이 있어 언제든 돈을 내지 않고 철도를 이용할 수 있었지만 뉴욕에 살고 싶어 했습니다. 학교와 철도에서 받는 연금은 많지는 않지만 적당히 받을 수 있는 수준이었습니다. 그녀는 뉴욕에서 무언가를 하고 싶어 했어요. 제가 그녀를 압둘라에게 데려갔습니다. 압둘라가 무엇을 극복하려 했는지 그녀는 와닿지 않는 모양이었지만 점성술을 믿을 수 있었습니다.

저는 차트를 세우는 방법과 차트를 되돌리는 방법을 알고 있다고 생각해서 그녀에게 가르쳤습니다. 하지만 누군가에게 좋은 말을 설득하는 데 도움이 된다면 그것을 사용하라고 말했습니다. 하지만 결국에는 그 말을 버팀목처럼 여기고 버리게 되겠죠. 어느 날 제가 노마에게 전화를 걸었더니 정말 눈물을 흘리고 있었어요. 제가 "노마, 무슨 일이냐"고 물었죠. 그녀는 "어떤 남자가 여기 들어왔습니다. 외부에서 추천을 많이 받았고, 사업도 잘하고 성공한 사람인데 제가 그의 차트를 읽어봤어요. 저는 그에게 약속한 100달러를 보내달라고 말했죠." 사실 저는 이게 사실이라는 확신이 들어서 그에게 "기다리지 말고 지금 당장 주세요."라고 말했습니다. 그는 "아니요, 오늘 말씀하신 대로 된다면 돈을 보내드리겠습니다."라고 말했습니다. 저는 "노마, 그게 뭐가 문제인가"라고 물었죠. 그녀는 "그 차트는 그의 차트가 아니었어요. 열린 창문에 앉아 있었는데 바람이 에페메라이데스를 덮쳤어요."라고 말했죠. 그녀는 약 100년 분량을 한 권에 제본해 두었는데, 창가에 앉아 있다가 정신이 산만해져서 확인하지 않고 돌아와서 바람에 페이지가 넘겨진 줄도 모르고 10년 후에 태어날 사람의 차트를 그렸다는 것이죠. 하지만 그녀는 "네빌, 저는 아직 이 세상에 태어나지도 않았고, 설령 태어났더라도 10년도 안 된 사람의 차트를 그렸어요"라고 말했습니다. 그게 뭐가 잘못됐나요? 그를 설득했나요? 그녀는 "제가 진심을 다해 100달러를 당장 보내라고 했으니 설득한 것 같아요. 성공하고 나서 보낼 거면 지금 당장 보내라고요. 그 말이 그를 더 설득하는 것 같았어요, 네빌." 제가 말했죠, "끝났습니다! 됐어요!" 그녀는 여전히 눈물을 멈추지 못했습니다.

그날 밤 저녁 식사 후 저는 다시 그녀에게 전화를 걸었습니다. 저는 72번가와 브로드웨이에 있는 노트 호텔에 있는 그녀의 방에 있었는데 초인종이 울렸고, 웨스턴 유니온에서 온 메신저였습니다. 100달러짜리 웨스턴 유니온 수표였어요. 그리고 그녀는 태어나지도 않은 남자의 차트를 그렸습니다. 하지만 그녀는 그와 이야기할 때 눈물을 보이지 않았고 우리 대화도 들리지 않았기 때문에 아브라카다브라의 실체를 확신하고 돌아갔어요. 그는 큰 사업가입니다. 아시다시피 아브라카다브라는 각계각층에 존재합니다. 히틀러는 점성술사와 상의하지 않고는 움직이지 않았다고 했습니다. 그래서 저에게 말하더군요. 결국 어디로 갔을까요? 결국 그를 어디로 데려갔을까요? 그래서 이 100달러를 받은 모든 일들이 일어났을 때, 그 웨스턴 유니온 소년이 웨스턴 유니온 수표를 전달했고 저는 그녀의 방에서 똑똑히 지켜보고 있었습니다.

이런 것들을 원한다면 스스로 설득할 수 있지만, 하나님 외에는 아무것도 의지하지 말아야 합니다. 하나님은 당신 자신의 위대한 인간의 상상력입니다. 신이 유일한 창조자라면 그는 유일한 수신자이기도합니다. 그래서 지금 집을 생각해보십시오. 누가 하고 있습니까? 내가 무엇을 하고 있냐고 물으면? "나는 즉시 하나님이다."라고 말한 다음 이름을 말하십시오. 그럼 누가 하고 있나요? "글쎄요, 제가 하고 있습니다."라고 하셨겠죠. 바로 하나님입니다. 그분은 유일한 수신자입니다. 하지만 그 사실을 모른다면 자신이 하는 일의 현실을 믿지 못할 것입니다. 그래서 지금 무언가를 상상하는 것, 그것이 바로 신이 하시는 일이고 행동하는 신입니다. 그래서 대니라는 사람이 "대니, 당신이 노래를 팔아서 1년에 10만 달러 이상의 수입이 생겨서 너무 행복해."라고 말하는 아내의 목소리를 상상했을 때, 지난 12월에 출시된 지 얼마 안 됐지만 적어도 앨범에 수록된 곡이 있습니다. 오늘날 노래를 작곡한 사람 중 음반 한 장만 만들어도 뭐든 주겠다는 사람이 얼마나 될까요! 여기 한 여성이 길에서 나와 월튼 플레이스에 있는 그의 작은 교회에 들어와서 그 남자의 목소리가 마음에 들고 노래가 마음에 든다며 모임이 끝나자마자 올라가서 노래에 대해 어떻게 생각하는지 말해줬습니다. 그게 바로 대니가 원했던 것이었고, 그는 그녀를 위

네빌 고다드의 삶과 가르침

해 전체 쇼를 열었고, 그녀는 "당신을 돕고 싶어요."라고 말했습니다. 그래서 그녀는 9개의 골드 스타 음반을 가지고 있기 때문에 자신의 이름을 대니의 이름과 연관시켜 돕고 싶어서 그렇게 한 거죠. 나는 그것이 "나의 목사와 나"라고 생각합니다. 그는 전화를 걸어 이 이야기를 제 아내에게 말했습니다.

나는 당신의 미래가 당신이 되고 싶은 사람이라고 상상할 수 있는 능력뿐이라고 말합니다. 당신이 지금 당신이 되고 싶은 사람이라고 상상하고 주변의 모든 것들을 잊어버리십시오. 당신이 그것에 충실하고 하나님의 영에 자신을 내어주고 모든 것이 하나님께 가능하다면, 그것은 당신의 세상에서 이루어질 것입니다. 당신 세상의 모든 것은 조건이 있습니다. 조건 없는 유일한 것은 인간인 자신에 대한 하나님의 궁극적인 약속이며, 결국 그는 깨어나서 예수 그리스도가 될 것입니다. 오직 예수 그리스도만이 있다는 것을 알게 될 것입니다. 모든 사람이 그가 예수 그리스도임을 알면서도 정체성을 잃지 않을 것입니다. 비록 급진적인 형태의 불연속성이 있지만, 당신은 부활하신 그리스도의 영광스러운 부활 형태가 될 것이기 때문입니다.

제14장

기도의 비밀

감사의 기도

    기도하는 법을 배운 사람은 충만하고 행복한 삶의 가장 큰 비밀을 배운 사람입니다. 성경에 보면 예수님을 따르는 제자들이 예수님께 이르되,

> "주여, 우리에게 기도하는 법을 가르쳐 주십시오."
>
> - 누가복음 11:1

    예수님은 그에게 기도를 가르쳐 주셨습니다. 그러나 그것은 기도하는 방법을 가르치신 것이 아닙니다. 그래서 다른 구절에서는 이렇게 기록되어 있습니다.

> "예수께서 비유로 말씀하시되 항상 기도하고 낙심하지 말라고 말라 하셨다."

그런 다음 예수님은 끈기에 관한 이야기를 들려주셨습니다.

"한 재판관이 있었다. 그는 하나님을 두려워하지도 않고 사람을 귀히 여기지도 않았다. 그 도시에 한 과부가 있었는데, 그녀는 그에게 와서 자신의 원수들이 끈질기게 자신을 괴롭히고 있으니 무죄를 선고해 달라고 요청했다. 처음에 그는 대답하지 않았지만 '나는 하나님을 두려워하지도 않고 사람을 생각하지도 않지만, 그녀가 계속 나를 찾아와 나를 괴롭히고 나를 지치게 할 것이니 그녀를 면책하겠다.'라고 생각했다."

– 누가복음 18:3

모든 비유는 꿈과 같습니다. 모든 꿈에는 하나의 진리가 담겨 있으므로, 이 이야기를 읽다 보면 그것을 마스터할 때까지 끈기 있게 기도해야 할 필요성을 알 수 있습니다. 이 기도를 마스터하면 세상에서 가장 효과적인 기도는 이것입니다.

"아버지, 감사합니다."

마스터 후에는 세상에서 가장 효과적인 기도입니다. 하지만 마스터가 될 때까지는 기술이 필요합니다. 그리고 끈기는 예술과 같습니다. 이 세상의 어떤 예술도 연습해야만 합니다. 먼저 좋은 방법을 찾고 최고의 방법을 찾으려고 노력해야 합니다. 그 방법을 찾았다면 이 세상의 모든 예술은 매일 연습해야 합니다. 연습하지 않으면 녹슬어 버립니다. 그러니 좋은 방법을 먼저 찾은 다음 연습하십시오.

네빌 고다드의 삶과 가르침

연습하다 보면 종일 자동으로 할 수 있을 정도로 쉬워진다는 것을 알게 될 것입니다. 그리고 "아버지, 감사합니다!"라고 감사하는 것만으로도 충분합니다. 성경에 기록된 가장 효과적인 기도는 요한복음 11장에 나오는 예수님이 아버지께 감사한 내용입니다.

"아버지, 내 말을 들으심을 감사하나이다. 항상 내 말을 들으시나이다."
　– 요한복음 11:41

그리고 여기, 죽은 것, 세상에서 사라진 것, 그러나 기도하는 방법을 안다면 아무것도 죽은 것이 아닙니다. 저 너머에 있고 만질 수 없고 필멸의 감각으로 볼 수 없는 사람들조차도 감사하는 방법을 안다면 이 어둠의 몸에서 빛의 세계로 이동하여 그들을 만날 수 있습니다. 당신은 할 수 있습니다. 저는 경험으로 말씀드리는 것입니다. 그래서 기도하는 법을 배운 사람은 충만하고 행복한 삶의 가장 큰 비밀을 배운 것입니다.

기도의 기술을 가지고 그것이 어떻게 작동하는지 보여 드리겠습니다. 모든 선지자들은 기도할 때 예루살렘을 향해 기도합니다. 성경에 나오는 모든 이름에는 큰 의미가 담겨 있습니다. 그렇다면 예루살렘은 무엇일까요? 창세기 33장에 '샬렘'이라는 이름으로 처음 등장합니다. 그리고 이 33장에서 야곱은 가나안 땅에 있는 샬렘 성에 무사히 들어와 제단을 쌓습니다. 그리고 히브리어 단어가 나오는데, 그 단어는 엘 엘로헤 이스라엘이라는 뜻입니다. 그래서 성경에서 이 단어가 대문자로 표기되어 있고, "하나님, 이스라엘의 하나님"이라는 뜻의 단어에 대한 해석을 제공하는 각주를 찾을 수 있습니다. 그래서 그렇게 해석합니다.

이 단어가 처음 등장하는 곳은 창세기 33장입니다. 그래서 모든 선지자는 예루살렘을 향합니다. 이 단어는 문자 그대로 "지시하다, 진정한 방향"을 의미합니다. 그래서 저는 손으로 진정으로 지시합니다, 요드. 그런 다음 "몸과 마음, 재산이 안전하다"로 번역되는 이름이 나옵니다. 저는 안전하게 가리키고 나서 깨닫습니다. 그래서 우리는 다니엘서에서 열린 창문을 통해 자신을 향하고 예루살렘을 바라보는 다니엘의 모습을 발견합니다. 모하메드 세계에서는 항상 메카라고 부르는 곳을 가리킵니다. 하지만 여기서는 예루살렘을 가리키고 있습니다. 이제 저는 예루살렘이 여러분 안에 있다고 말하고 있습니다. 이 모든 드라마는 외부가 아니라 인간 내부에서 일어납니다. 저는 엎드려서 우주의 어떤 동쪽 지점을 바라보지 않습니다. 저는 그저 정신적으로 내면을 조정할 뿐입니다.

이제 어떻게 하나요? 간단한 기술이지만 숙달하려면 연습이 필요합니다. 욕망이 생기면 그것이 바로 내 욕망이고, 내가 원하는 것이 무엇인지 정확히 알게 됩니다. 그것이 바로 내 욕망입니다. 그래서 욕망을 충족시키기 위한 진정한 방향을 가리키고 있습니다. 나는 욕망이 있을 때 그것을 생각하고 있습니다. 하지만 이제 나는 그것을 떠올리는 것에서 생각으로 바꿔야 합니다. 내가 여기 서서 상상력을 동반자로 삼고 걷는다면 11개의 문이 내게 열려 있습니다. 나의 상상력은 나의 동반자입니다. 나는 마침내 내가 이전에 내 상상력이라고 불렀던 것임을 알 때까지 내 상상력에 관해 이야기합니다. 그러나 처음에 사람은 여전히 내 상상력에 대해 말하고, 그것은 모두 당신의 상상력이며, 모두 그렇습니다. 그래서 저는 제 손과 같다고 말할 수 있습니다. 제 손을 절단할 수 있습니다. 내 상상력은 절단할 수 없어요. 내 팔, 다리, 몸의 모든 부분을 절단할 수 있어요. 내 상상력을 절단할 수 없죠. 왜냐하면 당신은 나를 밟을 수 없으니까요. 그게 바로 영원한 자아이기 때문입니다. 하지만 현실적으로 말하자면, 상상력을 동반자로 삼고 걷는 사람에게는 이 세상의 모든 문이 열려 있다고 말하고 싶습니다. 나는 여기 서 있고 다른 곳으로 가고 싶습니다. 예를 들어 그곳이 뉴욕이라고 합시다. 하지만 시간이 허락하지 않을 수도 있고, 재정이 허락하지 않을 수도 있고, 나의 약속이 허락하지 않을 수도 있습니다. 하지만 저는 뉴욕에 가고 싶습니다. 이 자리에 서 있는 동안 저는 감히 제가 지금 뉴욕에 있다고 가정하고 있습니다. 그 가정 행위는 이 어둠의 몸에서 벗어나는 것입니다. 바로 그 가정 행위입니다. 저는 제가 뉴욕에 있다고 가정합니다. 내가 뉴욕에 있었다면 내가 여기서 알고 사랑하는 사람들을 생각하지 않을까요? 그럼 내가 그들을 생각한다면 그들은 어디에 있을까요? 길 아래, 여기 언덕에 있을까요, 아니면 내가 서 있는 곳에서 3,000마일 떨어진 곳에 있을까요? 내가 뉴욕에 있다면 내가 아는 이 지역에서 내가 생각하는 사람은 내가 있다고 가정하는 곳과 상대적이어야 할 것입니다. 이것이 제 테스트입니다. 내가 정말 뉴욕시를 향해 나아가는 데 성공했을까?

제 기도라는 단어의 뜻은 말 그대로 "나아가는 움직임, 접근하기, 그 근처 혹은 이 근처에서"라는 뜻입니다. 이것이 성경에서 찾을 수 있는 정의입니다. 따라서 기도는 무엇보다도 지금, 지금 또는 그 근처에 있는 것을 향해 나아가는 것입니다. 그래서 저는 뉴욕에 있습니다. 만약 내가 뉴욕에 있다면, 나를 찾고 내가 그곳에 있다는 것을 증명하기 위해 내 세계를 생각할 것입니다. 이곳은 제 세계의 일부입니다. 여기에는 정말 멋진 친구들이 많아요. 북쪽에도 친구들이 있고요. 남쪽에도 친구들이 있고, 뉴욕의 동쪽과 남쪽에도 친구들이 있고, 런던에도 친구들이 있어요. 저는 뉴욕을 기준으로 친구들을 만나고, 뉴욕을 기준으로 친구들을 만나야 해요. 제가 뉴욕에 있다면 이 세상의 모든 것을 그렇게 볼 수 있겠죠.
이제 이 동작을 만든 존재에 대해 전적으로 신뢰하게 해주세요. 누가 만들었나요? 제가 상상 속에서 해냈어요.

> "인간은 모든 상상력이고 신은 인간이며 우리 안에 존재하고 우리는 신 안에 존재한다고 말해도 될까요? 영원한 인간의 몸, 인간의 몸 중 불멸할 수 있는 부분은 상상력이며, 그것은 바로 신 자신입니다."
>
> -블레이크

네빌 고다드의 삶과 가르침

나는 이것을 우주에서의 움직임, 나 자신이나 다른 사람을 위해 원하는 이 세상의 모든 움직임뿐만 아니라 모든 것을 향해 가져갈 것입니다. 나라는 개인에게만 국한될 필요는 없습니다. 저에게는 딸, 아들, 아내, 친구들이 있고 그들의 욕망과 관련될 수 있습니다. 지금 그들이 원하는 것을 가지고 있다고 말하는 것을 들으면 기분이 어떨까요? 내가 원하는 것을 원했던 곳에서 이제 그것을 가졌다고 말하는 곳으로 모션을 취했을 때 어떻게 그들을 볼 수 있을까요? 그것은 움직임입니다. 모든 것은 '움직임'입니다. 성경에 기록된 첫 번째 창조 행위는 "하나님이 수면 위에 움직임이니라"라는 뜻의 움직임입니다.

사실 모든 것이 움직임입니다. 기도는 움직입니다. 움직이는 법을 배우는 것입니다. 그래서 저는 여기 서서 세상의 어떤 것이든 향해 나아갈 수 있습니다. 저는 은행 잔고의 변화를 향해 움직였습니다. 그것이 움직임입니다. 모든 변화는 움직임입니다. 움직임을 바꾸지 않는 변화는 보이지 않습니다. 내가 이것을 바꾸면 그것이 움직임입니다. 내가 이곳에서 저곳으로 이동하는 것도 움직임입니다. 내가 오늘 밤 집에 가는 것도 움직임이고, 내가 있던 곳에서 내 위치를 바꾸는 것도 움직임입니다. 따라서 이 모든 것은 성경에 나오는 최초의 창조적 행위인 움직이는 방법을 습득하는 문제입니다. 움직이고 나니 깊은 곳에서 무언가가 떠오르기 시작했습니다.

즉, 기도의 방법은 이 내면의 움직임, 움직이는 방법을 마스터하는 것입니다. 오늘 밤 내가 지금 있는 곳에서, 내가 바꾸고 싶은 세

상의 어떤 것들을 보고 있는 곳에서, 그것들이 바뀐 후에 내가 차
지할 위치로만 움직일 수 있다면 말입니다. 그러면 그것들이 바뀐
후에는 어떻게 볼 수 있을까요? 이것이 바로 움직임의 변화입니
다. 그래서 여기서 말하는 변화는 신체적, 정신적, 재산적으로 안
전한 변화만이 아닙니다. 내 세상의 모든 것이 나 자신이 밀려나기
때문에 나는 내 세상의 다른 사람들에 대한 변화를 향해 완전히 움
직입니다. 그래서 밖에서 오는 후회는 내가 들어야 하고, 무시할
수 없고, 나 자신, 광활한 세상 전체가 들어야 합니다.

　인간이 빛의 세계에서 이 세상으로 내려와서 실제로 자신을 가
두고 이 몸으로 제한하면, 그것은 무한한 빛의 세계에서 불꽃이 됩
니다. 그런 다음 그는 여기에 있는 동안 그것을 행사해야 한다는
것을 기억합니다. 그는 무한한 빛의 세계를 기억하지만 그는 여기
에 있습니다. 그리고 여기 있는 동안 그는 빛의 세계에서는 모든
것이 자신 안에 들어 있었으니 모든 것이 자신 안에서 부화되는 것
을 봅니다. 그렇다면 그가 완전히 차단된 상태에서는 어떻게 보고
들을 수 있으며, 저 세계에서는 모든 것이 자신 안에 포함되어 있
다는 것을 알고 있음에 어떻게 그것을 자신 이외의 것으로 볼 수
있겠습니까?

　이제 여기서 그는 성경 기도에서 말하는 한 가지 방법을 습득하
는데, 그것은 바로 동작의 방법입니다. 그것은 심리적 움직임입니
다. 모든 것이 움직이고 있습니다. 지금 내가 있는 곳에서 어떻게
움직일지. 나는 논쟁을 보고 논쟁을 듣습니다. 이제 그 논쟁의 해

결책으로 이동하는 방법은 무엇입니까? 오늘 아침 이른 새벽에 한 친구가 뉴욕에서 직면한 문제와 관련하여 전화를 걸어왔습니다. 저는 자고 있었습니다. 전화 소리가 들리자 아내가 전화를 받았습니다. 새벽 2시였으니 지금으로 치면 5시였을 거예요. 아내는 크게 당황했습니다. 그녀는 방금 회의에 참석했는데, 의심할 여지 없이 밤새도록 긴 회의에 참석했고, 그녀는 이 일의 결과에 대해 정말 불안하고 두려웠습니다. 제 아내는 최선을 다해 아내에게 이런 일이 어떻게 진행되는지 알아야 한다고 설명하려고 노력했습니다. 하지만 완전히 감동을 받으면 믿음이 있는 사람에게 전화를 걸어 도움을 요청하게 되죠. 하지만 아내는 오늘 새벽 2시인 그 순간에 할 수 있는 일이라곤 지금 저에게 완전히 다른 이야기를 하는 아내를 만나는 것뿐이었습니다. 그래서 저는 한 상태에서 다른 상태로 이동하고, 같은 여성이 저에게 모든 것이 완벽하게 해결되었다고 이야기하는 것을 들었습니다.

그런데 지난 주, 오늘 이 자리에 함께한 베니라는 친구가 지난 토요일 오후에 집에 와서 이런 멋진 이야기를 들려줬습니다. 꿈에서 정원 같은 멋진 장면을 봤는데, 연인들이 만나는 사랑의 공간처럼 보였다고 하더군요. 그는 제가 격자 같은 틀을 들여다보고 서 있는 것을 보더니 저에게 다가와 자신이 원하는 모든 욕망과 원하는 것들을 이야기하기 시작했어요. 저는 그에게 "욕망하지 말고 살아라!"라고 말했죠. 그러자 그는 일어나서 그것을 적어서 저에게 가져다주었습니다. 그게 바로 제가 모든 사람에게 하는 말이죠. 욕망하는 것은 생각하는 것이고, 사는 것은 생각하는 것입니다. '욕망하지 말고, 살아라.' 오늘 밤도 욕망하며 잠자리에 들까요? 아니, 살면서 잠자리에 드세요. 마치 당신이 예전에 욕망했던 사람인 것처럼, 마치 그것이 사실인 것처럼 잠에 드십시오.

제 개인적인 경험을 통해 말씀드리자면, 비록 잘못된 가정이지만, 계속되면 사실로 굳어진다는 것을 알 수 있습니다. 그래서 우리가 배우는 초기에는 끈기가 필요합니다. 그래서 그는 밤에 와서 "내 친구가 왔는데 빵 세 개를 줄 수 있습니까?"라고 말한 남자의 이야기를 들려줍니다. 그 남자는 시간이 늦었고, 문이 잠겨 있고, 아이들이 자고 있어서 내려와서 대접할 수 없다고 말했습니다. 그러나 그 남자의 간곡한 요청에 따라 내려와서 그가 원하는 것을 주었습니다. 이 간곡함을 가장 잘 표현하는 방법은 "철판을 깐 뻔뻔함"이라는 말이 될 것입니다. 반복이라고 할 수 있죠. 그는 요청을 반복하고 반복했으니 철판을 깐 뻔뻔함이라고 말하고 싶습니다. 한 남자가 몇 번이고 반복해서 요청해도 거절하지 않습니다. 이것이 바로 비유 중 하나인 '거절하지 않는 사람'에 대한 이야기입니다. 그런 다음 과부가 오면 그녀는 거절하지 않습니다. 기도를 설명하기 위해 말씀하신 비유입니다.

이 비유들은 말이 아닙니다. 어쩌면 주기도문은 우리에게 어떤 목적, 묵상할 무언가를 위해 주어진 것일 수도 있고, 더 많이 묵상할수록 우리가 정말 하나라는 것을 믿게 될 수도 있습니다. 주기도

네빌 고다드의 삶과 가르침

문은 "우리 아버지"로 시작합니다. 우리의 파테스라면 우리는 형제입니다. 인종에 관계 없이, 국가에 관계 없이, 그 무엇에 관계 없이 공통의 아버지가 있다면 우리는 형제자매가 되어야 합니다. 내가 "우리 아버지"라고 말한다면 우리는 세상의 모든 인종과 국가에 관계없이 공통의 형제애를 가져야 합니다. 그렇게 우리가 공통의 아버지가 있다면 우리는 정말 하나라는 인간의 사고방식을 갖게 되는 것입니다.

결국, 우리는 아버지가 될 것이고 우리는 이를 알게 될 것입니다. 그러나 그동안 예수님은 비유를 통해 우리에게 방법을 알려주십니다. 우리는 삶의 변화를 요구하고, 더 많은 간절함을 요구하고, 이것도 요구하고, 저것도 요구하며 찾아옵니다. 그러면 내일까지도 안 되고, 다음 날에도 안 되고, 다음 달에도 안 될 것입니다. 하지만 그는 지속하라고 말했습니다. 그래서 끈기는 실제로 보상을 받을 것이고, 사람이 끈기 있게 기도하면 응답받을 것입니다. 하지만 포기하는 것은 "내가 해봤는데 조화롭게 나오지 않아"라고 말하는 것과 같습니다. 그래서 피아노를 치고 싶다고요? 그럼 가서 연주를 시작하세요. 하지만 좋은 방법을 찾아보세요. 좋은 방법을 찾아서 하루 동안 연습해도 연주회를 할 수 없습니다. 그게 바로 기도에 관한 것이죠. 기도하는 방법을 배우고 매일 시간을 할애하세요.

제 오랜 친구 압둘라와 함께 있을 때 운동을 했습니다. 거실에서는 전화기 쪽 복도를 볼 수 없었습니다. 저는 거실의 안락의자에 앉아 있었습니다. 제가 전화기가 있는 의자에 앉았다고 가정합니다. 그리고 실제로 제 마음의 눈에는 거실이 보이지 않고 제가 거실에 앉아 있는 것도 보이지 않는다고 가정합니다. 제 마음의 눈으로만 볼 수 있었죠. "이제 의자에 앉았구나"라고 생각해야 했죠. 그래서 전화기 앞에 앉아서 의자를 볼 수도 없고 볼 수도 없게 만들었습니다. 그러다 다시 의자에 앉는 제 자신을 느꼈습니다. 그런 다음 다시 전화기로 돌아가서 의자로 돌아가서 움직임이 바뀌는 느낌을 느껴보았습니다.

정말 큰 도움이 된다는 말씀을 드리고 싶네요. 그렇게 하면 몸이 느슨해집니다. 그리고 무언가를 생각하다가 갑자기 상상하는 행위 자체가 당신을 이 어두운 옷에서 떼어내고 당신이 상상하는 곳에 정확히 있을 날이 올 것입니다. 그래서 당신은 그곳에 있는 사람에게 보일 것입니다. 실제로 당신은 보일 것입니다. 저는 다른 곳에 있는 제 모습을 상상했는데 그 자리에 있던 사람이 저를 보는 경험을 한 적이 있습니다. 그때 그들은 나를 물리적으로 보지 못하고 깜짝 놀랐습니다. 왜냐하면 그들은 나를 물리적인 것으로 보았기 때문입니다.

인간은 모두 상상력이므로 상상 속에 있는 곳이면 어디든 당연히 있어야 합니다. 내가 가서 이 장소를 준비하고 돌아와서 어떤 사건의 다리를 건너면 내가 놓은 그 장소로 나를 인도하는 일련의 사건들이 일어납니다. 저를 그곳에 놓았다가 다시 여기로 돌아오

네빌 고다드의 삶과 가르침

는 것입니다. 그러나 나는 갔고, 가서 해냈고, 이제 여기로 돌아왔으며, 모든 것을 할 수 있고, 모든 것을 아는 이 존재가 내가 모르는 방식으로 발생의 다리를 건너, 내가 상상 속에 놓인 지점까지 나를 물리적으로 인도해 줄 것이라는 확신을 가지고 있습니다. 따라서 당신은 상상 속에 자신을 어떤 사람으로 배치하고 마치 사실인 것처럼 그 상태에 머무를 수 있습니다. 비록 그 순간 이성이 그것을 부정하고 감각이 그것을 부정하더라도, 당신은 그 상태에 머무르며 마치 사실인 것처럼 그 상태에서 잠을 잡니다. 이것이 바로 기도의 방법입니다.

기도는 그냥 들어가서 무릎을 꿇고 앉아서 기도하는 것이 아닙니다. 그리고 조금 먼지가 묻었다고 생각해서 옷에 묻히거나 양말에 묻히거나 다른 것을 더럽히고 싶지 않아서 그냥 털어버리는 것이죠. 사람들이 교회에서 기도하는 방식입니다. 교회에 들어가서 가장 먼저 하는 일은 허리를 굽히고 중얼거리는 것입니다. 많은 사람이 교회에 가는 것은 당연한 일이라고 생각해서 무릎을 꿇거나 앞으로 허리를 굽히고 몇 마디 중얼거리다가 일어나면 자신이 해야 할 일을 다 했다고 생각합니다. 하지만 그것은 이 멋진 현실의 세계와는 아무 상관이 없습니다.

최고의 배우

몇 년 전 제 아내는 멋진 환상을 보았습니다. 아내는 숲속에 있는 자신을 발견했는데, 이 멋진 천상의 나무 숲, 이 맑은 통로에는 맨 끝에 제단이 있었어요. 사람들이 있었고 두 명의 여성이 한쪽과 다른 쪽에서 들어왔습니다. 한 사람은 한쪽에서 책을 들고 들어왔는데, 그 책 제목은 '유대교에 따른 믿음의 확신과 죄의 용서'였습니다. 그녀는 제단으로 올라가서 책을 읽었습니다. 또 한 권이 들어왔는데, 같은 책인 '기독교에 따른 믿음의 확신과 죄의 용서'였습니다. 이 여성분이 올라가서 같은 책이지만 다르게 읽은 책을 읽었습니다. 아내는 그 순간까지만 해도 기독교인이 되는 것보다 유대인이 되는 것이 훨씬 더 어렵다고 생각했다고 환상을 통해 말했습니다. 갑자기 아내는 모든 것이 심리적인 문제라는 것을 깨달았습니다. 외부에서 하는 일은 전혀 중요하지 않습니다. 모든 것은 내면에서 비롯되는 것입니다. 사람이 내면에서 하는 일입니다. 그리

네빌 고다드의 삶과 가르침

고 우리는 기독교인이 되는 것이 얼마나 어려운지 알게 됩니다.

브라우닝의 "기독교인이 된다는 것이 얼마나 어려운가"라는 멋진 시는 '부활절'로 시작합니다. 체스먼은 "기독교는 시련을 겪었고, 시련을 겪지 않았고, 부족함이 증명되었고, 시련을 겪었고, 어렵다는 것을 알았기 때문에 포기했다."고 말했습니다. 제가 기독교인이라고 생각하면 책임을 전가할 수 없습니다. 이 세상의 누구도 탓할 수 없는 이유는 우리가 하나이기 때문입니다. 저는 제 안에서 제가 하는 일, 저를 찾아오는 모든 사람이 제 안에 있는 정신적 활동을 증거를 보이고 있다는 것을 확인할 뿐입니다. 그래서 그들은 나를 반영할 뿐이기 때문에, 내가 나 자신과 내 세계에 무엇을 하고 있는지 말해줄 뿐입니다. 그리고 그렇게 사는 것이 세상에서 가장 어려운 일입니다. 제게 무슨 일이 일어나든 제가 저에게 한 일이라는 도전을 받아들이는 것이요? 내가 부르지 않으면 아무도 내게 오지 않는다고요? 그것이 바로 기독교입니다. "나를 보내신 내 아버지께서 그를 부르지 아니하면 내게로 올 자가 없느니라." 그러나 "나와 내 아버지는 하나"이므로 나와 아버지가 하나라면 내가 그를 부른 것입니다. 나는 내 안에서 일어나는 활동을 나에게 드러내려고 그를 불렀습니다. 나는 무엇을 하고 있는가? 저는 기도하는 법을 배웁니다. 기도하는 법을 배우고 익히면 세상을 바꾸고, 정말로 바꾸고, 내가 이 세상에서 경험하고 싶은 이상에 부합하도록 만들 수 있기 때문입니다.

그러니 제가 베니에게 말했듯 "욕망하지 말고 살아라!". 그것을 생각하지 말고 그것으로부터 생각하기 시작하세요. 소원이 이루어졌다고 생각하는 것은 그것을 실현하는 것이고, 그것을 계속 생각하면 영원히 계속됩니다. 당신은 당신이 무엇을 생각하고 있는지 결코 깨닫지 못할 것입니다. 당신은 당신이 무엇부터 생각하고 있는지 깨닫게 될 것입니다. 따라서 소원이 성취된 상태에 자신을 집어넣고 거기서부터 생각하는 것입니다. 그것이 바로 기도입니다. 그리고 아무도 알지 못하는 방식으로, 즉 의식적으로 추론하는 마음은 알지 못하는 방식으로, 그것은 단순히 당신의 세계에서 펼쳐지고 사실이 됩니다.

그러니 여기서 당신은 당신이 원하는 남성이 될 수 있습니다. 원하는 여성이 될 수도 있습니다. 기도하는 법을 안다면 무엇이든 되고 싶은 대로 될 수 있습니다. 믿는 자에게는 모든 것이 가능하니까요. 그러므로 믿음의 방법이란 스스로를 설득하는 방법입니다. 자신을 설득하는 방법입니다. 어느 날 친구가 멀리서 편지를 보내 "내 방에서 특정 시간에 당신을 봤어요"라고 말한다고 가정해 보죠. 그러면 시차가 있기에 그 시간 차이를 인정하게 되죠. 이제 뉴욕과는 3시간, 제 작은 섬 바베이도스와는 4시간 차이가 나기 때문에 하와이와는 2시간 더 차이가 납니다. 그래서 누군가 하와이에서 저를 보고 제 시간을 보면 거의 9시인데 7시에 봤다고 하면 저는 7시에 봤다고 말합니다. 그들이 편지에 '오늘 밤 7시에 당신을 봤어요'라고 적었으면, 제가 그곳에 있다고 상상했을 때 이곳은 9시였다면, 제가 정말 상상력이 뛰어나다는 것을 알 수 있습니다.

네빌 고다드의 삶과 가르침

저는 해냈고 사람들은 편지를 통해 그것을 확인했습니다. "당신을 봤어요"라고 시간과 날짜까지 적어서 편지를 보내왔어요. 저는 제가 진정으로 모든 상상력이라는 것을 알아요. 시가 아닙니다. 시인들이야말로 이 세상에서 진정한 영감을 주는 사람들이기 때문에 블레이크가 그렇게 아름답게 표현했다는 것을 압니다. 사실 성경 전체를 제대로 이해하면 모두 시입니다. 구약성경 전체가 시로 쓰여졌지만, 우리는 아직 그 고대 사본을 제대로 된 형태로 옮길 수 있는 방법을 찾지 못했습니다. 그러나 그것은 모두 시입니다. 영감받은 하나님의 말씀입니다. 시에는 단어에 확대된 의미를 부여하고 일반적인 단어와는 전혀 다른 의미를 부여합니다. 그래서 당신은 이 빛에서 그것을 발견합니다.

내가 침대에 누워서 다른 곳에 있다고 가정하고, 그 다른 곳은 시간 차이가 한 시간이라고 가정했을 때, 누군가가 특정 날짜, 특정 시간에 당신을 보았다고 썼을 때, 그것은 내가 아내에게 말한 것과 정확히 일치합니다. 나중에 제가 그랬다고 생각할 필요가 없도록 제가 한 일을 아내에게 말했습니다. 그러자 제가 나타나려고 했던 사람이 저를 봤다는 편지가 왔습니다. 그렇다면 저는 모든 것이 상상이 아닌가요? 그래서 상상하는 행위에서 저는 이 어두운 몸의 동굴에서 출발하여 내가 상상했던 곳에 나타나서 거기에서 걱정스러운 것을 보았습니다. 당신은, 정확히 당신이 상상하는 것이 바로 신이기 때문입니다. 신은 모든 상상이고 여러분은 모든 상상입니다. 그러므로 당신은 죽을 수 없습니다. 인간은 죽을 수 없는 것에서 영원한 죽음으로 갈 수 없습니다. 당신의 불멸의 존재는 상상력입니다. 내가 증명했습니다. 당신은 이 멋진 몸을 가지고 사방을 돌아다닙니다. 그리고 언젠가 당신은 성경에서 말하는 바로 그 중심 존재, 즉 예수 그리스도라고 불리는 존재, 주 하나님 여호와라고 불리는 존재가 바로 당신이라는 것을 알게 될 것입니다.

　당신은 당신만의 목적을 위해 여기에 있습니다. 이 환상적인 목적을 위해 여기 있는 동안 여러분은 여전히 시저의 대가를 치러야 합니다. 여러분은 시저의 세계에서 살아야 합니다. 따라서 여러분은 여기서부터 세상이 끝날 때까지 우리 정치인들을 비판할 수 있지만 그들이 세금을 올리는 것을 막을 수는 없습니다. 여러분의 항의에도 불구하고 그들은 여러분에게 세금을 부과할 것이기 때문에, 여러분이 해야 할 일은 더 많은 돈을 버는 것뿐입니다. 그러니 여러분이 해야 할 일은 기도의 방법을 배워서 더 많이 버는 것입니다. 저는 고 케네디 대통령에 대한 이야기가 생각납니다. 한 세대에 걸쳐 4억 달러 정도의 돈을 벌었던 그의 아버지가 자녀들에게 모두 엄청난 독립을 주었습니다. 그에게는 아홉 명의 자녀가 있었고 각각 백만 달러씩의 유산이 있었습니다. 하지만 자식들이 너무 많은 돈을 쓴다고 불평하던 고인은 이 연회에서 "이 문제의 유일한 해결책은 아버지가 더 벌어야 한다"고 말했습니다. 저는 그 말이 정말 멋지다고 생각했습니다. 그는 4억 달러를 벌었고 자녀가 9명이었기 때문에 자녀들에게 각각 천만 달러씩 주면 여전히 사용할 수 있는 것보다 훨씬 많은 돈을 갖게 될 것입니다. 어차피 자녀들이 받을 돈이니 쓰고 즐기면 되지 않겠습니까? 그래서 그들은 모두 돈을 잘 쓰는 사람들이었고 아버지는 "맞습니다, 아버지가 더 많이 벌어야 합니다. 아버지는 우리가 소비하고 돈을 벌도록 조건을 만들어 놓으셨기 때문에, 이 문제에 대한 유일한 해결책은 그것뿐입니다." 돈을 버는 것이 아니라 쓰는 것이죠. 그들은 평생 돈으로 살 수 있는 모든 것을 가졌기 때문입니다. 현세대는 그것이 무엇인지 알지 못합니다.

저는 그것에 전혀 반대하지 않습니다. 오늘 밤 10억 달러가 생겨서 아내와 자식들에게 물려준다면 어떻게 될까요? 그리고 내일 그들이 나가서 그 돈을 쓰고 버린다면 그게 무슨 상관이 있을까요? 저는 그들이 이 위대한 기도의 방법을 알고 이해했으면 좋겠어요. 그러면 버린 후에 다시 만들 수 있겠습니다. 많은 사람들이 기도를 버리고 재생산하지 못하니까요. 하지만 여러분이 기도하는 법을 안다면, 오늘 밤 여기 있는 제 친구가 언젠가 저에게 한 멋진 말을 다시 인용합니다. 우리는 경마장을 향해 운전하고 있었고, 당연히 우리는 당연히 승리라는 관점에서 생각하고 있습니다. 이길 거면 즐기면 됩니다. 그리고 그녀는 "어렸을 때 아버지가 내게 단돈 1달러가 있는데 써야 한다면, 마른 나뭇잎처럼, 너는 무한한 숲의 주인인 것처럼 써라"라고 말씀하셨어요."라고 말했습니다. 필요하다면, 당신이 무한한 숲의 주인인 것처럼, 마른 나뭇잎처럼 그것을 쓰십시오. 그러니 기도할 줄 아는 사람이라면 기도로 쓰고, 기도로 번성하게 하소서. 이 광활한 세상은 인간의 상상력에 의해 존재하게 됩니다. 상상하는 법을 배워보세요. 이것이 위대한 비밀입니다.

　내가 베1에게 말했듯이 독가 어러분에게도 전합니다. 오늘 밤에도 여전히 욕망하고 있다면 지금 당장 멈추고 그것을 점유하고 살아보세요. 그게 사실이라면 어떨까요? 그게 바로 사는 것입니다. 기분이 어떨까요? 내가 지금 스스로 되고 싶은 상태가 되었다 어떤 느낌일까요? 어떤 기분일까요? 그 기분을 포착하는 순간 당신은 그 기분을 살아보는 것입니다. 생각만 하는 것이 아니라 그 기분에서부터 생각하게 됩니다. 그리고 가장 큰 비결은 생각하는 것이 아니라 '생각부터 하는 것'입니다. 인간은 이 육체에 고정되어 있습니다. 그는 항상 작은 상태에 있고, 은행 잔고를 알고, 이것도 알고 저것도 알고, 다른 것도 알고 이 모든 것은 이 상태에서부터 생각하는 것입니다. 정말 놀라운 일이죠. 하지만 이제 '무엇으로부터'가 얼마나 현실적인지 알게 되었으니, 이제 어떻게 움직이고 어떻게 생각하는지 배워야 합니다. 왜냐하면 '어디서부터'라는 생각은 매우 현실적이기 때문입니다. 그래서 저는 현재의 세계에서 생각합니다. 내가 사는 곳, 은행 잔고, 그리고 다른 것들, 그리고 그 생각들이 얼마나 현실적인지 정확히 알고 있습니다. 그렇다면 이 상태에서 다른 상태로 이동하여 다른 상태에도 내가 이 상태에서 느끼는 것과 같은 현실감을 줄 수 있을까요? 가능합니다. 해보세요. 만약 그렇게 해서 성공한다면 비결을 찾은 것입니다. 세상에서 무슨 일이 일어나든 항상 자유로울 수 있는 방법을 찾았습니다.

나는 내 안에 있는 이 존재를 나 자신으로 느끼면서도 사랑, 즉 나와 너의 관계로 표현할 수 있습니다. 이상한 것은 없습니다. 나는 그것을 당신이라고 말할 수 있고, 동시에 그것이 나라는 것을 알 수 있습니다. 그래서 나는 "아버지, 감사합니다."라고 말하면서 이 너와 나의 관계를 가질 수 있습니다.

모든 욕망은 그분에게서 나오기 때문에, 내가 지금 무언가를 원한다면 그것은 그분에게서 나오는 것입니다. 그러면 욕망이 생기면 노력하지 않고도 "아버지, 감사합니다."라고 말할 수 있는 지점에 도달하게 됩니다. "아버지, 정말 감사합니다!"라고 당연하다는 듯이 말했죠. 그리고 욕망이라는 매개체를 통해 나에게 주셨으니 이제 육신의 옷을 입혀 육신의 세계에서 나와 만나게 될 것을 확신하며 기다립니다.

남을 판단하고 비판하고 비열한 짓을 하는 분위기에 휩쓸리지 마십시오. 당신도 욕망이 있고 이 세상에서 고귀하게 살고 싶지 않습니까. 누가 안 그러겠어요? 고귀하게 사는 게 훨씬 더 멋지다는 걸 말씀드려도 되겠습니까? 관대해지는 게 훨씬 더 멋집니다. 이 세상에서 무한히 사랑한다는 것은 훨씬 더 멋진 일입니다. 인생이 더 좋아집니다. 사랑하십시오. 그 누구도 당신에게 당신이 합당하지 않다고 말하지 못하게 하십시오. 잊어버리세요. 사랑스럽고 관대하게 사는 것이 더 쉽습니다. 따라서 다른 사람들이 비난하고 싶다면 그렇게 하도록 내버려두되, 아직 극복하지 못한 자기 모습은 여전히 자신입니다. 하지만 그런 생각에 빠지지 마세요. 그리고 반복해서 연습하세요. 결국 이 멋진 드라마의 막이 내릴 때 최고의 배우가 그 모든 것을 딛고 일어설 것입니다. 바로 우리가 그 배우입니다. 모두는 각자의 배역을 맡아 아름답게 연기하지만, 그 배역에 옷을 입힌 배우는 바로 하나님입니다. 그리고 우리는 최고의 배우입니다.

네빌 고다드의 삶과 가르침

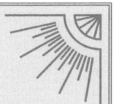

제15장

신성한 본성

상상은 곧 현실이다

"그분이 우리에게 그분의 귀중하고 매우 큰 약속을 주셨으며, 이를 통해 우리가 신성한 성품에 참여하는 자가 되게 하셨다."

-베드로후서 1:4

베드로의 두 번째 편지에서 말합니다.

이 귀중하고 위대한 약속은 개인의 삶에서 이루어질 때만 인식할 수 있습니다. 이것이 바로 하나님의 위대하고 소중한 약속입니다.

그 약속이 무엇인지 잘 살펴봅시다. 바울이 로마인들에게 보낸, 복음서보다 앞선 편지와 이 편지를 살펴봅시다.

"우리는 예수님을 하나님의 아들로 지칭합니다. 그의 부활을 통해 죽은 자들을 확고히 하셨기 때문입니다."

- 로마서 1:4

같은 장에서 그는 말합니다.

"내가 복음을 부끄러워하지 아니하노니 이 복음은 모든 믿는 자에게 구원을 주시는 하나님의 능력이 됨이라."

— 로마서 1:16

여기서 그는 복음을 예수 그리스도와 동일시하기 때문에 예수 그리스도라는 단어를 읽으면 복음이라는 단어를 읽을 수 있습니다. 그래서 우리가 지금 산상 수훈을 읽을 때,

"내가 율법과 선지자를 폐하러 온 줄로 생각하지 말라. 폐하러 온 것이 아니요, 완전하게 하려 함이라."

— 마태복음 5:17

"복음인 내가 모세의 율법이나 선지자를 통한 하나님의 약속을 폐하러 온 줄로 생각지 말고 완전케 하려 함이라."라고 읽을 수 있습니다. 말씀이 사람을 대신할 수 있나요? 복음이 독자에게 요구하는 것은 그것을 믿으라는 것입니다. 실제로 믿어서 그 말씀이 내안에 뿌리내릴 수 있도록 하라는 것입니다. 우리의 믿음을 통해 그말씀이 실제로 우리에게 접목될 수 있다는 것입니다. 그것은 당신을 이 영원한 죽음의 세계에서 구할 것입니다. 그것은 당신에게서의지를 일깨울 것이며, 복음에서 사람에 관해 말한 모든 것이 당신이 그 사람이 될 것입니다. 그 이야기를 표현하려면 어떤 남자가

네빌 고다드의 삶과 가르침

필요합니다. 복음을 듣고 받아들이는 사람을 영원한 죽음에서 영원한 생명으로 일으키시는 하나님의 능력에 관한 이야기입니다. 그러나 그는 그 무한한 상태로 부활할 뿐만 아니라 신성한 본성에 참여하게 될 것입니다. 그는 하나님 자신이 될 것입니다. 이것이 바로 하나님의 이야기입니다. "좋은 소식"을 의미하는 복음이라는 단어는 하나님의 복음을 의미합니다.

그렇다면 여기서 그가 살아나셨다고 할 때, 누가 살아나신 것일까요? 우리는 예수 그리스도가 살아나셨다고 말합니다. 그는 죽은 자 가운데서 부활하심으로 능력으로 하나님의 자녀, 우리 주 예수 그리스도로 지정되었습니다. 그리고 같은 장, 로마서 첫 장에서 말합니다.

"내가 복음을 부끄럽지 아니하여 모든 믿는 자에게 구원을 주시는 하나님의 능력이 됨이라."

그래서 여기서 그는 하나를 다른 것과 동일시합니다. 우리는 예수 그리스도에 대해 말하고 여러분은 사람을 생각합니다. 저는 복음에 대해 말하면 여러분은 책을 생각하고, 여러분은 이야기를 생각하지만 그는 우리에게 그것이 하나라고 말합니다. 단 한 순간만이라도 세상에 전해지는 이야기라고 믿으시면 됩니다. 교회는 그것을 가져다가 의인화했습니다. 하나님의 속성을 표현하려면 사람이 필요하기에 어떤 면에서는 그래야 합니다. 그리고 이것은 하나님의 "좋은 소식"에 대한 이야기입니다. 따라서 당신은 먼저 그 이야기를 듣고, 그 이야기에 동의하고, 그 이야기를 받아들이고, 그 이야기가 여러분에게 뿌리내리도록 허용해야 하는 사람입니다. 믿음을 통해 그 말씀이 여러분에게 접목되고 여러분이 그 말씀을 믿는다면, 어느 순간 그 말씀이 폭발하고 예수 그리스도라는 한 사람에 관한 복음에서 말하는 전체 이야기가 여러분 안에서 펼쳐지며 여러분은 구속받은 그분입니다.

이제 당신은 힘이고, 창조적인 힘이며, 신성한 본성을 가진 사람입니다. 더 이상 이 세상에 있는 것처럼 좌우로 움직이지 않고, 그 모든 것이 무엇인지 알지 못합니다. "나는 율법과 선지자를 폐하러 온 것이 아니라, 그것을 완성하러 왔다"는 말씀이 바로 이런 일이 일어날 때 하는 일입니다. 이제 여러분의 내면에서 완전히 분출하는 이야기이며 전체 이야기를 다르게 보게 됩니다. 첫 번째는 토라를 영화한다는 뜻입니다.

"예로부터 '간음해서는 안 된다'는 말을 들었습니다."
− 출애굽기 20: 14

"그러나 저는 여자를 음욕스럽게 바라보는 남자는 이미 그녀와 마음속으로 간음 행위를 저질렀다고 말합니다."
− 마태복음 5:27

하지만 여기서 멈추지 말고 구약성경의 모든 명령에 관한 구절을 취하여 영적으로 해석하세요.

출애굽기 23장(19절)에 나오는 구절이 있습니다.

"아이를 그 어미의 젖으로 삶아서는 안 된다."

이 말씀은 문자 그대로 받아들여져 6,000년 동안 우리 세계의 많은 부분을 노예로 삼았습니다. 극도로 정통적인 유대인 가정에 가거나 식당, 코셔 레스토랑, 조제 식품점에 가면 고기를 주문하면서 동시에 소에서 나온 유제품, 우유, 버터, 치즈 등 어떤 제품도 서빙하지 못하게 할 수 있습니다. 누군가에게 샌드위치에 고기 한 조각을 주문한 후 빵에 약간의 버터를 바르면 그들은 당신이 제정신이 아니라고 생각할 것입니다. "이 식당에서는 안 돼, 이 집에서는 안 돼!" 정통 코셔 가정에서는 고기를 먹을 때 식탁에 우유를 올리지 않습니다. 식탁에 없습니다. 오늘날 소의 산물이 아닌 식물성으로 만든 마가린이라는 새로운 개발품이 있다면 버터 대신 마가린을 제공할 수 있을지도 모릅니다. 그러나 고기가 제공될 때 유제품은 제공되지 않을 것입니다. "아이를 그 어미의 젖으로 삶아서는 안 된다." 라는 말이 곧 그 말입니다.

이제 이 이야기가 인간에게 분출되면 모든 계명이 다르게 보입니다. 여기에 대한 해석이 있습니다. '어린 양과 같은 아이는 항상 희생 동물로 사용되었습니다. 내 세상의 모든 것이 내 아이입니다.

나는 내 세상의 모든 것, 좋은 것, 나쁜 것, 무관심한 것, 모든 것을 낳았습니다. 이제 내 세상에는 없애버리고 싶은 것과 남겨두고 싶은 것이 있습니다. 내가 희생해야 한다. 그게 그 아이의 목적입니다. 제 관심이 그 아이를 살리고 있어요. 우유가 아이를 살리듯이 관심은 우유입니다. 그래서 나는 내 세상의 사랑스럽지 않은 부분에 관심을 기울이고 그것과 씨름하고 아침, 점심, 저녁으로 그것에 몸이 담겨 삶아지는 느낌이 들기도 합니다. 내가 원하지 않는 것에도 계속 주의를 기울이면, 나는 그것이 내 세상에 살아있게 합니다. 저는 그 부모이고 제가 낳았다고 할 수 있습니다. 내 세상에서 사랑스럽지 않은 것도 내가 낳았습니다.'

그리고 이제 그 개체가 내 안에서 분출하면서 구약성서의 이 놀라운 말씀의 진정한 의미는 모두 심리적으로 받아들여야 합니다. 인간은 자신이 심리적 세계, 상상의 세계에 살고 있다는 사실을 깨닫지 못했습니다. 그래서 그는 세상의 모든 사람에게 맞는 단 하나의 진술만을 취합니다. 남자는 여자를 보고 마음의 눈으로 바라보며 간음했다고 합시다. 이제 그는 훈련 때문에 자신을 자제했습니다. 그는 이런 일을 할 수 없다고 다르게 훈련받았습니다. 아니면 두려움 때문에 자제했을 수도 있습니다. 그는 자기 행동이 초래할 결과를 생각하며 충동을 억제했습니다. 그러나 충동이 폭발한 사람이 나타나서 율법을 가지고 자기 멋대로 해석했습니다. 그런 종류의 사람들은 그런 말을 들어본 적이 없었습니다. 그들은 충동을 억제하면 그것으로 충분하다고 생각했습니다. 매일 아침, 점

네빌 고다드의 삶과 가르침

심, 저녁으로 세상의 모든 여자를 상상하며 불륜을 저질러도 생각했던 행위를 하지 않았으니 괜찮다고 생각했습니다. 그 자제는 두려움, 비겁함, 결과에 대한 고민, 사회 앞에서 창피당하고 싶지 않다는 생각에 근거했을 수 있습니다. 수많은 것들이 그를 제지했을 수 있습니다. 하지만 그는 그것만으로는 충분하지 않다는 말을 들었습니다. 상상했던 그 순간에 그 행동을 실행에 옮겼으니까요. 그래서 여기서 당신은 모든 명령을 모두 받아들입니다. 열 가지 명령뿐만 아니라 출애굽기 23장에 나오는 명령도 받아들입니다.

"어미의 젖을 먹은 아이는 삶지 말라."

그래서 우리는 종일 엄마 젖에 아이를 끓이고 있습니다. 우리는 세상에서 원하지 않는 것을 취하고 그것에 모든 관심을 기울이고 있습니다. 그것이 바로 젖이고 우리는 그 젖을 먹여 살리고 있습니다. 희생의 상징인 그 아이를 희생하고 거기서 관심을 빼앗아 완전히 다른 것에 관심을 쏟아야 합니다.

이제 어느 시점까지는 여러분과 제가 자유롭게 결정하고 행동할 수 있습니다. 그 행동은 모두 상상에 불과합니다. 내가 되고 싶은 것을 지금 결정하고 이름을 짓습니다. 자신의 직업에서 최고가 되고 싶거나 이것 또는 다른 것이 되고 싶다고 결정하고 이름을 짓습니다. 결정을 내린 후에는 정신적으로만 행동합니다. 상상의 행위입니다. 그 상태의 성취를 암시할 수 있는 장면을 만들어서 행동하는 것입니다. 그 순간 당신은 그것을 성취하기 위한 수단을 고안하는 것이 아니라 단순히 행동하는 것으로 끝납니다. 그 순간 결과가 이어지고 결과가 새로운 상황을 만들어내면서 새로운 결정이 요구됩니다. 왜냐하면 이제 새로운 상황, 새로운 결정, 새로운 행동이 요구되는 새로운 도전이기 때문입니다. 그리고 여러분은 행동하기만 하면 됩니다. 자신에게 정직하다면, 전개되는 드라마에서 특정 역할을 연기하더라도 그 수단을 고안하는 데는 아무것도 하지 않았다는 것을 연기한 후에 알게 될 것입니다. 이 사람은 저절로, 이 사람은 우연히, 이 사람은 이렇게 저렇게 만나고, 모든 것이 합쳐져서 행동한 대로 이루어집니다. 모든 것이 이루어집니다.

하지만 그 일이 실현되는 순간 새로운 상황에 직면하게 됩니다. 누군가는 회사에서 가장 큰 사람이 되고 싶어 하면서도 그에 따른 책임이 따른다는 사실을 모릅니다. 자신이 회사의 최고 책임자라고 생각하는 순간 그는 그 직책의 결과를 잊어버립니다. 그러나 그는 그것을 행동으로 옮기고 수장이 됩니다. 그런 다음 그는 한 개인으로서 제쳐지고 새로운 상황이 만들어집니다. 그리고 그 꿈을 꾼 사람은 그 꿈을 꿨을 때 지금 그가 행동해야 하는 문제에 직면하게 될 것이라고는 꿈에도 생각하지 못했습니다. 먼저 그는 결정하고 행동해야 합니다. 그는 자신이 할 수 없다고 생각해서 사임하거나 할 수 있다고 믿습니다. 이 법을 안다면 마치 자신이 한 것처럼 행동하기 때문에 할 수 있습니다.

그래서 그는 법을 취합니다. 그는 법을 문지르지 않습니다. 그는 말했습니다.

"나는 율법과 선지자들을 폐하러 온 것이 아닙니다. 나는 그것들을 폐하러 온 것이 아니라 성취하러 왔습니다."

따라서 계획은 사람에게 있으며, 그 계획은 모세의 율법을 재해석하여 성취할 뿐만 아니라 선지자들의 약속을 재해석하는 것입니다. 왜냐하면 인간은 자신을 구원하러 올 사람을 기다리고 있었고, 그 사람은 사람을 구원하러 오는 사람이 아니라 본보기이고, 복음이고, 이야기이기 때문입니다. 그리고 그 이야기는 인간 안에 있습니다. 그는 그것을 듣고 믿었고, 그 이야기가 사람 안에 있고, 그 이야기가 사람 안에서 폭발하고, 예수 그리스도에 관한 모든 드라마가 그 안에서 펼쳐집니다. 겉으로 보기에 그는 자기의 친구들과 친척들의 눈에도 똑같은 사람입니다. 그들은 단순한 사람을 보고 그가 자신에게 일어난 일을 말하고 있기에 그가 미쳤는지 궁금해할 것입니다. 그 안에 그리스도 또는 계획이 있습니다. 그러나 그들은 그리스도가 인격체이고 그리스도가 계획이라고 생각했습니다.

"내가 복음을 부끄러워하지 아니하노니 이 복음은 모든 믿는 자에게 구원을 주시는 하나님의 능력이 됨이라."

이제 그는 그리스도를 "하나님의 능력"이라고 정의합니다. 고린도전서 1장에서 그리스도를 하나님의 능력이라고 정의한 바울은 이제 로마서 1장에서 그리스도를 "복음"으로 정의합니다. 즉, 복음은 "구원을 위한 하나님의 능력"입니다. 그래서 여기 이야기가 있습니다. '세상에서 가장 놀라운 이야기'를 들려드릴 수 있습니다.

한 사람이 죽었다가 살아나고, 십자가에 못 박혔다가 부활하여 이제 권능의 우편에 앉으신 그리스도의 이야기는 그 무엇과도 비교할 수 없습니다. 그는 이제 세상의 창조주와 함께 앉아 있으며 세상의 창조주의 하나가 되었습니다. 그분은 실제로 그분 자신 안에서 권능과 약속을 펼쳐 보이셨습니다. 그분은 우리에게 귀중하고 위대한 약속을 주셨고, 이를 통해 우리는 실제로 신성한 본성과 하나가 될 수 있습니다. 신성한 본성은 하나님이고, 나는 하나님과 하나가 되거나 하나님과 같은, 아니, 하나님과 하나가 됩니다. 이 이야기를 행동으로 받아들임으로써 그는 나의 비천한 몸을 그의 영광스러운 몸과 한 형태가 되도록 변화시키거나 재창조하고, 당신은 일어납니다.

겉으로 보기에 당신은 똑같은 존재이고, 사람들은 당신이 누구였는지 알고 있습니다. 그들은 당신 안에서 일어난 일을 듣지 않기 때문에 당신이 당신이라고 생각합니다. 그래서 당신은 당신의 작은 무덤에 가면 그들은 다른 친구가 떠났고 자신이 그들을 그리워한다고 느낄 것입니다. 그들은 그가 삶의 꿈에서 완전히 깨어난 그들 사이를 걷는 동안 사라진 사람을 모릅니다. 그는 여태까지의 이야기를 믿었고 실제로 그 이야기는 그 안에서 싹이 트고 그 안에서 분출했습니다. 그리고 존재에 대한 이야기에서 말한 모든 것이 그에게 펼쳐졌고 그는 바로 그 그리스도였습니다. 그러나 그들은 그를 알아보지 못했습니다. 그리스도는 오래전에 살았고 지금은 이야기를 듣는 사람들에게만 기억되는 작은 사람이 아니라 동시대 사람이기 때문입니다. 당신은 믿었습니다. 저는 그 이야기를 들었고, 전혀 예상치 못한 순간에 그분이 누구인지 깨달았습니다. 그는 하나님의 정액, 하나님의 배아, 하나님의 씨를 닮은 사람이었습니다. 그 이야기를 들었을 때 저는 말씀이었고, 그 말씀을 받아들였기 때문에 그 말씀이 떨어진 땅이었습니다(마태복음 13장). 내가 그것을 믿었을 때, 나는 그것을 받아들였고 모든 것이 내 안에서 발아하고 갑자기 분출했습니다.

당신과 나는 어느 정도까지 자유롭습니다. 시저의 세계에서 우리는 같은 법칙을 증명할 수 있습니다. 시저의 세계에서 나는 지금 결정을 내릴 수 있는 자유를 누리고 있습니다. 내가 결정하지 않더라도 그것은 오늘 밤에 결정하지 않는 결정입니다. 하지만 "나는 무엇이 되고 싶다"라고 말하면서 결정할 수 있습니다. 이름을 짓고 행동해야 합니다. 하지만 육체적으로 행동하는 것이 아니라 정신적으로 행동해야 합니다. 모든 것은 당신의 상상 속에 있습니다. 그래서 저는 이제 제가 되고 싶은 것을 결정하고 상상 속에서 행동할 것입니다. 그다음에는 결과가 이어집니다. 그 순간부터 결과가 이어받아 새로운 상황을 만들 것입니다. 새로운 상황은 새로운 도전에 직면하게 되고, 그 새로운 도전은 또 다른 결정과 행동을 의미하는 대응을 요구할 것입니다. 저는 그런 식으로 계속 나아갑니다.

시저의 세계

이 모든 것의 원리를 모르면 꿈을 실현할 때 그게 다라고 생각합니다. 오늘날 많은 사람이 "5,000달러만 있으면 정말 자유로워질 것 같아요!"라고 말합니다. 그래서 그들은 5,000달러를 얻지만 그것으로 만족하지 않고 5만 달러를 원합니다. 그래서 그들은 5만 달러를 받지만 그것만으로는 충분하지 않습니다. 그 이유는 항상 그 기준이 올라가기 때문입니다. 지금 뉴욕에 있는 제 친구의 이야기를 해드리겠습니다. 보드빌 시절에 그는 아다지오 댄서였고, 키는 작지만 매우 강인한 사람이었어요. 그러다 전쟁이 일어나고 징집됐습니다. 그가 나왔을 때 그는 다시 돌아갈 수 있는 지점을 넘어섰고 보드빌은 어쨌든 사라졌습니다. 그는 웨이터가 되었고 그리니치 빌리지의 한 나이트클럽에서 매니저로 일하게 되었습니다. 그는 제 회의에 오기 시작했고 제가 하는 이야기를 들었습니다. 그는 "이제 5,000달러만 있으면 적용해 보겠다"고 말했

네빌 고다드의 삶과 가르침

어요. 빅터는 순식간에 5,000달러를 받았습니다. 남자들이 들어와서 그가 지배인이었고 그들은 그에게 팁을 줬어요. 시장이 상승하고 있었지만 그런 식으로 정당화할 수는 없었습니다. 그들은 빅터가 최고의 테이블과 최고의 스테이크를 제공했기 때문에 팁을 달러와 센트로 준 것이 아니라 시장에 대한 팁을 준 것이었습니다. 빅터는 순식간에 5,000달러에서 50,000달러로 올랐고 마침내 10만 달러를 벌었습니다. 그는 5,000달러를 벌기 전까지는 만족하지 못했지만 5,000달러만 벌 수 있다면 그것으로 만족할 수 있었는데, 빅터는 순식간에 10만 달러를 벌었습니다. 적어도 바로 거기에 있었으니 팔아서 10만 달러를 실현할 수 있었습니다.

시장은 이런 식으로 흘러갔고 빅터는 10만 달러에서 5만 달러로 떨어졌습니다. 그러자 그는 당황했습니다. 저는 "시장을 잊었나요. 이 모든 것이 당신의 의식 속에서 어떻게 상승했는지 잊었나요?"라고 물었습니다. 그래서 그는 돌아가서 다시 계속했습니다. 그리스도가 진짜 누구인지 말씀드리겠습니다. 빅터는 매우 엄격한 이탈리아 가톨릭 가정에서 태어나고 자랐으며 여전히 그 안에 갈등이 있습니다. 저는 지금부터 세상 끝날 때까지 그에게 그리스도는 모범이고 그리스도는 모범적인 사람이라고 말할 수 있습니다. "당신은 사람이고 당신 안에 원숭이가 펼쳐지기를 원하지 않습니다. 그것은 정해진 원숭이가 아니라 정해진 인간입니다. 그리고 신은 사람입니다. 그는 자신의 형상대로 사람을 만들고 사람을 더 높은 단계로 높이고 있습니다. 그리고 그리스도는 실제로 정해진 사람입니다. 그것은 당신 안에 묻혀 있습니다." 이제 여러분이 정말로 그것을 믿으십시오. 세상에서 가장 놀라운 이야기를 여러분의 진실로 믿으세요.

무엇이 놀라운가요? 바로 이것입니다. 세상에 다른 어떤 것도 없는 것처럼 빅터에게 자신을 주신 것이 하나님의 목적이었습니다. 태초에 하나님과 당신, 그리고 결국 선물이 완성되었을 때 당신만이 그분입니다. 따라서 그가 당신을 사랑하기에 당신에게 자신을 주기로 결정하였고 그전에 그가 무엇이든 간에 그가 당신에게 자신을 주는 행위를 완료했을 때 당신은 반드시 있어야 합니다.

> "의로우신 아버지여, 세상은 아버지를 알지 못하였으나 저는 아버지를 알
> 았사오니, 이들은 아버지께서 나를 보내신 것을 믿나이다. 제가 아버지의
> 이름을 저희에게 알게 하였고 또 알게 하리니 이는 나를 사랑하신 사랑이
> 저희 안에 있고 저도 저희 안에 있게 하려 함이나이다."
>
> – 요한복음 17:25, 26

이것이 바로 그 이야기입니다. 자, 예수님께서 계시하신 이름은 무엇일까요? 그분은 그 이름을 "아버지"라고 밝히셨습니다. "의로우신 아버지" 그는 그를 '아버지'라고 불렀습니다. '나를 사랑하는 사랑' 내가 무한한 사랑 앞에 서 있었고 그가 나를 껴안고 그의 몸에 나를 통합하여 우리가 하나가 되었습니다. 그러면 내가 당신 안에 있고 그들이 당신과 하나가 되면 내가 그들 안에 있기 때문입니

다. 이 멋진 기도를 읽으면 가장 영광스러운 요한복음 17장의 마지막 두 구절이 나옵니다. 그러니 빅터, 이분이 그리스도이심을 믿으세요. 그리스도는 모형이고, 연극이며, 언젠가는 당신이 중심역할, 즉 그리스도의 역할을 연기하게 될 거예요.

그 순간에는 신성 모독적인 존재 앞에 서 있었기 때문에 거의 십자가를 지고 싶었지만, 그는 사람을 사랑합니다. 그러나 이것은 인간에게 오는 충격입니다. 당신은 이런 식으로 자랐습니다. '오늘밤 정통 유대인에게 고기를 먹고 있으므로, 우유가 먹고 싶다고 해서 우유를 조금 먹지 않는다면, 그것은 율법의 외적인 개념일 뿐이며, 주님은 겉으로 보지 않고 오직 속을 보고 판단하신다(사무엘상 16:7).'고 말했죠. '뱃속으로 들어가는 것은 더럽혀지지 않지만 마음에서 나오는 것은 더럽습니다. 나는 그 자체로 더럽지 않은 것은 없지만, 어떤 것이 더럽지 않은 사람에게는 더럽다는 것을 알고 확신합니다(마가복음 7:18, 로마서 14:14).'

오늘 밤에 이런 것들을 그대로 먹으면 제가 정말 좋아하는 것 중 먹을 수 있는 것이 거의 없을 것입니다. 이런 것들을 문자 그대로 받아들인다면 조개류는 물론이고 어떤 조개류도 먹을 수 없습니다. 다시는 부야베스를 먹을 수 없었습니다. 씨암 파우더조차 절대 먹을 수 없었어요. 하지만 조개류나 장어처럼 비늘이 없는 생선은 안 됩니다. '저는 굴을 좋아해요. 게도 좋아하고요. 랍스터도 좋아해요.' 이런 것들은 모두 문자 그대로 받아들이기 때문에 허용되지 않습니다. 그러나 성경의 모든 계명을 가지고 오늘 밤에 우리가 모유에서 아이를 끓이는 것에 대한 것처럼 그것을 영화하면 완전히 다른 개념을 볼 수 있습니다. 그러나 예언자 자신이 예언을 이해하지 못했기 때문에 예언자가 말한 것을 실제로 이해하려면 그 패턴의 사람이 분출해야 했습니다. 베드로의 작품에서 다시 말했듯이 재림에 대해 예언한 사람들은 그것에 관해 물었지만 그것은 그들의 때가 아니라 우리를 위한 것이라고 들었습니다. 첫 번째 분출이 일어난 후에 우리가 이해할 때가 되었습니다. 그래서 그는 한 번에 폭발했습니다. 머지않은 미래에 여기 계신 모든 사람도 여러분 안에서 그 패턴이 분출되기를 바랍니다.

여러분이 들으셨듯이 하나님의 귀중한 것들, 그분은 우리에게 그분의 귀중하고 놀라운 선물, 그분의 약속을 우리에게 허락하셨습니다. 그러나 이 귀중하고 아주 위대한 약속은 실제로 경험하기 전까지는, 즉 개인의 삶에서 직접 행동으로 나타나기 전까지는 알 수 없습니다. 그것이 그 안에서 일어날 때, 그는 다른 그리스도가 없다는 것을, 다른 그리스도는 결코 없었다는 것을, 그리스도가 복음이라는 것을 알게 됩니다.

> "내가 복음을 부끄러워하지 아니하노니 이 복음은 구원을 주시는 하나님의 능력이 됨이라."

복음은 힘인데 방금 그리스도가 힘이라고 하셨나요? 기독교 가정에서 훈련받고 자란 저는 그리스도라는 단어를 들으면 항상 사람을 떠올렸습니다. 당신은 그리스도가 하나님의 힘이라고 말하고, 이제 같은 필자인 저에게 복음이 하나님의 힘이라고 말합니까? 그리스도가 복음이라고요? 그러면 그는 저에게 이렇게 말할 것입니다. "예, 그리스도는 복음입니다. 그것이 그리스도이고, 이야기이고, 패턴이고, 구원의 계획입니다."라고 말하곤 했습니다. 내가 그것을 믿고 들으면 모든 것이 내 안에 담겨 있습니다. 먼저 그것을 들었을 때 그것을 믿었을까요, 완전히 받아들였을까요? 내가 그것을 받아들였다면, 그분은 내 안에 있는 것입니다. 정상적인 발아 시기에 그것은 분출할 것이고 복음에서 그에 대해 말한 모든 것이 내 안에서 일어나고 나는 중심 역할에 캐스팅됩니다. 나는 스타, 중심 배우입니다. 모든 것이 내 존재로서 내 안에서 펼쳐지고 있습니다.

그러나 시저의 단계에서 이만큼 알고 있으면 오늘 밤 결정하고 결정을 내린 후 행동할 수 있습니다. 연기를 하는 바로 그 순간에 상황에 의해 통제력을 잃게 됩니다. 상황이 인계되면 새로운 상황이 만들어질 것입니다. 그리고 이제 새로운 도전에 직면하게 되고, 이는 또 다른 결정과 또 다른 행동을 요구합니다. 따라서 세계에서 가장 큰 사업가가 되고 싶거나 지역 사회에서 가장 큰 사업가가 되고 싶어서 그렇게 상상하고 그렇게 행동합니다. 친구들에게도 자신이 그런 사람이라면 그렇게 보일 것이라고 생각합니다. 그러다 갑자기 사람들이 돈을 들고 오는데, 그 돈으로 무엇을 해야 할지 모르는 일이 벌어집니다. 그들은 재능이 없거나 투자할 의욕이 없으므로 여러분에 대한 신뢰가 있기에 여러분을 찾습니다. 당신은 그들의 돈을 사용하고 당신이 상상했던 것과 정확히 일치하게 됩니다. 하지만 그게 끝이 아닙니다. 더 많은 문제와 더 많은 결정이 기다리고 있습니다. 그렇게 큰 성공을 거두는 순간, 그 성공에 안주할 수 없기에 점점 더 많은 결정과 행동을 해야 합니다. 하지만 쉬고 싶으면 쉬고, 내려가면 내려가는 것이 인생입니다.

그래서 시저의 세계에서는 우리가 원하는 것은 무엇이든 될 수 있습니다. 우리는 먼저 결정한 다음 상상 속에서 행동하고, 상황에 따라 행동하면 끝이죠. 제 동생 빅터는 섬에서 가장 큰 사람이 되는 게 꿈이었습니다. 그는 개인적으로는 가장 크지만 꿈을 꾸기 시작한 이래로 얼마나 두통이 많았을까요! 그의 형제 중 누구도 모릅니다. 내가 계속 거기에 있지 않기 때문에 우리는 집에 갈 때 더 친밀한 관계를 맺고 매일 보는 사람들에게 말하지 않을 것을 말할 것입니다. 우선 그는 형제들을 신뢰하고 형제로서 사랑하지만 사업적으로는 아무것도 모른다고 느끼기 때문에 그들을 믿을 수 없습니다. 그가 실제로 자신의 의견을 표명했다면 이렇게 말했을 것입니다. "너희가 내 형제라는 이유로 너희를 해고하지는 않겠지만, 내일 훨씬 더 뛰어난 두뇌로 너희를 대체할 수는 있지만 그들은 내 형제가 아니다."라고 말입니다. 저는 그가 저에게 그렇게 암시한 것을 알기 때문에 그들에게 그렇게 말하겠지만 그들은 형제입니다. 그래서 저는 그에게 왜 내 동생 세실과 프레드, 콜린에게 책임을 넘기지 않느냐고 물었습니다. 그는 "그럴 수 없어. 다른 형제들은 그 일을 할 자격이 없고, 나는 이 사업에 뛰어들기 오래전부터 이 일을 해왔기 때문에 사업을 잃을 듯해."

그는 꿈을 이루기까지 어떤 문제가 있었을까요? 아직 성장 중이기 때문에 그는 계속 행동하고 성장하게 해야 합니다. 상황이 바뀌면 잠을 자지 않은 밤이 얼마나 많습니까! 호주에서 케이블이 도착하고 배가 떠나고 냉장 보관되어 있습니다. 하지만 매일 냉장 선박을 구할 수는 없습니다. 몇 년 전만 해도 수백 대 중 한 대에 불과했어요. 그 먼 거리를 가려면 냉장 선박이 아니면 버터나 고기를 가져올 수 없었죠. 그런데 24시간 만에 갑자기 케이블을 연결해야 하죠. 버터 50톤이나 양고기 50톤을 사용할 수 있다면 구매가 가능합니다. 단돈 1페니면 살 수 있습니다. 1페니면 환상적인 구매가 되겠지만 50톤을 구매할 때 0.5페니라고 해보죠. 하지만 배가 호주 항구를 떠나 태평양을 건너 운하를 통해 카리브해로 수천 마일을 항해하기 전에 그들은 당신에게 불리하게 작용합니다. 여기서 수천 마일을 더 가면 거의 한 달이 걸립니다. 배가 출발하기 전에 돈을 받았군요. 이제 25만 달러를 하룻밤 사이에 어디로 옮겨야 할까요? 배가 움직이기 전에 돈을 지불해야 합니다. 그는 배가 도착하면 큰 이익을 남기고 하역할 수 있다는 것을 알고 있습니다. 시간이 걸리겠지만 이익은 분명 있습니다. 하지만 그때는 얼어붙고 마음은 온통 바다입니다. 그래서 그는 그런 삶을 살았습니다. 하지만 그는 좋아합니다. 그는 사업에서 고귀한 꿈을 꾸고 이런 식으로 행동하는 것을 좋아합니다.

이제 우리는 서로를 진심으로 사랑하고 공통점이 많지만, 사업이라는 그의 삶의 열정과 하나님의 말씀이라는 나의 열정에 있어서는 공통점이 거의 없습니다. 그는 내가 아무런 대가도 없이 이일을 하는 것을 보고 완전히 미쳤다고 생각합니다. 그러나 그의 보상은 시저의 세상에 있기 때문에 그는 그것을 가져갈 수 없고, 나의 보상은 영원에 있기 때문에 나는 그것을 가져갑니다. 내가 이곳을 떠날 때 통장이 필요하지 않습니다. 왜냐하면 그것은 당신이 가져가는 능력이기 때문입니다. 그리고 여기서 그리스도는 하나님의 능력입니다. 복음이 제 안에서 완전히 깨어났고, 복음의 모든 측면을 경험했습니다. 복음은 "구원을 위한 하나님의 능력"으로 묘사됩니다.

"나는 복음을 부끄러워하지 않습니다."

바울은 말했습니다.

"복음은 모든 믿는 자에게 구원을 주시는 하나님의 능력입니다."

제 안에 복음이 깨어났습니다. 여러분은 지금 저를 데리고 실제로 제가 말하려고 시도하고 쓰려고 노력한 이야기를 여러분에게 들려줄 수 있습니다. 바로 그 이야기입니다. 그의 탄생에 관한 이야기, 증인, 모든 것. 아들이 나를 아버지라고 불렀기 때문에 내가 실제로 아버지라고 주장할 수 있는 모든 것. 나를 아버지라고 부른 유일한 자녀(시편 2:7). 그래서 전체 이야기가 내 안에서 펼쳐졌고 나는 가지고 있습니다. 그리고 그 이야기는 하나님의 능력입니다. 그래서 내가 이 작은 옷을 입고 벗을 때 나는 하나님의 힘입니다. 나는 신성한 본성인 자연과 하나가 됩니다.

하지만 빅터에게 그것은 아무 의미가 없습니다. 그는 저에게 "오늘 밤에 수표를 뽑아서 몇 천 달러로 부도 처리해줄 수 있나요?"라고 물으면 저는 거절할 것입니다. 하지만 그는 할 수 있습니다. 그를 탓할 수는 없죠. 그는 자신의 꿈을 가지고 있고 그것을 실현했기 때문에 시저와 같은 수준의 권력을 행사한 것이니까요. 그리고 저는 다행히도 제 안에서 분출되어 완전히 다른 수준에서 스스로 움직였습니다.

"나는 그 자체로 부정한 것은 없다고 들었지만, 어떤 것이든 부정한 것으로 보는 사람은 그 사람에게는 부정한 것입니다."

로마서 14장 14절에 나오는 구절입니다. 이 세상에는 그 자체로 부정하지 않은 것은 없지만, 부정하다고 생각하면 당신과 당신의 생각이 그 생각을 부정하게 만든다는 것을 아는 것은 좋은 일입니다.

여러분은 이런 식으로 인생을 살아갑니다. 마태복음 5장에서 읽게 될 산상수훈에서 예수님께서 선택하신 계명부터 시작해서,

'간음하지 말라'는 말씀을 예로부터 들으셨겠지만, 간음하지 말라는 계명을 영화한다면 모든 것이 사랑스러워질 것입니다. 그러

나 여자를 음욕스럽게 바라보는 사람은 이미 마음속에 간음하는 죄를 범한 것입니다.

　— 마태복음 5장 27절

　아무도 그 계명을 영적인 것으로 생각하지 않았습니다. 그들은 육체적 행위만이 행위라고 생각했는데, 예수님은 육체적 행위가 아니라 정신적 행위가 원인이라는 것을 보여주셨습니다. 그래서 내가 상상 속에서 마음의 눈으로 어떤 행동을 하고 누군가의 얼굴을 때리는 것과 같은 기분을 느낀다면, 내가 그렇게 하고 그것을 느낀다면, 이제 사람들은 마음의 눈으로 그렇게 할 것이기 때문에 나 자신을 만족시켰다고 생각합니다. 그들은 내가 물리적으로 한 것이 아니기 때문에 나를 체포할 수 없다고 생각합니다. 그것이 인과관계입니다. 그러면 결과가 세상에 나타나서 그 상상 속 행위와 무관한 새로운 상황을 만들어낼 것입니다. 그러나 그 상상의 행위가 결과를 일으켰고 이것들은 이제 새로운 도전에 직면하게 될 새로운 상황을 만들고 있으며, 새로운 도전은 당신이 그것을 했을 때 원래의 행위와 관련이 없습니다. 아무도 나를 보지 못한다고 생각하면서 자신을 보이지 않는다고 생각합니다. 에스겔서 8장에 그 해답이 나와 있습니다. 우리는 우리 혼자라고 생각하고, 주님은 우리를 보지 않으시고, 신경 쓰지 않으시고, 주님이 모든 것을 보신다는 것을 모르고 마음의 방에 들어가서 아무도 보지 않는다고 생각하면서 가장 짐승 같은 행동을 했습니다(8~13절).

　　　　　　　　　　　　　　네빌 고다드의 삶과 가르침

당신은 이 단계에서 시작하여 세상에서 가장 놀라운 이야기로 넘어갑니다. 당신은 말씀을 듣고, 믿고, 받아들이고, 이제 그 말씀이 당신에게 흡수됩니다. 그러다 어느 날 갑자기 그 말씀이 터져 나오고 당신이 중심인물이 되어 예수 그리스도가 누구인지 알게 됩니다. 다음날 거울을 들여다보면 같은 존재를 보게 됩니다. 여러분에게는 모든 한계가 있습니다. 당신의 은행 계좌는 더 커지지 않았고, 더 큰 예금도 없고, 청구서는 여전히 들어오고 있지만 당신은 예수 그리스도입니다. 그리고 여기 당신은 세상의 모든 문제에 직면하여 전날보다 예금에 한 푼도 더 가지고 있지 않습니다. 그런데도 모든 패턴이 당신 안에서 펼쳐집니다. 아무도 그것을 볼 수 없고 그것을 믿을 정도로 당신을 믿을 수 있는 사람은 거의 없습니다. 왜냐하면 그들은 여전히 개인적인 그리스도에 의해 조건화되어 있고 당신은 그가 아니기 때문입니다. 위대한 예술가들이 그린 것처럼 그려진 또 다른 존재입니다. 따라서 인종적 배경에 따라 "마흔여섯 가지가 있으니 모두 보여주세요. 제가 골라볼게요."라고 말할 것입니다. 뉴욕시 도서관에는 적어도 마흔여섯 점의 그림이 있기에 저는 다 보았습니다. 그렇다면 금발 남자나 갈색 머리 중 누구를 골라야 할까요? 이 모든 것이 예수 그리스도의 진품 사진이어야 하지만 확실히 당신은 그중 하나가 아닙니다. 이 중 하나를 골라서 벽에 걸어도 외형적인 그리스도를 가질 뿐 인간 속에 묻혀 있는 참 그리스도에 대해서는 아무것도 모릅니다. '하나님의 좋은 소식', '구원의 좋은 소식'이라고 불리는 복음이라는 이야기입니다.

제16장

꿈의 성취

태초의 말씀

누가복음으로 돌아가서, 주 그리스도 예수의 첫 번째 기록된 말씀입니다.

"너희가 어찌하여 나를 찾았느냐? 내가 내 아버지 집에 있어야 될 줄을 알지 못하였느냐."

제자들이 자신을 찾아와 걱정하고 괴로워한다고 불평하자, 예수님은 물으셨습니다.

"너희가 어찌하여 나를 찾았느냐? 내가 내 아버지 집에 있어야 될 줄을 알지 못하였느냐."

자, 지상의 부모님이 당신을 찾고, 당신이 열두 살의 연약한 나이에 감히 그런 성격의 말을 할 수 있는 마음의 틀에 자신을 두십시오.

시편 40편과 요한복음 4장을 참조한 구절을 읽어봅시다.

"책의 역할에 나에 대해 기록되어 있습니다."

모든 사람은 방대한 성경 전체가 모두 나에 관한 것이라는 사실을 발견해야 합니다. 성경은 오래 전에 살았던 인물에 대해 말하는 것이 아닙니다. 예수 그리스도, 모세, 아브라함, 이삭, 야곱 등 개별적인 존재에 대한 이야기가 아니라 모두 여러분에 관한 이야기입니다. 이 방대한 책 전체가 모두 당신에 관한 이야기입니다.

　이제 그 복음서의 4장에는 사마리아의 한 나그네 여인과 주 예수 그리스도 사이의 대화가 나옵니다. 우물과 물에 관한 이야기입니다. 그 후 제자들이 돌아와서 말하기를,

　"스승님, 먹으세요. 먹을 것이 없습니다."

　그러자 예수님은 말씀하시기를,

　"너희가 알지 못하는 고기가 내게 있다. 내 고기는 나를 보내신 이의 뜻을 행하고 그의 일을 끝내는 것이다."

　― 요한복음 4:32~34

　내가 온 목적은 오직 하나, 나를 보내신 분의 일을 끝내는 것입니다. 그가 나를 보냈습니다.

　"나를 보는 자는 나를 보내신 분을 보는 것이다. 나는 아버지에게서 나왔고, 나는 세상에 왔고, 다시 세상을 떠나 아버지께로 돌아간다."

　― 요한복음 12:45; 16:28

나를 보는 사람은 아버지를 보는 것이다.

"나와 아버지는 하나이다."

– 요한복음 10:30

그래서 나는 태초에 이를 인식했지만, 표현할 대리인이 있어야 했습니다. 이 세상의 모든 것은 그것을 표현하기 위해 사람이 필요합니다. 하나님은 사람입니다. 태초에 자신의 형상대로 남자와 여자를 만들고 그들의 이름을 인간이라고 불렀습니다. 창세기 5장을 자세히 읽어보면, '하나님이 그들의 이름을 사람이라 부르셨고, 그들은 하나님의 형상을 닮았습니다(1절).' 그래서 이 세상에서 무엇이든 표현하려면 사람이 필요합니다. 그래서 태초에 생각한 것을 표현하고 완성하기 위해 세상에 나옵니다. 나는 어떤 상태를 구상하지만 표현하려면 사람이 필요합니다. 나는 내 존재의 깊은 곳에서 이 세상으로 나 자신을 보내어 목적을 달성합니다.

"태초에 말씀이 계시니라."

"말씀"으로 번역된 로고스는 '계획'을 의미합니다. 그것은 확실한 계획이며 하나님의 목적입니다. "이 말씀이 하나님과 함께 계셨으니 이 말씀은 곧 하나님이시니라." 그분의 말씀은 무엇입니까? 그분은 계획을 세우셨습니다. 그분의 종인 선지자들을 통해 그 계획을 알리셨습니다. 우리는 성경에 그것을 가지고 있습니다. 구약성경은 계시되어 있지만 인간이 이해할 수 있는 정도는 아닙니다. 그것은 사람이 표현해야 합니다. 신약은 구약을 해석합니다. 예수 그리스도의 이야기는 구약에 기록된 예언을 해석한 것입니다. 당신이 경험하게 될 것이기 때문에 그에 대해 말한 모든 것을 주의 깊게 읽으십시오. 태초에 말씀이 있었습니다. 이제 그는 "말씀"이라고 불리며,

"그의 이름은 하나님의 말씀이라 일컬음을 받으리라."

따라서 예수 그리스도는 그분의 말씀, 그분의 씨, 그분의 창조력이십니다.

상상력은 하나님의 창조력이며 하나님의 지혜입니다. 인간의 위대한 상상력보다 더 큰 지혜를 떠올릴 수 있나요? 무언가를 떠올리고 상상하기만 하면 바로 눈앞에 그려집니다. 직선을 그릴 수는 없지만 이 세상을 떠난 어머니, 이 세상을 떠난 할머니, 이 세상을 떠날지도 모르는 아이를 상상할 수 있습니다. 마음의 눈앞에 이런 존재가 떠오르는데 직선을 그릴 수 없습니다. 하지만 상상력이라는 당신만의 놀라운 창조력이 있습니다. 그것이 바로 당신 안에 계신 예수 그리스도입니다. 그분은 하나님의 말씀을 이루기 위해 세상에 오셨고, 모든 것은 예수 그리스도에 의해 성취되어야 합니다. 여러분 안에 계신 그리스도는 영광의 소망입니다.

"성경 말씀이 내 안에서 이루어져야 한다."

누가복음 22장에 나오는 말씀입니다. 성경이 내 안에서 이루어져야 아버지의 일을 해야 합니다. 이제 성경에서 예수 그리스도에 대해 말씀하신 모든 것을 독자 여러분은 경험하게 될 것입니다. 기적적인 탄생, 아버지 되심의 발견, 하늘로 오르심, 그리고 비둘기

네빌 고다드의 삶과 가르침

의 형상을 한 육신의 모습으로 하늘에서 성령이 여러분에게 강림하시는 것까지 말입니다. 당신은 그것을 갖게 될 것입니다. 그분에 대해 말씀하신 모든 것을 여러분은 경험하게 될 것입니다. 그때까지 여러분은 이 죽음의 세계에서 벗어날 수 없습니다.

"주께서 나를 사망의 세계에서 건지셨으니…"

지난 금요일 아침, 내 친구 베니, 그리고 여기서 그는 말했습니다. "네빌, 나는 발작을 일으켰어요. 눈을 뜰 수도 없고 움직일 수도 없었어요. 어떤 노력으로도 눈꺼풀을 뜰 수가 없었어요. 그리고 제 안에서 어린아이의 울음소리가 들려요. 제 두개골 속에서 울음소리가 들립니다. 아이가 울고 있습니다. 아이가 울고 있고 이것은 조난 신호인데 저는 눈을 뜰 수가 없습니다. 바람, 기괴한 바람이 불고 있습니다. 이상하고 기이한 일이 일어나고 있는데 당신이 내게 가르쳐준 것이 생각나요. 하지만 지금은 당신과 내가 듣는 것만 생각해요. 나는 내가 듣고 있는 것과 당신에게서 들었던 것을 내 세상에 대한 증거를 가지고 오는 표징과 연관시키고 있습니다. 그런데 갑자기 제어할 수 없는 바람이 불고, 소리가 들리고, 빛이 나타나더니 마치 별이 내 두개골에서 튀어나오는 것 같았어요. 하지만 별이 제 두개골에서 튀어나온 것은 별이 아니라 아이였어요. 그리고 여기 포대기에 싸여 있는 아이가 있습니다. 저는 아이를 손에 들고 아이에게 '오, 우리 아가!'라고 말했어요. 그리고 저 말고는 영원히 그 아이를 돌볼 수 있는 사람은 아무도 없다는 것을 알았습니다. 아이를 안고 애정을 표현하는 순간 모든 것이 사라지고 그 자리에 아이의 사진 한 장이 남습니다."

그의 경우에는 그렇게 아이의 사진 한 장이 남았습니다. 그 사진에 표시해 주세요. 10월의 20일째 되는 날에 일어난 일입니다. 5개월을 표시하세요. 지금부터 5개월 후, 제 친구 밥에게 일어난 일과 저에게 일어난 일의 시간 순서가 맞다면, 지금부터 5개월 후, 자신을 아버지라고 부르며 자신을 아버지로 드러내시는 위대한 하나님 자녀의 오심이 일어나야 합니다. 그 자녀가 바로 다윗입니다. 이제 저는 그가 말한 것 이상의 해석을 시도하지 않습니다. 저는 탄생이 일어났다고 말합니다. 그러나 하나님은 무한한 창조주이신데 왜 두 사람에게 똑같은 방식으로 일어나야 할까요? 모든 아이들이 겉으로 보기에는 여자의 자궁에서 세상에 나오지만, 실제로 모든 출생이 똑같지는 않습니다. 사실, 태어나는 아이는 아이이긴 하지만 엄지손가락도 같지 않고 냄새도 같지 않습니다. 태어나는 방식이 다르기 때문이죠. 그래서 지난 금요일 아침에 이런 일이 일어났습니다. 불과 며칠 전에 그는 "성령 안에서, 당신은 여기서 하나님의 말씀을 가르치는 강의를 하고 있습니다. 그리고 주변에 있던 사람들이 당신이 해석하는 하나님의 말씀을 들으면서 '예수님에 대한 이야기를 들려주세요.'라고 말했습니다. 그러자 당신은 그들에게 예수 이야기는 지속적인 가정입니다. 당신이 원하는 대로, 당신이 원하는 대로 모든 것이 이루어진다는 끊임없는 가정, 이것이 바로 예수님의 이야기입니다."

네빌 고다드의 삶과 가르침

이제 이 연단에서 이 작은 군중에게 말씀드리겠습니다.

"내가 그분이라는 것을 믿지 않으면 당신은 당신의 죄로 죽습니다."

저는 저, 네빌이 그분이라고 말하지 않습니다. 이 말은 당신 안에서 나오는 말입니다. 당신이 지금 외부에서 숭배하는 존재가 바로 당신 자신이라고 믿지 않는 한, 당신은 그대로 남아 당신의 죄(충족되지 않은 욕망) 속에서 죽을 것입니다. 내가 그분이라는 것을 믿기 시작해야 합니다. 당신이 예수 그리스도라는 것을 믿으십시오. 예수 그리스도는 하나님의 말씀인 성경을 성취하기 위하여 당신을 통해 오시는 하나님의 말씀입니다.

> "내 입에서 나가는 말도 헛되이 내게로 돌아오지 아니하고, 나의 뜻을 이루며 나의 명하여 보낸 일에 형통하리라."
>
> — 이사야 55:11

무엇을 하라고 보내셨나요? 여러분은 성경 말씀을 성취하기 위해 이 세상에 보내졌습니다. 그것이 바로 여러분이 여기 있는 이유입니다.

랍비 원칙에 따르면 성경에 기록되지 않은 것은 존재하지 않습니다. 이 단계에서는 내 욕망만 있다면 이 세상 그 무엇으로도 부자가 될 수 있습니다. 하지만 예수님의 이야기는 지속적인 가정이라는 점을 기억하십시오. 내가 부유하다는 가정을 지속할 수 있고, 오늘날 누구든 그 가정을 지속할 수 있습니다. 저는 여러분을 이 나라 전역으로 데려가서 아주 부유한 제 친한 친구들을 소개해 드릴 수 있습니다. 저는 그들 중 99%가 불행하다고 말하고 싶습니다. 하지만 그들은 모두 여러분에게 이야기를 들려줄 것입니다. 특히 한 명이 생각나는데, 다이아몬드로 엄청난 재산을 가지고 있습니다. 다이아몬드를 300~400% 올려 파는 티파니가 그녀에게 제안했습니다. 한 개에 십만 달러를 제시하면 그 사람의 눈빛이 어떤지 알 수 있습니다.

그녀는 저녁 식사에 왔습니다. 제가 뉴욕에 가면 그녀가 저와 함께 저녁 식사를 하죠. 아무도 그렇게 가치가 있다고 믿지 않을 그녀의 옷을 벗기면 50만 달러를 벌 수 있어요. 그런데도 그녀는 이런 것들로 가득 차 있지 않아요. 여기 펜던트 하나, 반지 하나, 작은 브로치 하나, 모두 합치면 수십만 달러에 달합니다. 너무 멋있어서 길거리에서 이걸 들고 다니는 사람이 있을 거라고는 믿기지 않을 정도입니다. 대부분의 사람은 금고에 보관하고 보험에 가입하고 절대 착용하지 않거나 모조품을 착용하지만 제 친구 루스는 그렇지 않습니다. 그녀는 아주 가난한 소녀로 태어났지만 "네빌, 난 부자와 결혼하는 게 꿈이었어요. 저는 그저 엄청난 부자와 결혼한다는 가정에 집착했죠." 그녀는 돈이 없었고 상속받은 돈도 없었습니다. 그녀가 가진 유일한 명예는 아버지와 아들로서 백악관에 앉았던 아담스 가문의 후손이라는 것뿐입니다. 그래서 그녀는 아담스입니다. 반면에 그는 또 다른 악당 가문에서 태어나서 돈을 벌었습니다. 그는 종교적인 혈통에서 태어났습니다. 그의 증조부는 뉴욕의 주교였기 때문에 부동산에 대한 좋은 조언과 그것을 먹는 방법에 대한 조언을 얻었습니다. 그것이 그의 엄청난 재산입니다. 그래서 그녀는 원하는 사람과 결혼해 재산을 물려받았지만 20년 동안 지옥 같은 삶을 살았습니다. 아들 셋을 낳았는데 한 명은 사고로 죽었고 나머지 두 명을 키우는 것은 지옥과 같았습니다. 하지만 그들은 엄청난 부를 가지고 있습니다. 칠십이 훨씬 지난 지금, 그녀의 유일한 소망은 더 많은 부와 다이아몬드와 모든 것을 가진 사람과 재혼하는 것이었고, 원한다면 이룰 수 있었습니다.

저는 예수님의 이야기는 당신이 원하는 대로 될 수 있다는 가정에 대한 완전하고 변함없는 끈기라고 말했습니다. 그러니 부를 경험하지 못했고 그것이 당신이 원하는 것이라면 제가 말씀드려도 될까요! 명성을 경험하지 못했다면 자신이 유명하다고 가정하세요. 아무것도 경험하지 못했다면 그것을 가정하십시오. 그리고 그날이 올 것입니다.

> "주 여호와께서 가라사대 보라. 날이 이를지라 내가 기근을 땅에 보내리니 양식이 없어 주림이 아니며 물이 없어 갈함이 아니요, 여호와의 말씀을 듣지 못한 기갈이라."
>
> – 아모스 8:11

만약 그것이 당신에게 오지 않았다면, 예수님에 대한 동일한 이야기를 꺼내어 그저 단순히 세상에서 가장 큰 집, 세상의 모든 돈, 세상의 모든 것을 가지십시오.

제 친구는 뉴욕에 가자마자 모든 모임에 참석합니다. 뉴욕에 집이 없어서 레스토랑에서만 접대를 할 수 있기 때문에 친구 집에서 저녁을 먹거나 제가 레스토랑에 데려가기도 합니다. 그래서 우리는 항상 함께 모입니다. 그녀는 칠십이 훨씬 넘은 유쾌한 사람이에요. 하지만 그녀는 자신의 욕망에 대해 솔직하고 잔인할 정도로 정직해요. "네 빌, 난 상관없어요, 난 지금 가진 것을 더 많이 갖고 싶을 뿐이에요. 더 많은 다이아몬드, 더 많은 에메랄드요." 그리고 그것들은 정말 아름답습니다. 이건 그냥 작은 조각이 아닙니다. 만 원, 만 오천 원을 주고 사서 가장 큰 것을 가졌다고 생각하는 작은 물건이 아닙니다. 아니요, 이건 박물관 작품입니다. 평생 이렇게 아름다운 작품은 본 적이 없을 겁니다. 숫자는 많지 않지만 하나하나가 박물관 작품입니다. 그녀를 지탱하는 가장 사랑스러운 체인, 작은 브로치 또는 작은 반지 각각. 여기에는 5만 달러짜리 반지 각각 그녀에게 매달려 있는 것만 같습니다. 압도적이지는 않습니다만 저기에는 7만5천 달러짜리 반지, 여기에는 10만 달러짜리 반지, 저기에는 10만 달러짜리 반지가 있습니다. 그렇게 사는 것이 그녀의 생활 방식입니다. 그녀는 정말 좋아했습니다. 그녀는 "다윗에 대한 이야기를 듣고 싶지 않아요. 두 아들에게 점점 더 많은 것을 남겨주고 싶어요." 그녀는 자신에게 잔인할 정도로 솔직합니다.

그러나 저는 깨어 있는 여러분에게 하나님의 말씀을 들을 수 있도록 굶주림이 오기를 바랍니다. 그래서 빵, 점점 더 많은 빵, 빵이 아니라 빵을 살 수 있는 능력 같이 언제든지 바꿀 수 있습니다. 단순한 갈증이 아닙니다. 이해와 함께 하나님의 말씀을 듣기 위한 갈증입니다. 여러분이 들었듯이 제가 성취하러 온 것입니다.

> "나는 성경을 성취하기 위해 왔습니다. 그리고 율법과 선지자와 시편에서 모세부터 시작하여 모든 경전에서 자신에 관한 것을 그들에게 해석했습니다."
>
> - 누가복음 22:37; 24:27

이제 누가복음을 살펴보면서 예수님은 방금 인용한 말씀으로 먼저 시작하십니다.

"왜 나를 찾느냐? 내가 아버지의 일을 해야 하고 아버지의 일은 아버지의 일을 성취하고 완성하는 것임을 알지 못하느냐?"

저는 그 일을 하러 왔습니다. 예수님이 성전에 들어오자 사람들이 책을 한 권 주었고 예수님은 책을 펼칩니다. 이사야서 61장을 넘기며 1절과 2절의 절반을 읽었습니다. 그는 이렇게 말했죠,

"주 하나님의 성령이 내게 임하셨으니 이는 가난한 자에게, 고통받는 자에게 기쁜 소식을 전하게 하시려고 내게 기름을 부으시고, 옥에 갇힌 모든 사람에게 옥문을 열게 하려 하심이라."

그는 한 구절 반만 읽은 후 책을 덮고 돌려주었습니다. 그리고는 듣는 사람들에게 말씀하셨습니다.

"여러분이 방금 들은 이 말씀이 오늘 이루어졌습니다."

주 하나님의 성령이 내게 임하셨으니 이는 가난한 자에게 기쁜 소식을 전하게 하시려고 내게 기름을 부으셨음이라. 그는 그날이 바로 그 날이라고 주장했습니다. 누가복음에는 그렇게 표현되어 있지는 않지만, 여러분도 들으셨듯이 그는 이 말씀이 자신에게 성취된 날이 바로 그날이라고 주장합니다.

"나는 오직 성경을 이루기 위해 왔습니다."

그럼 이 말은 무슨 뜻일까요,

"주 하나님의 영이 내게 임하셨다."

그는 말했습니다.

"성령이 비둘기처럼 육신의 모습으로 내려오는 것을 보았습니다."

성경을 이해할 수 있는 사람들에게 성경이 내 안에서 성취되었으니 내 본을 따르라는 것이었고, 여러분은 이것을 따라야만 아버지께로 가는 유일한 길이니 따르라는 것이었습니다.

"나로 말미암지 않고는 아버지께로 올 자가 없느니라."

그리하여 오늘 그 말씀이 성취되었습니다. 무엇이 성취되었나요? 주 하나님의 영이 비둘기처럼 육신의 모습으로 제게 내려오셨습니다. 다른 어떤 방식으로 보시겠습니까? 비둘기로 오셨습니다.

방주로 돌아가서, 사람은 하나님의 방주이고, 비둘기는 모든 것이 잘 될 것이라는 확신을 가지고 옵니다. 여기 비둘기가 한 사람에게 와서 그 위에 머물러 있습니다.

"일어나서 그에게 기름을 부으라, 이는 그분이기 때문이다."

그는 자신이 어떻게 성경을 성취하고 있는지 말하고 있습니다. 그는 그 책에 기록된 모든 것이 모두 나에 관한 것임을 알고 책 전체를 훑어봅니다.

"이 책의 모든 내용은 나에 관한 것입니다."

나는 내 입을 제지하지 않았습니다. 나는 당신의 구원에 대해 이야기했습니다. 나는 당신의 영원한 사랑에 대해 이야기했습니다. 그들은 받아들이지 않을 수도 있습니다. 그러나 저는 특정 그룹 내에서 굶주림이 있는 사람들이 있음을 알고 있고, 때문에 그들이 듣고 모두 깨어나기 시작할 것이라는 것을 알고 있습니다.

"주님께서 제 영혼을 죽음에서 건지셨습니다."

예레미야 30장에 나오는 말씀입니다.

"사람이 아이를 낳을 수 있겠느냐? 그러므로 내가 어찌하여 모든 사람이 해산하는 여인처럼 손으로 자신을 끌어내는 것을 보느냐?"

내가 어찌하여 보느냐? 이것은 주님께서 말씀하시는 것입니다:

사람이 아이를 낳을 수 없다면, 내가 어찌하여 모든 사람이 해산하는 여인처럼 스스로를 끌어내는 것을 보는가?

– 예레미야 30:6

꿈의 성취

그것은 세상에 나타났다가 시들고 쇠약해져서 사라지고 먼지로 변합니다. 그분은 나를 사망의 옷에서 건지셨습니다. "구출하다"로 번역된 단어는 30장에서 "허리"로 번역된 단어와 동일합니다. 허리와는 아무 상관이 없습니다. 단지 여기에 세상에서 가장 환상적인 일이 있다는 것입니다. 남자가 아이를 낳을 수 있을까요?

이제 제 앞에서 인용한 구절로 돌아가 보겠습니다.

"남성과 여성이 그를 만들고 그 이름을 사람이라고 불렀다."

그냥 대문자 사람. 남성, 여성에게는 내가 어머니의 자궁으로 이해하는 자궁이 아닌 또 다른 자궁이 있습니다. 그것은 일반적인 사람의 두개골입니다. 그곳에 하나님이 자신의 말씀을 심으셨고, 그 말씀은 무효로 돌아갈 수 없으며, 그분의 목적인 것을 성취하고 그가 보낸 것을 번영해야 합니다. 그분은 오직 한 가지 목적을 위해 말씀을 보내셨고 그 한 가지 목적은 성경을 성취하는 것이었습니다. 이 세상에는 다른 목적은 없습니다. 왜냐하면 그의 말씀인 성경을 성취하는 사람들을 기다리는 완전히 다른 세상이 있기 때문입니다. 그래서 우리는 듣습니다.

"주의 말씀은 진리입니다."

모든 사람은 한 가지 목적을 위해 세상에 태어납니다. 그러나 세상이 당신을 죽었다고 해도 당신은 삶에서 떠나지 않습니다. 여러분은 이 세상처럼 견고하고, 이 세상처럼 현실적인 세상에서, 이 세상처럼 현실적인 삶으로 회복되어 굶주림이 찾아올 때까지 여정을 계속합니다. 하지만 여기 이 자리에 모인 여러분을 그 마지막 지점으로 이끌고 있습니다. 여기 베니가 있는데, 갑자기 베니가 "예수님에 대한 이야기를 들려주세요."라고 물었을 때 성령 안에서 하나님의 말씀을 가르치는 저를 보고 며칠 후 이 환상적인 경험을 떠올렸습니다.

그 뒤를 이어 지난 금요일 새벽 3시 반, 4시쯤에 그의 머리에서 별이 터져 나오는 놀라운 경험이 나옵니다. 그러나 전체 존재가 울고 있고 아이가 울고 있습니다. 이제 블레이크의 말을 들어보세요.

"죽은 자들은 아이의 울음소리, 아이의 목소리를 듣고 잠에서 깨어나기 시작했습니다. 모두가 아이의 울음소리를 듣고 잠에서 깨어나기 시작했습니다."

그러나 그는 "죽은 자들이 아이의 목소리를 들었다"고 죽음을 수면과 동일시합니다.

그가 쓴 《우리전》이라는 책에서 태중의 뱀이 어떻게 비늘을 벗고, 비늘을 벗은 뱀이 어떻게 소리를 내는지, 그리고 그 소리가 아이의 울음소리로 변하는지에 대한 이야기가 시작됩니다. 그것은 앞으로 나오면서 스스로 아이의 모습으로 변했습니다. 그것은 에니타르몬의 자궁에서 뱀으로 시작되었습니다. 그리고 블레이크는 말했습니다.

"그리고 체 죽은 아이의 목소리를 듣고 잠에서 깨어나기 시작했습니다."

여기서 그는 실제로 자신의 두개골에서 아이의 울음소리를 들었습니다. 이 세상에서 가장 불가능한 일처럼 보이지만 사실이라고 말할 수 있습니다.

이제 그 부분에 관심이 없는 분들을 격려하기 위해 그가 영으로 들었던 말을 다시 들어보겠습니다· "예수님의 이야기는 여러분의 삶의 모든 측면에서 지속적인 가정입니다." 부자가 되고 싶으신가요? 그것이 바로 예수님의 이야기이며, "나는 부자다"라는 확신에 대한 지속적인 가정입니다. "내가 그분이라는 것을 믿지 않으면 너희는 죄 가운데서 죽는다"라고 하셨으니까요. 그래서 알려지고 싶으신가요? "나는 알려지지 않았다!"라는 지속적인 가정을 할 수 있습니다. 건강해지고 싶으세요? "나는 건강하다!" 무엇이 되고 싶든 자신이 그 사람이라고 선언해야 하며, 그것은 지속적인 가정입니다. 가정은 믿음의 행위이며, 믿음 없이는 그를 기쁘게 할 수 없습니다. 믿음을 가져야 합니다. 가정은 믿음의 행위입니다. 이성이 그것을 부정하고 감각이 그것을 부정하고 내가 감히 내가 되고 싶은 사람이라고 가정할 때, 어쩌면 오늘 밤 나는 목자가 되어 세상의 모든 양과 함께 가면서 겉으로는 예수 그리스도를 계속 숭배하는 것이 아니라 차라리 목자가 되어 모든 양과 함께 가면서 겉으로 무언가를 숭배하고 싶을 것입니다. 한편, 양으로 있는 동안에는 푸른 초장에서 잘 먹고 잘 자고 싶을지도 모르죠. 그렇다면 저는 지금 이 끈질긴 가정을 적용하고 있는 것뿐입니다. 그래서 이 세상 대부분의 사람이 그러하듯 가파른 언덕을 오르는 대신 아름다운 푸른 초원에서 먹이를 먹고 있다고 스스로 느끼고 있습니다. 하지

네빌 고다드의 삶과 가르침

만 그렇게 하려면 끈질긴 가정이 있어야 합니다. 그래서 나는 내가 잘 먹고 있고, 내가 원하고, 내가 알려지고, 내가 돌봄을 받고 있으며, 모든 것이 내가 원하는 대로 되어있다고 가정해야 합니다. 하지만 이를 실현하기 위해서는 끈질긴 가정이 있어야 합니다. 그것이 바로 예수님의 이야기입니다.

마지막 이야기

　예레미야서(23:20)에 따르면 하나님의 말씀은 그가 마음에 품은 뜻을 실행하여 이루기 전에는 돌이키지 않으신다고 합니다. 나중에는 여러분이 그것을 일찍 이해하게 될 것입니다. 그리고 그 마음의 의도는 여러분이 하나님이 되는 것입니다. 인간에게 자신을 내어주는 것이 하나님의 목적입니다. 그것이 그분의 목적이며 그분의 마음의 의도를 실행하고 성취할 때까지 돌아 오지 않을 것입니다. 이제 마지막 날에 그는 당신에게 굶주림을 보내실 것입니다. 그 굶주림은 빵이나 보석이나 이런 것에 대한 것이 아니라 하나님의 말씀을 듣는 것에 대한 굶주림입니다. 그것이 여러분을 사로잡으면 이 세상의 어떤 것도 하나님을 경험하는 것 외에는 여러분을 만족시키지 못할 것입니다. 여러분은 하나님을 경험해야 합니다. 그리고 당신과 하나님이 아닌 하나님으로 깨어나도록 당신 자신을 당신 자신으로 주시는 것이 하나님의 목적입니다.

이런 이야기가 있습니다.

"스승님, 가장 큰 계명이 무엇입니까?"

예수님께서 이르되,

"가장 큰 계명은, '이스라엘아 들으라, 주 우리 하나님 여호와는 하나이시니'라는 말이니라."

사본에서 이 단어는 '쉐마'입니다. 이 단어의 마지막 글자는 대문자, 즉 단어의 다른 글자보다 더 큽니다. 그리고 '아차드'라는 단어는 하나, 마지막 글자인 '달레스'라는 단어로 번역되었습니다. 이 두 글자를 합치면 "증인"을 뜻하는 단어의 철자가 됩니다. 그래서 이 열 개의 멋진 단어가 담긴 문장을 읽어보면 십계명 중 가장 위대한 계명이라는 것을 알 수 있습니다.

"이스라엘아, 들으라, 주 우리 하나님은 한 분이신 주님이시니라."

히브리어로는 "주님은 한 분이시다"라고 쓰여있지만, 실제로는 11개의 단어로 구성되어 있습니다. 하지만 "하나"가 문장의 마지막에 오기 때문에 이렇게 읽어야 합니다.

"이스라엘아 들으라, 주 우리 하나님 여호와는 하나이시니."

따라서 이 문장을 세분화하면 열한 개가 되지만, 이 문장을 이렇게 표현하면 열 개가 됩니다. 하지만 첫 번째 단어인 쉐마는 '듣다'라는 뜻이고, 마지막 글자는 단어의 글자보다 더 큽니다. 마지막 글자인 아차드는 하나를 번역하면 마지막 글자가 확대됩니다. 이 문장을 읽으면서 전체 문장도 중요하지만 이 두 글자가 가장 중요하기 때문에 이 두 글자를 합쳐보십시오.

이제 성경의 마지막인 복음서에서,

"너희는 이 일의 증인이지만 너희가 높은 곳에서 권능을 부여받을 때까지 여기 머물러 있으라."

- 누가복음 24:48

권능이란 무엇인가요? 고린도전서에서는 예수 그리스도가 하나님의 능력이라고 말합니다. 여러분은 그리스도 예수로 옷을 입을 때까지 권능을 부여받았습니다. 여러분은 옷을 입듯이 그분을 입습니다.

"주 그리스도 예수를 입으라."

그러니 기다리십시오. 그가 오실 것입니다. 그러나 그분이 여러분 안에서 태어나기 전까지는 오실 수 없습니다. 그는 당신 안에서 태어나고 당신은 아이의 모습에서 그의 탄생의 표징을 발견합니다. 그런 다음 그분이 펼쳐지고 이 모든 상징이 펼쳐지고 마침내 당신은 그리스도 예수의 옷을 입고 있습니다.

저는 제가 아무것도 모른다는 것을 압니다. 왜냐하면 저는 태초에 자기를 완전히 비우고 이 종의 형체를 가져 이 죽음, 곧 십자가에 죽기까지 순종하겠다고 맹세했기 때문입니다. 그리고 아무것도 알지 않고 오직 나를 보내신 분을 절대적으로 믿으며 그분과 내

네빌 고다드의 삶과 가르침

가 하나라는 것을 알았습니다. 모든 것이 끝나면 저는 저를 보내신 분께 돌아가는 것 외에는 갈 곳이 없으며, 그분과 저는 하나입니다. 그래서 제가 어떤 역할을 맡았든 간에 이 모든 것을 완전히 지워야 했고, 저는 그 역할을 모두 해냈습니다. 모든 역할을 다 해보지 않고는 길의 끝에 도착할 수 없습니다. 하지만 직관적으로 알기로는 이 세상에서 어떤 역할을 연기하든 배우가 그 역할을 연기하려면 자신이 맡은 배역을 어느 정도 느끼고 자신이 묘사하는 캐릭터를 상상해야 하는 것과 같다는 것을 알고 있습니다. 그래서 저는 이 역할을 연기해야 하고 제가 연기하고 있는 역할을 상상해야 합니다. 이제 신호가 오면 그 신호는 당신이 진짜라는 것을 점점 더 확신하게 해줄 뿐입니다. 그래서 이 모든 것이 모두 징조입니다.

여러분은 하나님의 말씀에 굶주려 있기 때문에 여기에 있습니다. 당신은 하나님의 말씀에 목말라 있습니다. 저는 세상에서 가장 영광스러운 하나님의 말씀, 즉 당신이 하나님이 되고 그 말씀이 당신 안에서 성취된다는 것뿐만 아니라 당신이 시저의 세상에 있는 동안 그분의 법을 기뻐함으로써 모든 타격을 완충할 수 있다는 것을 알려주기 위해 보내졌습니다. 그의 법은 단순하며 "나는 내가 되고 싶은 사람이다"라는 주장에 대한 지속적인 가정일 뿐입니다. 따라서 누군가 하나님의 말씀에 대한 갈망이 없다면 아무도 그를 판단하지 마세요. 아무도 그를 판단하지 못하게 하세요! 그에게 자신이 되고 싶은 사람이 되는 방법을 알려주세요. 그래서 뭘 원해요, 돈을 원해요? 좋습니다, 내가 당신이라면 이렇게 할 것입니다.

이제 행복하게 결혼하고 싶어요? 아니면 위태로워지는 결혼 생활에서 빠져나오고 싶나요? 내가 당신이라면 이렇게 할 것입니다. 그녀가 나를 없애고 싶든, 그가 나를 없애고 싶든 당신이 원하는 것을 말하십시오.

"나에게 무엇을 원하느냐?"

예수 그리스도에 대한 이야기를 들려달라고요? 예수 그리스도의 이야기는 영원하고 지속적인 가정입니다. 어떤 의미에서요? 당신이 원하는 것이 무엇이든. "그러나 그것은 작동하지 않습니다." 지속적인 가정. 효과가 없다니 무슨 뜻인가요? 지금 자신이 되고 싶은 사람이 되었다고 가정하는 건가요? "글쎄요, 노력은 해봤어요." 그게 아니에요. 저는 지금 지속적인 가정에 대해 이야기하고 있습니다. 그래서 한 기업의 대표가 되고 싶다고요? 하지만 "어차피 아들이 사업을 물려받을 텐데 어떻게 내가 대표를 맡을 수 있겠어?"라고 말하겠죠. 아들, 조카, 세상의 모든 것에도 불구하고 사업체의 대표가 되고 싶으신가요? "그럼요, 그러고 싶어요." 자, 이제 예수 그리스도에 대한 이야기를 들려드리겠습니다. 여러분 안에 계신 그리스도는 하나님의 능력입니다. 상상력은 당신 안에 계신 그리스도이며 그것은 하나님의 능력이고 하나님의 지혜입니다. 그래서 그는 그것을 실현하는 방법을 알고 있지만 끈질긴 가정이 필요합니다. 여러분이 비즈니스의 책임자라고 가정할 의향이 있으신가요? 자신이 무엇이라고 가정할 의향이 있으신가요? 하지만 이제 집에 돌아가서 "저 사람은 멋진 강연을 했지만 결국 저 사람은 은행에 백만 달러를 가지고 있고 나는 아무것도 없고 빚만 남았어"라고 말할 건가요? 바로 여기에 불순종과 내가 그 사람이라는 믿음의 부족이 있습니다. 그것이 우주의 근본적인 죄입니다.

내가 그분이라는 것을 믿지 않으면 당신은 당신의 죄로 죽습니다.
– 요한복음 8:24

이것이 근본적인 죄입니다.

그리고 두 번째 죄는 성경에 하나님을 화나게 하는 두 가지가 기록되어 있는데, 그것은 선악을 알게 하는 나무의 열매를 먹는 것입니다. "그건 좋지 않습니다." 좋지 않다고요? 이제 제가 전 세계에 가서 다른 사람에게 그것이 좋은지 물어보면 그들은 "좋은 것이다."라고 말할 것입니다. 그럼 오늘 밤 우리 제독과 장군들에게 "북베트남 폭격을 중단하는 것이 좋은 일입니까?"라고 물어보십시오. "아니, 그건 끔찍한 일이야! 그들은 우리 병사들을 모두 죽일 것입니다. 그들은 전열을 재정비할 뿐입니다." 그럼 제가 북베트남에 가서 그들에게 물어보죠. "그렇게 하면 좋을까요? 그러면 그들은 "당연히 좋죠."라고 대답할 겁니다. 그렇다면 무엇이 선일까요? 무엇이 선이고 악일까요? 그럼 누가 묻는 건가요?

그렇다면 선할까요? 다른 누구에게도 묻지 않겠습니다. 무엇을 원하십니까? 왜냐하면 결국 이 모든 것은 당신이 가정하고 있는 존재를 단순히 반영하는 것으로 해결될 것이기 때문입니다. 그리고 언젠가는 이 세상의 모든 것에 너무 포화되어 모든 것을 너무 많이 가져서 지쳐버릴 날이 올 것입니다. 당신은 지저분하다고 생각하여 견딜 수 없을 것입니다. 그리고 오직 한 가지, 하나님의 말씀을 듣고 싶을 것입니다.

저는 사람이 시저의 것들로 완전히 포화되기 전까지는 하나님의 말씀에 충분히 굶주려 있다고 생각하지 않습니다. 그러나 저는 당신이 더 많은 돈을 원하더라도 그렇게 확신합니다. 물론 당신은 더 많은 돈을 원합니다. 여러분은 사회에 대한 의무가 있으므로 카이사르의 빚을 갚아야 합니다. 그래서 당신은 더 많은 돈을 원하고 이것도 더 원하고 저것을 더 원하기도 하지만 여전히 카이사르의 더 많은 것에 대한 굶주림보다 더 큰 굶주림이 있습니다.

그래서 당신이 여기 있는 겁니다.

네빌고다드의 삶과 가르침

초판 1쇄 발행 2025년 01월 10일

지은이 | 네빌고다드

펴낸이 | 정광성
펴낸곳 | 블랙커피
편집 | 이현진
홍보·마케팅 | 이인택
디자인 | 황하나

출판등록 | 제2018-000063호
주소 | 05387 서울시 강동구 천호옛12길 18, 한빛빌딩 2층(성내동)
전화 | 02 487 2041
팩스 | 02 488 2040
ISBN | 979-11-91122-84-8 (03190)